KB264568

이야기 경영

국립중앙도서관 출판시도서목록(CIP)

이야기 경영 ; Storytelling / 에벌린 클락 지음 ; 서정아 옮김. —
서울 : 연암사, 2008
  280p. ; 21cm

원표제: Around the corporate campfire
원저자명: Evelyn Clark
권말부록: 우리 회사의 핵심 이야기를 찾기 위한 도움말 ; 우리 회사의 이야기를
평가하기 위한 체크리스트 ; 기업 스토리 양식 ; 필수적인 사내 교육에 대한 연구
영어 원작을 한국어로 번역
ISBN 978-89-86938-65-4 13320 : ₩12000

스토리 텔링[story telling]

325.1-KDC4
658.452-DDC21   CIP2008001702

Storytelling

기업을 변화시키는
스토리텔링의 힘

이야기 경영

에벌린 클락 지음 | 서정아 옮김

연암사

독자 서평

● 에벌린 클락은 미국 최고 기업들의 이야기를 통해 경영자들이 지녀야 할 필수적인 의무, 즉 커뮤니케이션에 반드시 필요한 요소들을 가르쳐준다. 이 책은 충분히 필독할 만한 가치가 있다. **- 로버트 월레스(Robert C. Wallace), 월레스 프로퍼티(Wallace Properties, Inc.) CEO**

● 저자는 생생하고 흥미로운 사례들을 통해 회사의 가치를 알리는 이야기가 성공하는 조직 문화를 형성하고 유지하는 데 어떤 역할을 하는지 제시한다. 조직의 규모나 영리성, 공·사기업을 막론하고 조직을 경영하는 모든 사람들에게 이 책은 실질적인 도움을 줄 것이다. 『이야기 경영』은 조직의 가치를 활성화하는 데 성공한 여러 기업들의 모습들을 보여준다. 클락은 리더십의 진수를 명쾌하게 이야기하며 독자들에게 자극을 주고 에너지를 불어넣는다. **- 로이 사보이언(Roy Savoian), 센트럴 워싱턴 대학(Central Washington University) 경영대학 학장**

● 선조의 가르침을 전하는 방법으로 우리는 오래전부터 성공과 실패에 관한 우화를 사용해왔다. 이 책은 조직을 이끌고 있거나 이끌고자 하는 사람들에게 도움이 될 멋진 우화를 담고 있다. **- 벌 오즈번(Burl Osborne), 연합통신 및 벨로 재단 회장, 달라스 모닝 뉴스(The Dallas Morning News) 명예 편집장**

● 『이야기 경영』은 내가 좋아하는 스타일의 책이다. 지적이고 통찰력 깊고 실용적이기까지 한 이 책의 매력에 빠져버렸다. 책을 읽고 나면 이야기를 더 잘하게 되고, 보다 나은 리더가 될 수 있다는 확신이 생긴다. **- 마크 샌본(Mark Sanborn), 리더십 개발센터 샌본 앤 어소시에이츠(Sanborn & Associates, Inc.) 사장, 『우체부 프레드(The Fred Factor : How to Make Every Moment Extraordinary)』의 저자**

●세계적인 기업체를 이끌다 보면 원만한 인간관계를 유지하기가 매우 중요하다는 걸 알게 된다. 인간관계 형성에 있어 가장 기본적이면서도 중요한 수단이 바로 '이야기'다. 에벌린 클락은 이야기 개념의 본질을 정확히 파악하고 있으며, 이 책에서 그 점을 훌륭하게 입증했다. - 테드 레온하르트(Ted Leonhardt), 앤섬 그룹(Anthem Group) 사장

●『이야기 경영』에서 독자들은 나이키, 코스트코, 코닥, 사우스웨스트 항공 등 유명 기업들의 재미난 이야기들을 읽을 수 있다. 에벌린 클락은 이 회사들의 진정한 가치를 드러내는 이야기의 역할을 날카롭게 간파하여 책으로 엮어냈다. - 스티브 데닝(Steve Denning), 전(前) 세계은행(World Bank) 지식경영 프로그램 이사, 『구름판과 다람쥐(The Springboard and The Squirrel)』의 저자

●에벌린 클락은 조직문화에서 이야기가 차지하는 엄청난 저력을 보여준다. 문화는 신화나 이야기를 되풀이하여 들려줌으로써 형성되고 다음 세대로 전달된다. 클락은 이와 같은 개념을 이 책에서 분명하게 증명했다.
- 더그 워커(Doug Walker), WRQ 회장

●스토리텔링은 전통을 잇고 기록을 남겨 후세에 알리는 가장 오래된 매체다. 사람들의 마음을 끌기 위해서는 좋은 이야기를 해주는 것만큼 탁월한 방법이 없다. 에벌린 클락은 이 책을 통해 좋은 이야기의 힘과 설득력, 편안함을 완벽하게 활용하도록 도와준다. - 더그 로렌스(Doug Lawrence), 멘로 파크 교구 교회, 예배 목사

●『이야기 경영』은 의미 있는 인생을 살고자 하는 인간의 기본 욕구를 잘 설명해주고 있으며, 어떤 문화나 조직의 일원이냐에 따라 그 사람의 가치가 매겨진다는 사실을 알려준다. - 짐 헨리, 린다 헨리(Jim and Linda Henry), 『의사의 영혼: 열정, 회복, 희망을 말하는 의사들(The Soul of the Physician)』의 저자

●이 책은 예로부터 인정받은 탁월한 방법이지만 대개 무시되곤 했던 스토리텔링 기법의 가치를 깨닫게 해주고, 이를 통해 고객과 종업원들에게 적절한 메시지를 전달하는 방법을 알려준다. - 팻 슈바프 박사(Dr. Patt Schwab), 공인스피킹 전문강사(Certificate Speaking Professional, CSP), 펀더멘틀리 스피킹(FUNdamentally Speaking) 사장, 「즐겁게 익히는 경영(The Rubber Chicken Guide to Management)」의 저자

●놀랄 만큼 재미있고 유용한 책이다. 어떤 회사라도 이 책에서 설명하는 개념을 적용할 수 있을 것이다. 이야기라는 것은 사람들이 살면서 실제로 겪은 일을 소재로 하므로 누구나 공감할 수 있다. 우리는 이야기를 통해 훌륭한 사람들이 직면한 문제가 무엇이었고, 그들이 그 문제를 어떻게 해결해왔는지 알 수 있다. 직원들의 이야기에 귀 기울이고, 그 이야기에서 자신이 속한 기업의 가치를 파악할 때 조직문화의 기반이 견고해진다. - 워런 반 젠드런(Warren Van Genderen), 사업가

●코닥에서는 코닥 고유의 스토리텔링을 매우 중요하게 여긴다. 혁신을 기반으로 세워졌기 때문에 회사 초기 시절의 이야기를 들으면서 새로운 영감이나 창조력을 얻는다. 코닥의 설립자 조지 이스트먼은 지금처럼 쉽고 편리하게 사진을 찍을 수 있는 카메라를 개발한 주인공이다. 오늘날의 코닥 역시 소비자들에게 편리를 제공하는 디지털 카메라를 판매하기 위해 이스트먼의 이야기를 본보기로 삼고 있다. - 데이비드 카스노프(David Kassnoff), 이스트먼 코닥(Eastman Kodak Company) 기업홍보부서 매니저

●나는 이야기의 힘을 두 번에 걸쳐 새롭게 깨달을 수 있었다. 첫 번째는 내가 어린아이일 때, 두 번째는 경영자로서 일선에서 뛸 때다. 뛰어난 리더는 예로부터 이야기를 해왔다. 이야기는 영원히 기억에 남는다. 이 책을 고전처럼 항상 마음 깊이 새겨두길 권한다. 이 이야기 책은 뛰어난 리더십을 갖추는 데 도움을 줄 것이다. - 데이비드 암스트롱(David M. Armstrong), 「이야기로 경영하기

● 현역에 몸담고 있을 때 이 책을 읽었더라면 내가 추구하는 목표와 가치를 직원들에게 좀 더 효과적으로 전달할 수 있었을 텐데 하는 아쉬움이 남는다. 사람들을 이끄는 위치에 있는 리더라면 반드시 스토리텔링 기법을 배워야 한다. 에벌린은 유려한 글솜씨로 독자에게 조직의 핵심 가치를 알리기 위해서는 어떻게 이야기해야 하는지를 열정적으로 말하고 있다.

● 이 책을 읽는 리더는 스토리텔링을 통해 회사의 목표와 전략을 전달하면 모든 구성원들의 잠재능력과 열정을 100% 끌어낼 수 있다는 사실에 감탄할 것이다. 우리는 모두 단조로운 일상 업무를 좀 더 의미 있게 전달하고 싶어 한다. 에벌린 클락은 그 방법을 가르쳐주고 있다.

● 온종일 어려운 기술 문제를 다루고 최첨단 커뮤니케이션 도구들을 이용하고 있는 내가 이런 말을 하면 의아해할지 모르겠지만, 이 책에 담긴 간결하면서도 사람들에게 큰 감동을 주는 이야기들은 결코 기술로는 만들지 못하는 최고의 정보를 담고 있다. 사람을 상대하는 일을 하고 있다면 에벌린의 이 책이 큰 도움이 될 것이다.

● 이야기는 모든 사람들의 행동에 활력과 의미를 부여하고, 생생한 현장의 목소리를 들려준다. 에벌린은 이 책에서 스토리텔링 기법이 무엇인지 분명하게 알려주며, 보다 능숙하게 대화하고 싶은 이들에게 그 방법을 제시한다.

목차 STORYTELLING

감사의 말

저는 인자하고 훌륭한 경영 컨설턴트인 데이비드 더닝 박사에게서 많은 도움을 받았기 때문에 그에게 항상 빚진 마음을 가지고 있습니다. 더닝 박사는 제가 좌절에 부딪혀 실의에 빠졌을 때 저를 일으켜 세워준 고마운 분입니다. 추천사에서 썼듯이, 그분은 조직행동을 기업의 핵심 가치와 동일선상에 두고 파악하려는 저의 의지와 열정을 다시 한 번 일깨워주셨고, 새로운 일을 시작할 수 있도록 끊임없이 격려해주셨습니다. 그 일이 바로 지금 하고 있는 기업 스토리텔러입니다.

'기업 스토리' 워크숍을 개최하고, 워크숍의 질을 지속적으로 개선해나가며 회사 전반에 필요한 시스템을 구축하는 일련의 모든 과정과, 최근에 이 책이 나오기까지 저를 도와주고 아낌없는 충고와 가르침을 주며 격려해주셨던 모든 분들께 무한한 감사의 말을 전합니다. 특히 긍정적인 태도로 깊이 있는 조언을 해준 다음의 사람들에게 인사를 전합니다.

인내심 많고 친절한 나의 든든한 지원군인 남편 게리 비켓, 임상 심리학자이며 연설가 및 교육가 그리고 중재자로도 활동하는 친구 왈리 월킨스 박사, 연설가이며 다시 CFO직을 맡은 친구이자 회계사인 론 라엘, 책의 편집과 저작권 문제에 충고를 아끼지 않은 레슬리 찰스, 앤 하틀리, 딕 샤프, 변함없이 나를 지원하고 격려해준 소중한 친구들, 패션 디자이너 누비아 페눌라 라이언, 연기자이면서 예술가인 코니 밀러, 연설가이자 창의적인 컨설턴트인 메를린 슈만 도우, 교회에서 함께 성경공부를 하는 우리 반 수전 버뱅크, 린다 엔키마, 캐시 히치콕.

그리고 사전 조사와 원고 작업을 모두 도와준, 예전엔 나의 고객이었지만 지금은 20년지기 친구이며 회사 커뮤니케이션 매니저로 상도 받은, 보니 바워만 헨슨에게 특별히 감사의 인사를 전합니다. 책임 편집자인 케이 듀폰은 책의 제목을 결정하고, 내용을 다듬고, 표지 디자인과 책의 편집 방

향을 결정해주었으며 사소한 맞춤법 문제까지도 신경 써주었습니다. 샌프
란시스코에서 신문기자로 활동하는 데이브 머피 역시 편집에 도움을 주었
습니다. 특히 머리말을 작성할 때에는 시애틀에 있는 신문사에서 일하는
에릭 조클러와 함께 많은 도움을 주었습니다. 메리케이 반 시스틴은 색인
을 만들어주었고, 그래픽 디자이너 크리스틴 애덤스는 표지와 책 편집에
남다른 재능을 발휘해주었습니다. 모두에게 감사의 인사를 전합니다.

마지막으로 모든 이들에게 축복이 깃들기를 기원하며,

에벌린 클락

몇 년 전, 나는 리더십 상담을 하면서 알게 된 한 여성으로부터 전화를 받았다. 내 기억에 그 여성은 밝고 활기찼으며, 자신이 무슨 생각을 하는지 잘 아는 사람이었다. 그녀는 지금 새로운 일을 찾고 있는데 이 문제에 대해 나와 상담을 하고 싶다고 말했다. 얼마 후 나는 시애틀 시내에서 그녀와 만나 이야기를 나누었다. 그녀는 지금까지 인생에서 두 번의 고비를 잘 넘겼지만, 요즘 다니는 회사의 홍보부서에서는 전혀 비전을 찾지 못하겠다고 말했다. 나는 그녀에게 지금 하는 일에서 느끼는 좌절감에 대해 설명해보라고 했다. 그 말이 정곡을 찔렀던지 그녀는 벌떡 일어서서 양 주먹을 쥐고 내 눈을 들여다보면서 이렇게 외쳤다. "이젠 정말이지 넌덜머리가 나요. 회사 홍보 따위는 더 이상 하고 싶지 않아요!" 나는 그 말을 되받아 이렇게 말했다. "다시 시작해요!" 그녀는 내게 다시 물었다. "그게 무슨 말이에요?" 내가 대답했다. "다시 시작하라고요. 기업 스토리텔러가 되는 거예요!" 나머지는 여러분도 다 아는 내용이다.

그날 오후 에벌린 클락은 미국 최고의 기업 스토리텔러가 되기 위한 첫걸음을 내디뎠다. 이 책, 『이야기 경영 Around the Corporate Campfire』은 오늘날의 기업에서 이야기가 어떤 힘을 발휘하는지 보여준다. 우리는 이 책을 통해 뛰어난 리더가 회사에서 이야기를 어떻게 사용하는지 알 수 있으며, 나아가 우리가 속한 회사가 가진 이야기는 무엇이며, 그 이야기가 가진 무한한 위력을 활용하는 방법도 배울 수 있다.

이야기는 인생에서 치료제 역할을 하기도 한다. 21세기를 사는 우리는 사회와 조직과 지역 사회라는 외부 세계가 모순된 가운데 빠르게 변화하며, 전 세계가 서로 의존관계에 있다는 사실을 경험하게 된다. 이 외부 세계는 우리의 내면과 자주 충돌을 일으킨다. 이야기는 일종의 치료제로서 이러한 충돌을 조정하는 역할을 담당한다. 우리는 마음을 치유하는 이야기를 통해 우리가 살아가는 두 세계에서 발생하는 차이점을 이해하고 그 의미를 발견하며, 이 차이를 훌륭하게 조화시킬 수 있는 지혜를 터득하게 된다. 심리학적인 관점에서 보면, 일상의 이야기는 우리의 외부와 내부 세계의 일치되지 않는 부분을 조화시키는 역할을 한다는 말에 동의할 것이다. 그렇다면 직장생활은 어떨까? 과연 이야기가 직장생활에도 도움이 될까? 그 사실을 실증적으로 분석한 계량적인 증거가 있을까?

아주 분명한 증거가 있다. 세 건의 연구에서 이야기는 비공식적인 교육(부록 A를 보라)의 기반이 됨이 밝혀졌다. 인력개발센터The Center for Workforce Development에서는 "직장에서 가장 중요한 교육을 받는 곳은 어디인가?"를 밝혀내기 위해 6년간 연구를 진행했다. 이곳에선 수준 높고 포괄적인 연구를 진행하기 위해 보잉Boeing, 데이터 인스트루먼트Data Instruments, 모토로라Motorola, 지멘스Siemens와 같은 주요 기업 및 이 기업들이 위치한 주의 주 정부기관과 제휴를 했다. 연구 결과 기업의 직원들이 새로운 기술과 정보, 업무에 필요한 능력의 70%를 비공식적인 교육을 통해 습득한다는 사실을 밝혀냈다.

또 다른 연구에서는 실리 브라운이 서비스 기업에 대한 인류학적인 연구를 수행한 사례가 있다. 그는 기업에서 근무하는 기술직원들이 교육훈련이 아닌 동료와 짬을 내서 커피를 마시거나 점심을 함께 먹으면서 나누는 이야기를 통해 더 많은 업무 지식을 습득한다는 사실을 알아냈다.

마지막으로, 클라이너와 로스가 '조직에서 이야기가 효과적인 이유 4가지'를 언급하였고, 나는 여러 기업들과 일을 하면서 그들의 주장이 입증되는 경험을 했다. 요컨대 믿음을 주는 이야기는 숨겨진 문제를 수면으로 끄집어내고 지식을 전달하는 데 유용한 수단이 되며, 기업의 일반적인 경영방법이나 리더십에 대한 지식을 형성하는 데에도 큰 효과가 있다.

철학자 조지 산타야나George Santayana는 이런 말을 했다. "과거를 기억하지 않는 자들은 과거의 잘못을 반복할 수밖에 없다." 인간 역사를 꿰뚫는 이야기는 과거의 잘못을 반복하지 않게 해줄 뿐만 아니라 그러한 사실로부터 중요한 교훈을 얻게 한다. 그러므로 책을 펴고 다음에 이어질 페이지에 나오는 리더들이 조직을 유지하기 위해서 어떻게 이야기를 활용했는지 살펴보도록 하자.

기업 리더십 심리학 박사
데이비드 더닝

머리말

　나이키 직원들은 "육상 코치와 와플 기계가 없었다면 지금의 회사는 없었을 것이다."라는 말을 수년 동안 들어왔다. 암스트롱 인터내셔널에서 근무하는 직원들은 CEO가 24만 8천 달러를 들여 골프를 친 적이 있다는 사실을 안다. 메드트로닉의 직원들은 파킨슨병에 걸린 한 남자의 인생이 메드트로닉의 기술 덕분에 기적적으로 완전히 바뀌었다는 이야기를 들으며 감동의 눈물을 흘렸다.

　훌륭한 경영자는 직원들에게 원대한 사명을 알려주거나 업계 용어를 가르쳐주는 것이 전부가 아니라는 사실을 안다. 직원들이 자신이 속한 조직이 지향하는 바를 이해하고 받아들이기 위해서는 회사의 사람과 가치 그리고 역사에 대한 이야기를 알고 있어야 한다.

　탁월한 리더는 직원들에게 이야기를 들려준다. 정기적으로 '일원들'을 회사 행사로 불러들여(이사회, 연간 회의, 연휴 행사 등) 예전부터 전해 내려오는 일화들을 이야기해주거나, 새로이 발굴한 이야기를 들려준다. 훌륭한 리더는 직원, 고객, 이해관계자들을 감동시킴으로써 동시대 사람들에게 활력이 될 경험을 제공한다. 코스트코 홀세일의 공동창립자이며 CEO인 짐 시네갈 Jim Sinegal은 이렇게 말한다.

　"우리가 할 일은 회사에서 겪은 성공적인 경험들을 들려주는 것뿐이지요. 이야기 말고 달리 해줄 수 있는 게 있을까요? 이야기가 바로 사람들의 급소를 찌르고 우리가 하는 일에 의미를 부여하지요. 우리가 캘빈 클라인 청바지로 큰 성공을 거두었던 일처럼 실제 있었던 이야기가 사람들의 마음에 오래 남습니다. 상황에 딱 맞는 이야기의 가치는 헤아릴 수가 없지요. 우리 회사에서 있었던 이야기를 한 번 듣는 것은 우리 회사의 철학과 가치를 설명한 책을 몇 권씩 읽는 것과 다를 바 없습니다."

　이 책에 실린 코스트코나 다른 회사들처럼, 오래 살아남은 회사의 경영자들은 비전을 통해 조직 문화의 기반이 되는 핵심 가치를 명확하게 제시한다. 이야기는 회사의 비전과 가치를 강하게 다지고 성공에 이르는 업무 방식과 태도를 알려주는 데 유용한 방법이다. 시대와 업종을 막론하고 성공을 거머쥔 회사들의 공통점은 반복적으로 이야기되는 회사만의 전설이 있다는 것이다.

이야기는 다양한 커뮤니케이션 목표를 달성하는 데 도움이 된다. 한 번 들어도 깊이 감동을 주는 이야기는 항상 기억에 남는다. 매번 이야기를 나눌 때마다 우리의 가족관계, 교우관계 그리고 지역사회 주민이나 직장 동료와의 관계는 그만큼 더 깊어지고 넓어진다.

인간적인 관계의 필요성

오늘날은 그 어느 때보다 더욱 끈끈한 인간관계가 필요한 세상이다. 우리는 편리하고, 빠르고, 다양한 기술이 넘치는 세상에 살고 있다. 기술의 편리함으로 누구에게든 빠르고 지속적으로 연락을 취할 수 있지만, 정작 진정한 인간관계가 형성되었다고 생각하는 사람은 많지 않다. 가까운 자리에 앉은 직장 동료, 옆집 이웃, 가족이나 친구들에게조차 얼굴을 맞대고 이야기하기보다는 이메일이나 메신저로 대화를 나눈다. 하지만 이러한 '편리함'이 결과적으로 우리를 더욱 고립시키고 있다.

원격통신과 재택근무를 하면 대화를 나눌 상대는 적어지고, 그 결과 우리는 더욱 고립된다. 사무실에서조차 너무 바빠진 탓에 예전에는 날마다 즐기던 습관적인 일들(쉬면서 커피를 함께 마시는 일, 탕비실에서 잡담하던 일, 회의가 시작되기 전 몇 마디 인사를 나누던 일)이 소원해지고 말았다.

조셉 캠벨Joseph Campbell은 『신화의 힘The Power of Myth』에서 "관습을 잃어버리면 문명을 잃게 된다. 이 때문에 우리 사회가 잘못된 길로 들어섰다."고 지적했다. 필라델피아에서 화이트 독 카페White Dog Café를 설립하여 카페

사장 직과 지배인을 맡고 있는 주디 웍스는 이와 같은 현상이 당연하다고 말한다. "요즘 사람들은 자신의 가치관을 나누고 지역 사회에 의해 소속감을 느끼며 자신보다 훌륭한 무엇의 일부가 되려는 일들에 목말라 있어요."

가족 같은 직장 동료

오늘을 사는 우리는 진정한 인간관계를 찾아 헤맨 끝에, 직장 동료와 상사 심지어는 근무하는 회사까지 '넓은 의미의 가족' 으로 인정하고 받아들인다. 정기적으로 이야기를 들려주는 경영자들은 동료를 '가족' 처럼 여기는 조직 문화를 형성하고, 직원들은 이런 문화 안에서 목적 의식을 가진다.

고위 임원이나 매니저가 일하면서 힘들고 좌절했던 경험을 들려주고 회사가 위기를 넘겼던 일화를 이야기하면 직원들은 그 이야기에 감동을 받고 자신도 위기를 극복할 수 있으리란 희망을 갖는다. 리더가 누군가 어려운 문제를 이러한 방식으로 해결했다는 사례를 들려주면 팀원들은 자신감과 의욕을 얻는다. 어떤 사람이 실제로 '일을 잘해낸' 이야기는 이해하기 쉬워서 금방 이야기대로 따라할 수 있다. 직원들에게 고객에게 어떤 행동을 하고 어떤 역할을 수행해야 할지를 이야기에 담아내면, 직원들은 훨씬 더 협조적인 태도로 고객을 훌륭하게 접대한다.

이야기로 경영하기

훌륭한 경영자, 교수, 강사들은 옛날부터 스토리텔링의 힘을 알고 있었다. 예수는 2천 년 전에 제자들에게 보편적인 진리를 담은 우화를 들려주었고, 그 이야기는 오늘날에도 도움이 된다. 착한 사마리아인, 돌아온 탕자, 길 잃은 양에 대한 이야기를 모르는 사람은 없으리라. 존 F. 케네디 대통령은 달에 사람을 보냈다가 무사히 지구로 돌아오게 하는 데 총력을 기울였는데, 그때 그가 선택한 설득 방법은 당시 상황을 구구절절이 설명하는 것이 아니라 앞으로 벌어질 상황에 대한 이야기를 들려주는 것이었다. 스워스모어 대학Swarthmore College 영문학과의 전 학장이었던 하워드 고더드Howard Goddard는 학생들에게 이렇게 가르쳤다. "세계의 운명을 쥐고 있는 것은 싸움의 승패가 아니라 사람들이 사랑하고 믿을 만한 이야기입니다."

유능한 동기부여 강사들은 이야기의 힘을 이용하여 사람들에게 잊지 못할 감동을 준다. 미국강사협회National Speakers Association에서 최고 자격을 얻은 기조 강연의 대가 그레디 짐 로빈슨Grady Jim Robinson은 자신의 어린 시절 이야기를 들려주었다. 과격한 것을 좋아하는 거친 사람들조차도 그레디 짐이 찔러도 피 한 방울 나오지 않을 듯한 자신의 아버지 이야기를 꺼내며 부모의 역할을 설명하면 귀를 기울이곤 했다. 그가 아버지의 소원대로 유명한 야구선수가 되기 위해 최선을 다했다는 이야기를 들은 사업가들은 감동의 눈물을 흘렸다. 누구나 한 번쯤은 겪어보았을 경험들, 최선을 다했지만 실패하고, 기쁘게 해주고 싶었던 사람에게 실망만 안겨주고, 자기 자신이 너무나 한심하게 느껴지는 그런 심정에 공감하는 것이다. 그레디 짐은 청중들에게 자신의 경험을 들려주면서 처음부터 끝까지 청중들이 이야기에 집중하게 만들어 메시지를 분명하게 전달한다.

하버드 경영대학원에서는 오랫동안 스토리텔링 기법을 전통으로 지켜왔고, 최근 몇 년 사이에는 실제 사업에서 이 기법을 적용하는 경우가 많아졌다. 하버드 대학원에서 미래의 경영인을 길러내는 데 사용하는 유명 사례 연구 수업에서는 이야기를 가장 중요한 내용으로 다룬다. 사례 연구는 가상의 회사를 설정하고 그 회사에 생길 법한 상황을 구성하는 것으로 시작해, 이를 해결하기 위해 경영자가 내려야 할 다양한 의사 결정 대안을 생각하고 각각의 대안에 대해 찬반을 나눠 토의를 진행한다. 학생들은 이야기에 푹 빠져서, 자신이 생각한 계획을 바로 실행에 옮기고 처음에 기대했던 결과나 그보다 나은 결과가 나오기를 기대한다.

이야기를 통해 알리는 가치

　　냉소적인 사회에서는 흔히 이야기를 일종의 꾸며낸 말로 받아들이지만 이는 잘못된 편견이다. 우리는 사람들과 대화를 나누면서 일상적으로 이야기를 사용한다. "잘 지내셨어요?", "요즘 하시는 일은 어떠세요?", "회사 신제품은 반응이 괜찮은가요?"와 같은 일상적인 질문에 대한 대답은 우리가 인식하지 못할 뿐 대개가 이야기 형식으로 전해진다.

　　사업가들은 조직의 가치와 비전을 모든 사람들, 즉 향후 회사에 입사할 사람들, 종업원들, 고객, 주주, 계열사, 공급자 그 외에 회사와 이해관계가 얽힌 '회사 가족'에게 분명하고 열정적으로 알려야만 그들을 올바른 방향으로 이끌 수 있다. 이때 이야기는 가장 효과적인 의사소통 방법이다. 진정한 회사의 이야기를 찾아내어 이를 효과적으로 활용하는 경영자는 굉장히 까다로운 곡을 연주하는 오케스트라의 지휘자와 같다. 이야기를 들려주는 경영자는 모든 사람들이 '같은 곡을 연주하도록' 만들 수 있고, 회사의 가치를 이해하고 파악하게 할 수 있으며, 그 가치를 각자 자신의 일상 업무에 적용하게 만들 수 있다.

　　사우스웨스트 항공은 이야기를 활용하여 성장을 이끌어낸 모범 사례이다. 1971년 허브 켈러허Herb Kelleher와 롤린 킹Rollin King이 불필요한 서비스나 절차를 축소해 원가는 낮추고 직원과 고객을 위한 즐거움만 가득 채우겠다는 야심으로 회사를 설립한 이래, 전 직원은 지금껏 회사 창립자들의 비전을 분명하게 알고 있다. 회사는 광고와 사내 공고, 뉴스, 회사 홈페이지에 올리는 모든 사우스웨스트 이야기에 회사의 가치를 담아내려 노력한다. 사우스웨스트는 심각한 사업의 세계에서는 즐겁게 웃는 일이 절대로 통하지 않는다는 전통적인 통념을 깨고, 경쟁사가 도저히 따라오지 못할 정도로 높은 종업원들의 충성도를 이끌어냈다. 사우스웨스트는 경제적으로 혼란이 가중되고 기업들의 스캔들과 파산이 줄을 잇던 시기에도 미국에서 유일하게 꾸준히 이익을 내던 기업이었다.

이야기를 들려주는 훌륭한 리더

뒤에 이어질 내용을 통해 최고의 기업들이 경영상의 목표나 직원 훈련, 때로는 광고를 내보낼 때 설정한 목표를 이루기 위해 얼마나 열과 성을 다해 이야기를 만들어내는지 보게 될 것이다. 미래학자 롤프 젠슨Rolf Jensen은 이렇게 예견했다.

"회사는 그들만의 이야기와 신화를 기초로 해서 번성할 것이며, 사람들의 감정을 불러일으키는 제품과 서비스를 만들어내는 능력으로 성공할 것이다."

이 책에 담긴 이야기들을 읽고 나면 독자들은 회사의 경영자들이 조직의 미래뿐 아니라 과거도 관리하는 사람이 되는 시대, 경영의 새로운 장에 발을 들여놓았다는 사실에 깊이 공감할 것이다. 자, 그렇다면 다음 페이지에서부터 이어질 회사의 전설들을 읽는 동안 이렇게 자문해보라.

'우리 회사는 전설을 중요하게 생각하는가?', '우리는 사람들의 생각과 마음에 감동을 주는가?', '우리는 우리 자신이 바라는 미래를 일구기 위한 이야기를 하고 있는가?'

이제 의자를 바짝 당기고 즐거운 마음으로, 이야기를 듣는다고 상상하면서 페이지를 넘겨보자.

Armstrong International

01. 암스트롱 인터내셔널 : 이야기 기법 터득하기

우리 회사는 이직률이 극히 낮을 뿐 아니라 특별히 이직이 많은 시기도 없습니다. 직원들은 즐겁게 일하는 게 중요하다는 식의 제 이야기를 즐겨 듣습니다. 이런 이야기를 직원들에게 다양한 형태로 들려주면 회사의 모든 임직원이 내가 무엇을 원하는지, 이야기에 담긴 메시지가 무엇인지 알게 되겠지요. 이것이 바로 그들로 하여금 우리 회사에서 계속 일하게 만드는 힘이에요. 직원들은 이야기를 기억하고 그 이야기를 자랑스럽게 하고 다닐 겁니다. 우리 책을 친구나 친척들에게 선물하기까지 할 정도니까요.

데이비드 암스트롱David Armstrong은 알마 대학을 졸업하고 경영을 시작한 후 2~3년마다 '목표 관리Management by Objectives, MBO', 'X이론', 'Y이론', '1분 경영'과 같은 최신 경영이론을 따라야 한다는 강박관념에 시달리곤 했다. 하지만 스토리텔링 기법을 발견한 후 그는 더 이상 다른 경영이론에 신경 쓰지 않아도 된다고 확신하게 되었다.

1980년대의 어느 일요일, 암스트롱은 자신이 다니던 교회 목사가 설교를 시작하자 모든 신자들이, 심지어는 꾸벅꾸벅 졸던 사람들마저도, 자세를 고쳐 앉아 목사의 이야기에 귀를 기울인다는 사실을 깨달았다. 그는 사업에도 스토리텔링을 통해 사람들의 관심을 모을 수 있지 않을까 하는 생각이 들었다. 그는 각기 문화적 배경이 다르다 해도 남녀노소 모두 재미와 감동을 주는 이야기를 좋아한다는 걸 알아차렸다. 그래서 자신이 CEO로 있는 암스트롱 인터내셔널에서 기업의 가치를 알리고 직원들의 성과를 표창하는 방법으로 스토리텔링 기법을 적용해보기로 했다. 결과는 대성공이었다. 암스트롱은 이렇게 말했다.

"어느 누구라도 이야기를 하지 않고는 살지 못할 겁니다. 수천 년간 그렇게 해왔지요. 최고의 리더들, 에이브러햄 링컨이나 예수, 훈족의 왕 아틸라Attila the Hun마저도 항상 이야기를 이용했습니다. 우리가 좋아하는 것이 그들의 리더십이든 아니면 업적이든 간에, 그들은 이야기로 사람들을 이끌었습니다. 그들은 모두 목표를 달성하는 데 이야기라는 매우 효율적인 방법을 사용했지요."

암스트롱은 스토리텔링에도 뛰어났지만 그 이야기에 시선을 끄는 제목을 붙이는 데도 탁월한 능력을 발휘했다. 그가 처음 출간한 책에는 이런 제목들이 실려 있다.

'곧장 감옥으로 가라. 그러면 200달러를 손에 쥐게 될 것이다_{Go Directly to Jail, and Collect $200}', '얼간이 암_{Bozo Cancer}', '유지비 120만 달러의 사나이_{The $1.2-Million Maintenance Man}', '입 다물고 M&M이나 먹어!_{Shut Up and Eat Your M&Ms!}'

리더도 실수를 한다

자신의 첫 책에서 암스트롱이 개인적으로 좋아하는 내용은 '리더도 실수를 한다_{Leaders Make Mistakes, Too}' 라는 제목의 이야기이다.

한 고객이 복잡한 구리 코일 용접을 주문했을 때의 이야기이다. 용접 공장에서 주문 작업을 마쳤는데 완성된 제품은 암스트롱 인터내셔널의 품질 기준에 전혀 미치지 못했다. 용접 작업을 마무리한 부분은 너무도 약해서 조만간 떨어질 것이 분명했다.

방법은 2가지였다. 2천 달러의 원재료비와 추가 노무비가 들어간 제품을 폐기하고 부품별로 팔아서 300달러라도 회수하든지, 아니면 용접이 약한 부분을 뜯어내고 재작업을 통해 제품을 재활용하는 방법이었다.

공장 총책임자 척 로크웰은 암스트롱을 마중하러 공항에 가야 했기에 작업 팀장에게 결정을 내리도록 지시했다. 작업 팀장은 팀원들과 의논한 끝에 처음부터 작업을 다시 하기로 의견을 모았다. 암스트롱과 함께 공장으로 돌아온 로크웰은 팀원들이 내린 결정에 대해 보고를 들었다. 그는 모든 팀원들이 있는 앞에서 암스트롱에게 이렇게 털어놓았다.

"이런 문제가 생긴 건 전적으로 제 불찰입니다. 구리 용접이 매우 어렵다는 사실을 알았으면서도 사전에 작업 팀장이나 용접공들에게 충분히 설명해주지 않았습니다."

그런 다음 로크웰은 작업 폐기물을 처분해 300달러를 회수했다. 하지만 그는 그 돈을 작업 예산에 넣지 않고, 대신 파티를 열었다! 자신의 실수를 기념한다면 모든 직원들이 그 경험을 통해 얻은 교훈을 기억하리라는 생각에서였다. 그 일이 있고 난 후 직원들은 다시 구리 용접 기술을 꼼꼼히 익혔고, 상사도 실수할 수 있다는 사실을 배웠다.

암스트롱이 이 이야기를 좋아하는 이유는, 이 사건을 통해 직원들이 더 이상 위험을 감수하며 실수를 저지르더라도 해고당할 염려를 하지 않게 되었기 때문이다.

"우리는 보통 상사는 절대 실수 같은 걸 저지르지 않을 거라고 생각해요. 그것은 상사들이 늘 자기들이 완벽하다는 식으로 얘기하기 때문이에요."

암스트롱은 신중한 태도로 이야기를 이어갔다.

"리더의 말이 진심으로 받아들여지면 큰 호소력을 얻습니다. 게다가 상사의 실수에 관한 이야기를 책으로 썼다는 건 사람들에게 실수해도 괜찮다는 걸 말해주는 셈이에요. 앞서 예로 든 부서는 현재 부서 내에서 자체적으로 독립적인 결정을 하는 횟수가 훨씬 늘었습니다. 그저 말로만 전달하면 마음에 남는 게 없어요. 실수를 기념하기 위해 파티를 연 것이 더욱 강력한 메시지를 전달한 것이죠."

암스트롱은 실패한 직원을 격려하는 것은 일을 계속 엉성하게 처리해도 괜찮다는 뜻이 아니라고 덧붙였다. 실패를 통해 교훈을 얻고 사고 방식을 재빨리 전환해야 그 실패가 바람직하게 작용할 수 있다. 그는 권위 있는 경영학자 톰 피터스Tom Peters의 말로 이를 강조했다.

"그냥 실패하는 것으로는 부족합니다. 이왕 실패하려면 크게 실패해야 합니다."

암스트롱은 여기에 이런 말을 덧붙였다.

"막대한 성과를 얻으려면 막대한 위험을 감수해야 합니다."

24만 8천 달러를 들여 골프 친 날

암스트롱은 피터스에게 상당한 영향을 받았다. 그의 첫 저서 『스토리텔링 경영Management by Storying Around』의 제목을 지을 때도 마찬가지였는데 이와 관련된 재미난 일화가 있다.

"처음에는 새롭고 대담한 사고 방식을 받아들이는 일이 어려울 수 있어요. 제가 공장에서 이야기를 하고 다니자 모두들 저를 괴짜로 여겼죠."

그는 이에 굴하지 않고 끈기 있게 추진했다. 톰 피터스가 마련한 스컹크 캠프Skunk Camp에 참가했을 때 그는 사무실로 돌아가 회사 경영법을 설명하는 보고서를 작성한 후 몇 주 뒤 다시 고위 임원 3명과 함께 참석하라는 과제를 받았다. 돌아오는 대로 각 회사의 임원들이 보고서를 발표하기로 되어 있었다.

발표회 당일 암스트롱 팀은 다른 팀들이 준비해온 발표를 들으면서 점점 자신감을 잃고 있었다. 어떤 팀은 화려한 시청각 자료를 활용했고, 어떤 팀은 무대 복장을 갖춰 입고 연극을 펼치기도 했다. 암스트롱 팀은 모두가 심혈을 기울여 발표 준비를 해왔다는 사실에 맥이 빠져버렸다. 그리고 준비한 내용이 굳이 발표할 가치가 없는, 모두 다 알고 있는 평범한 내용이 아닐까 하는 걱정이 들었다.

드디어 이야기를 즐겨 하는 이 CEO가 혼자 앞으로 나가 4편의 이야기를 들려주기 시작했다. 그게 전부였다. 연기도 음악도 사진도 없었고 팀원들이 번갈아가며 발표를 한 것도 아니었다. 그저 암스트롱 혼자서 사람들이 업무를 적절하게 수행했던 이야기를 청중들에게 들려주었을 뿐이었다.

하지만 예상과는 달리 암스트롱이 발표를 마치가 강의실이 떠들썩해졌고 여기저기서 질문이 쏟아졌다. '경영에 스토리텔링 기법을 활용한 지는 얼마나 되었는가?', '발표할 이야기는 어떻게 선정했는가?', '고객의 유별난 주문이나 어려운 의사 결정 과정에서 어떤 교훈을 얻었는가?', '실패를 기념하는 일이 효과적일 것이라고 생각한 근거는 무엇인가?', '이는 권위 있는 경영대학원에서 가르치는 내용과 상반되지 않는가?' 등의 질문들이 이어졌고, 피터스는 암스트롱이 어떤 깨달음을 얻었다는 사실을 알아차렸다. 암스트롱은 피터스가 수첩에 뭔가 급히 적는 것을 보고 걱정이 되었다. 그는 단순한 경영 방식을 지극히 평범하기 짝이 없는 방법으로 발표한 자신을 피터스가 호되게 비판하리라 생각했다.

그러나 암스트롱의 예상과는 정반대로 비판은커녕 피터스는 굉장히 흥분해 있었다. 스토리텔링과 같은 고대 의사소통 방식을 활용한 암스트롱의 신선한 발상이 매우 흥미로웠던 것이다. 그는 암스트롱에게 그간 했던 이야기들을 모아서 책을 내보라고 권유한 뒤, 발표를 듣는 동안 나름대로 생각한 책 제목을 적은 메모지를 건넸다. 이틀 뒤 한 출판사에서 연락이 왔고, 얼마 지나지 않아 '뉴욕 타임스The New York Times' 지에 암스트롱의 독특한 리더십 기술에 관한 기사가 실렸다. 연이어 미국 각지를 비롯한 세계 여기저기에서 경영인들의 연락이 끊임없이 이어졌다.

그의 책은 더블데이Doubleday 출판사에서 초판부터 양장본으로 출간되었고, 뒤이어 암스트롱 인터내셔널은 『수익으로 이어지는 회사의 일화How to Turn Your Company' s Parables into Profit』, 『이야기는 금이다Once Told, They' re Gold』, 『CSO, 최고 이야기 임원Chief Storytelling Officer』을 출간했다.

온라인상에서는 이 3권의 책과 함께 비디오도 판매되고 있다. 암스트롱은 말한다.

"스토리텔링 기법은 의사소통을 하는 데 매우 훌륭한 방법이고, 사용하면 할수록 점점 능수능란해집니다."

그의 이야기 중 특히 인기가 많은 것은 '24만 8천 달러를 들여 골프 친 날The Day I Paid $248,000 to Play a Round of Golf' 이다. 예상했겠지만 이건 코스 입장료 이야기가 아니다. 그럼 도대체 어떤 이야기일까?

암스트롱이 골프장에서 상쾌한 아침 시간을 보내는 사이 플로리다 공장의 보조 매니저인 제리 길크리스트Jerry Gilchrist가 기계 2대를 구입했다. 그가 기계를 구입하는 데 들인 총비용은 24만 8천 달러였다. 사실 그리 놀랄 일도 아니다. 듣는 이에 따라서는 그게 뭐 어떠냐 싶겠지만 문제는 길크리스트의 구매 승인 한도가 겨우 2만 달러였다는 점이다. 직원이 한도의 12배를 초과해 결재했다는 사실을 알게 된 CEO가 어떻게 반응할지는 쉽게 상상할 수 있다. 그러나 그는 해고되지 않았다. 오히려 그는 칭찬을 받았고, 상사의 저서에 자신의 이야기가 사례로 실리는 영광까지 누렸다.

권한 밖의 행동을 한 직원에게 경영자가 상을 준 이유는 무엇일까? 답은 간단하다. 길크리스트가 보기에는 회사가 향후 몇 개월 내에 구매할 예정이었던 장비를 최적의 조건으로 살 기회가 생겼던 것이다. 한 공급자가 갑자기 새것이나 다름없는 중고 기계 2대를 파격적인 가격에 제시했고, 다른 회사도 그 제안에 관심을 보였던 터라 길크리스트는 후일 회사의 더 큰 지출을 막기 위해 그 제안을 흔쾌히 받아들인 것이다. 기계를 구입한 덕분에 밀렸던 주문도 빨리 처리할 수 있었다. 결국 암스트롱 인터내셔널은 상당한 비용을 절감하고 더 나은 고객 서비스를 제공하는 동시에, 직원들이 회사의 위험을 미리 막을 수 있는 권한을 가지고 있다는 사실을 몸소 보여주었다. 암스트롱은 그날 아침 골프를 치면서 24만 8천 달러를 기꺼이 지불했다.

이야기로 경영하기

4대째 소유 경영을 유지하며 미시간에 본사를 둔 암스트롱 인터내셔널은 미국·유럽·동아시아와 캐나다에 지사를 두고 있으며, 자칭 세계에서 가장 특이한 제조회사이다. 스팀 시스템 장비를 생산하고, 그 시스템의 최적화 서비스를 제공하는 이 회사는 여느 공장과는 사뭇 다르다. CEO는 직원들이 즐겁게 일할 수 있는 분위기를 조성해야 한다고 굳게 믿고 있으며, 이는 길크리스트의 '실수'를 축하하는 파티를 열어주었다는 것만 보아도 알 수 있다. 이를 뒷받침하는 사례는 더 있다.

회사의 주차장에는 주차선이 크레용으로 그려져 있고, 장애인 전용 주차공간에는 익숙한 휠체어 표시와 함께 풍선이 달려 있다. 게다가 방문객이 입구에서 사인을 할 때 과연 무엇을 사용하게 할까? 한번 맞춰보라. 정답은 크레용이다. 현장에서 이동할 때는 각 차량의 속도에 따라서 다양한 동물 모양으로 꾸민 골프 카트를 사용하며, 회의실 역시 재미있게 꾸며놓았다. 경기장처럼 꾸민 어떤 회의실 바닥에는 인조 잔디가 깔려 있다.

짧은 이야기들을 미국 기업들의 트레이드마크로 확립한 암스트롱은 회사 정책과 업무 편람 대신 '일을 제대로 한 사람'의 이야기를 쓰기 시작했다. 그는 이야기를 종이에 써서 액자에 넣고 그 이야기의 주인공에게 액자를 선물했다. 글이 담긴 액자는 직원들의 집과 사무실 벽 여기저기에 장식으로 걸려 있다.

처음에 그는 반년에 한 번씩 회사 내에서 일어난 이야기들을 모아 제본을 해서 전 사원들에게 돌렸다. 모음집은 곧바로 폭발적인 반응을 얻었다. 하룻밤 새에 이야기를 몽땅 읽은 직원들은 그 책에 자기나 함께 일하는 동료의 이야기가 실렸는지 확인하곤 했다.

책은 원래 수집한 이야기를 직원들에게 배포해서 그들이 '암스트롱식' 경영 방법을 익히고 그 방법을 계속 유지하길 바라는 의도에서 만들어지기 시작했다. 하지만 암스트롱의 혁신적인 경영 방식이 다른 사업가들에게도 알려지면서 그는 자신의 경영 방식에 대한 기조 강연을 하기에 이르렀고, 처음 해보는 강연에서도 여전히 스토리텔링 기법을 활용하는 것이 유용하다는 사실을 깨달았다.

"자신이 성장한 문화적 배경을 하루아침에 버리지는 못하겠지만 그 문화를 계속 유지한다는 것도 힘든 일입니다. 이야기는 문화를 유지하는 데 도움이 될 뿐 아니라 아주 효과적입니다. 이야기로 어떤 문제든지 다룰 수 있거든요."

암스트롱은 경영 컨설턴트를 고용하는 대부분의 회사가 조직 문화의 핵심을 상실했다는 점을 지적한다.

"조직 문화를 유지하기 위해서 회사 게시판에 이야기를 붙여두거나 월급 봉투에 이야기를 쓴 종이를 함께 넣었습니다. 몇몇 이야기는 액자에 넣어 벽에 장식합니다. 영업 사원들이 차에서 들을 수 있게 이야기를 CD에 담았으며 공장에 설치된 텔레비전으로 볼 수 있도록 우리끼리 비디오도 몇 개 찍었지요. 직원들은 대부분 자신들의 이야기를 기꺼이 재연했고, 모두가 3~4분짜리 비디오를 즐겁게 관람합니다. 텔레비전은 사용하기 쉽고 친숙하기 때문에 매우 효과적인 커뮤니케이션 수단이지요."

로비를 비롯해 회사 여기저기에는 책을 비치하여 직원이나 방문객 모두가 회의 전, 이야기 한두 편쯤은 읽을 수 있도록 해두었다. 암스트롱은 직원을 채용할 때에도 책을 사용한다. 그는 지원자들에게 책을 집에 가져가 읽고, 회사의 문화를 파악한 다음 자신이 이런 곳에서 일하고 싶은지 생각해보라고 말한다. 엔지니어들에게는 혁신에 대한 이야기를 읽고 회사의 현재 업무에 대한 개인의 생각을 말해보라고 한다.

경영자로서 그리고 정보 전달자로서 이야기를 이처럼 효과적으로 적용시킬 수 있다는 사실을 그는 어떻게 깨달았을까? 암스트롱은 이야기에 나온 모범적인 사례를 실제로 회사에 공식적으로 도입한 적은 없다고 말했는데, 그 이유는 다음과 같다.

"보는 것으로도 충분하기 때문이지요. 우리 회사는 이직률이 극히 낮을 뿐 아니라 특별히 이직이 많은 시기도 없습니다. 직원들은 즐겁게 일하는 게 중요하다는 식의 제 이야기를 즐겨 듣습니다. 이런 이야기를 직원들에게 다양한 형태로 들려주면 회사의 모든 임직원이 내가 무엇을 원하는지, 이야기에 담긴 메시지가 무엇인지 알게 되겠지요. 이것이 바로 그들로 하여금 우리 회사에서 계속 일하게 만드는 힘이에요. 직원들은 이야기를 기억하고 그 이야기를 자랑스럽게 하고 다닐 겁니다. 우리 책을 친구나 친척들에게 선물하기까지 할 정도니까요."

암스트롱은 리더가 전체적인 업무를 총괄하려면 세세한 업무까지 파악해야 한다고 믿는다.

"회사의 건강 복지 정책을 운영하는 데 이야기가 도움이 된 적이 여러 번 있습니다. 비용을 통제할 수 있었던 것도 직원들이 출장 정책에 관한 이야기를 기억한 덕분이죠. 우리는 직원들이 회사를 집처럼 편하게 생각하고 생활하기를 바랍니다. 직원들은 회사가 획일적인 기준을 강요하지 않고 개개인이 선호하는 바를 인정해주는 점을 자랑스럽게 여기지요. 사람들에게 큰 영향을 주는 이야기는 이런 문제들을 구체적으로 다루지요. 아울러 이런 구체적인 사항이 강한 인상을 남기고 이야기에 진실성을 부여합니다."

비록 상장되지 않은 회사는 재무 정보를 공시하지 않지만 암스트롱은 회사 재정에 대해 이렇게 말한다.

"우리 회사의 수익성이 아주 좋다는 사실은 손익 계산서와 월말

보고를 보면 알 수 있습니다. 증거는 그 정도로 충분합니다. 사무실 밖에서 나는 스토리텔링 기법이 만들어낸 차이점을 보고 느끼고 경험합니다. 다른 방법을 시도해볼 필요가 없지요. 스토리텔링 기법이면 무엇이든 통하니까요!"

암스트롱에 대해 더 알고 싶은 사람은 www.armstrongstories.com을 방문해보라.

Nike

02. 나이키 : 와플 모양 신발창을 만드는 세계적인 기업

바워만은 '전 세계 운동선수들의 의욕을 높이고 더 없이 뛰어난 제품을 제공하는' 것을 자신의 신념으로 삼았으며, 언제나 "육체가 있는 사람이면 누구나 운동선수다."라고 강조했다. 그는 자신이 가르치는 운동선수들에게 신체적 조건뿐 아니라 운동 장비라든지 다른 부분에 대해서도 열정을 가져서 경쟁우위를 차지하라고 가르쳤다. 인사교육 임원이자 최고 스토리텔러Chief Storyteller인 넬슨 패리스Nelson Farris에 따르면, 그가 남긴 이러한 이야기 유산은 나이키 조직 문화의 뿌리가 되었다고 한다.

아침식사로 먹으려던 와플의 무늬가 아주 훌륭한 운동화 밑창처럼 보였다면 그 순간 육상 코치가 할 일은 단 하나, 식탁을 힘껏 박차고 일어나 차고로 달려가서 아내가 쓰는 와플 기계에 라텍스를 부어보는 것이다. 이 별난 행동 덕분에 자신이 가르치는 선수들이 가볍고 좋은 운동화를 신을 수만 있다면, 적어도 한동안은 망가진 와플 기계 때문에 잔소리를 멈추지 않을 아내를 기꺼이 참을 수 있으리라. 이 이야기의 주인공이 오리건 대학의 빌 바워만Bill Bowerman이다. 그의 일화는 나이키 직원이나 스포츠 애호가들 사이에서 아주 유명하다. 이후 바워만은 공동 투자를 통해 나이키를 설립했고, 전 세계에 조깅 유행을 불러일으킬 첫걸음을 내디뎠다.

나이키의 공동 설립자이며 회장 직을 맡고 있는 필 나이트Phil Knight는 바워만이 1957년에 가르치던 팀에서 중거리 육상선수로 활동하던 회계학 학생이었다. 회사를 설립할 때부터 사업에 뛰어든 필은 현재 회사 지분의 30% 이상을 소유하고 있다. 하지만 나이키를 움직이는 원동력은 바워만의 철학이며, 이 사실은 1999년 말 그가 세상을 떠난 이후에도 변함이 없다. 바워만은 '전 세계 운동선수들의 의욕을 높이고 더 없이 뛰어난 제품을 제공하는' 것을 자신의 신념으로 삼았으며, 언제나 "육체가 있는 사람이면 누구나 운동선수다."라고 강조했다.

그는 자신이 가르치는 운동선수들에게 신체적 조건뿐 아니라 운동 장비라든지 다른 부분에 대해서도 열정을 가져서 경쟁우위를 차지하라고 가르쳤다. 인사교육 임원이자 최고 스토리텔러Chief Storyteller인 넬슨 패리스Nelson Farris에 따르면, 그가 남긴 이러한 이야기 유산은 나이키 조직 문화의 뿌리가 되었다고 한다.

일단 말하라 Just Tell It!

직원들에게 동기를 부여하고 메시지를 전달할 때 경영자가 짧은 이야기를 활용하는 것만 봐도 알 수 있듯, 나이키에서는 형식에 얽매이는 경우가 거의 없다. 패리스의 설명은 이렇다.

"처음부터 이런 분위기였어요. 다들 즐거운 마음으로 일하는 활기찬 회사에 다니다 보면 오늘, 어제, 그리고 1시간 전에 무슨 일이 있었는지 조목조목 이야기하게 되지요. 이야기는 우리의 '저스트 두 잇(Just do it, 나이키를 대표하는 광고 카피)' 정신을 더욱 강조해주지요. 나이키가 물려받은 유산을 널리 알리고 자유롭게 능력을 발휘할 수 있는 여건을 만든다면 직원들이 이 회사가 다른 직장과는 다르다고 생각할 거라 믿어요. 우리는 이것을 내부 브랜딩, 즉 실무를 담당하는 사람들에 대한 이야기라고 생각합니다."

북서 지역 사업부에서 회자되는 이야기에 따르면, 나이키 광고를 의뢰받은 광고대행사 임원은 회장인 나이트가 자주 하는 '저스트 두 잇'이라는 말을 듣고 나이키의 광고 카피로 사용했다고 한다. 나이트는 절대적으로 회사 경영진을 신뢰했기 때문에 번잡한 승인 절차를 대폭 줄여버렸다. 대신 그는 광고대행사 임원의 말처럼, 매니저가 기획안을 검토해달라고 요청하면 언제나 "일단 해보게 Just do it!"라고 말했다고 한다.

패리스는 이 일화의 진위에 대해서는 별다른 언급을 하지 않았지만, 어쨌거나 이 이야기 속에는 나이키의 정신이 담겨 있고, 직원들은 그 정신을 따르고 있으며, 나이키가 어떤 시장을 목표로 하는지 정확하게 반영하고 있다는 점은 인정한다. 그렇다. 나이키의 제품을 구매하는 사람들은 소파에 누워 과자 따위나 먹으며 TV를 보는 사람이 아니라, 밖으로 달려나가 무엇이든 일단 해보는 활동적인 사람들이다.

나이키의 사명은 매일 운동을 하는 사람들을 격려하고, 그들이 운동을 계속하는 데 필요한 혁신적인 제품을 제공하는 일이다. '저스트 두 잇'은 단순히 사람들의 관심을 끌기 위해 사용한 광고 카피가 아니라, 회사 전체에 퍼져 있는 마법의 주문이자 나이키식 사업 방식이다. 나이키는 처음부터 올바른 길을 달려왔고, 그 덕분에 현재의 위상을 지켜갈 수 있는 것이다.

나이키는 미국 운동화 시장의 40%를 점유하고 있고, 140개국 시장에서 중심 기업으로 자리매김했다. 오리건에 있는 본사를 비롯하여 네덜란드에 자리 잡은 유럽 지역 본사에 이르기까지 나이키는 전 세계에 사무실과 공장을 두고 있다. 15개의 나이키 타운Nike Town과 70개의 나이키 공장 직영 판매점, 2개의 나이키 여신 부티크NIKE goddess boutique 및 판매 관리 사무소 100여 곳도 임대 운영하고 있다. 2003년에는 전 세계 총매출액이 107억 달러로 전년 대비 8% 증가했으며, 그 해에는 최초로 미국 외 지역의 매출액이 미국 내 매출액을 넘어서기도 했다. 2003년 말에는 전 세계적으로 예약 주문이 전년 동일 기간 대비 9.7%나 증가했다.

운동을 즐기는 유연한 조직 문화에 걸맞게, 나이키는 회사 홈페이지부터 연간 보고서에 이르기까지 회사 안팎으로 의사소통을 할 때 주로 스토리텔링 기법을 사용한다. 이 기법을 통해 대내외적으로 모두 높은 성과를 거두었다. 물론 나이키의 목표 시장인 전문 운동선수와 운동을 좋아하는 활동적인 집단에는 원래부터 극적이고 감동적인 이야기가 풍부하다는 점에서 이야기를 사용하는 것이 유리하게 작용하기도 했다. 이 점에 대해 패리스는 이렇게 말한다.

"우리 회사는 그날 일하면서 들었던 이야기를 집에 돌아가 텔레비전에서 볼 수 있는 몇 안 되는 기업 중 하나입니다."

스포츠 제품을 판매하는 세계 최고 기업 나이키는 동종 업계에서 가장 낮은 이직률을 자랑하기도 한다. 오리건 주의 비버튼에 위치한 본사에서 근무하는 4천 명 외에도, 전 세계의 약 2만 3천여 명이 나이키 신화에 대해 잘 알고 있고, 회사가 최고의 위치를 지키기 위해서는 어떻게 해야 하는지 정확하게 인식하고 있다. 본사에 입사한 신입사원들이 이틀 내내 받는 오리엔테이션 일정에는 바워만이 육상팀을 지도하던 오리건 대학의 육상 트랙을 찾아가는 일도 포함되어 있다. 신입사원들은 기업 유산 전시관을 방문하여 그 유명한 와플 기계와 각종 회사 기념품 및 스포츠 기념품을 관람한다. 패리스는 나이키의 이런 교육 방식에 대해 다음과 같은 설명을 덧붙였다.

"이곳에 오는 직원들은 자유롭게 전시관을 둘러보고는 이곳이 마음에 든다고 말하죠. 저는 직원들에게 이렇게 말하곤 합니다. '자네가 우리 회사에 필요없다면 왜 고용했겠나? 성공하고 싶으면 앞으로 곧장 나아가게. 기회는 항상 열려 있어!' 이 말의 의미를 제대로 알아들은 직원은 빠르게 성공합니다."

'블룸버그 뉴스Bloomberg News'의 기사에 따르면, 나이키의 판매사원들은 스스로를 '에킨스(ekins, 나이키의 철자를 뒤섞어 만든 단어)'라 부르며, 상당수의 에킨스들은 자신들의 강한 애사심을 표현하는 수단으로 자신의 다리와 어깨에 나이키 '로고'를 문신한다고 한다. 나이트도 나이키의 로고를 발목에 문신했다.

"우리는 나이키에서 일어난 모든 일을 항상 이야기합니다. 우리가 이루어낸 업적과 물려받은 유산에 대해서요. 운동선수들이 만들어낸 감동적인 이야기도 나누고, 제품 안에도 이야기가 담겨 있지요. 사내에 홈비디오를 잔뜩 만들어두고 직원들이 불평하면 불평거리가 무엇이든 간에 랜스 암스트롱Lance Armstrong의 이야기를 보여주면서 '그런 일은 잊어버려. 지금 가진 연필 수십 자루를 사용하면 문제를 이겨낼 수 있잖아!' 라고 조언하지요."

2000년 1월, 패스트 컴퍼니Fast Company가 "나이키 이야기, 일단 말하라The Nike story: Just Tell It" 라는 기사에서 스토리텔링 기법을 활용하는 나이키의 경영 방법에 대해 소개한 것처럼, 나이키는 '나의 옛날 이야기가 나의 미래를 만든다' 는 말을 실제로 증명했다. 기사에 따르면, 회사의 고위 임원들은 '사내 이야기꾼' 으로 임명되어 '부사장과 판매사원, 나이키 매장에서 계산을 담당하는 시급제 직원에 이르기까지, 모든 사람들에게 회사가 물려받은 유산을 설명하는 임무' 를 수행한다.

지구를 살리는 기업이 오래간다

나이키는 능력에 관계없이 땀 흘려 운동하는 사람들의 잠재력을 키우는 일이 자사의 임무라고 생각한다. 이 회사는 능력이 뛰어난 스포츠 스타만이 아니라, 최근 점점 늘고 있는 전문 혹은 아마추어 여성 운동선수와 같이 운동을 즐기는 사람들의 이야기를 광고에 내보낸다. 나이키는 18개월 동안 여성 잠재고객을 상대로 자료를 수집하여, 2001년에 여성을 위한 혁신적인 운동용품을 시장에 새롭게 선보이고, 이를 웹진 형태로 구성한 인터넷 홈페이지(www.nikegoddess.com)에 게재했다. 8~15세의 여자 아이들이 마음껏 운동할 수 있도록 운동기구를 제공하는 '나이키지오 NikeGO'라는 기업 프로그램도 발표했다. 신규 제품 라인을 출시한 첫 해 남성 및 여성 의류 매출액은 거의 30만 달러, 2003년 말에는 25억 달러에 이르렀으며 매출은 계속 성장하는 추세이다.

지니 터너는 나이키가 원하는 고객층이 어떤 유형의 사람들인지를 보여준다. 나이키에서 일하던 46세의 이 중년 여성은 어느 날 활동적인 삶을 살기로 마음먹는다. 그녀는 9개월 만에 식이요법과 운동을 병행하여 무려 45킬로그램을 감량했다. 그녀는 44개 주와 5개 대륙에서 열린 각종 마라톤과 울트라 마라톤(ultra-marathon, 마라톤 완주 거리 42.195km보다 더 먼 거리를 달리는 마라톤을 통틀어 일컫는 말 - 옮긴이)을 완주하였으며, 이를 통해 수천 달러의 기부금을 모았다. 그녀에게 큰 감명을 받은 나이키는 터너의 이야기를 회사 홈페이지에 올려서 사람들이 자극을 받도록 했다. 홈페이지에는 이와 비슷한 직원들의 이야기가 많이 올라온다.

나이키는 직원들이 사회봉사 활동에 참여하도록 적극 권장하고 있고, 그 이익은 전부 사회에 환원한다. 예컨대 나이키는 페덱스 FedEx와 제휴하여 새 옷 1만 2천 벌과 야구 모자 6천 개를 지진 피해를 입은 인도 지역에 전달했다. 그 주에 나이키와 페덱스는 또 1만 586벌의 방한복을 비롯하여 2톤에 이르는 구호물자를 엘살바도르 지진 피해자들에게 보냈다. 2001년 9월 11일, 뉴욕의 세계 무역 센터가 무너지는 9.11테러 사건이 발생하자, 나이키는 사건이 일어난 직후 곧바로 피해 잔해를 처리하는 데 발 벗고 나섰으며, 성금을 모아 피해자 측에 전달했다. 나이키 직원 265명은 오리건 주 아스토리아의 웨스트 코스트에서 출발하여 뉴욕에 이르는 5,524km를 지나면서 불과 7주 만에 260만 달러 이상을 모금했고, 이를 소방관과 그들의 가족에게 전달했다.

　지역 사회에 대한 관심은 환경에 대한 관심으로 이어졌다. 1995년 9월, 나이트는 학술회에서 『비즈니스 생태학The Ecology of Commerce』의 저자 폴 호켄의 강연을 들은 후 자신이 깨달은 바를 다음과 같이 설명했다.

　"지구의 생태 기능은 저하되고 있습니다. 생태 기능이 마비되면 사업은 물론이고 사회 자체가 존재할 수 없습니다."

　나이트는 호켄의 강연을 들은 후 임원 회의에서 바로 나이키의 새로운 핵심 목표를 추가적으로 설정했다. 바로 '지속 가능성'이었다. 나이키는 지속 가능한 사업을 하겠다는 신념을 지키고자 환경 재건에 힘쓰고 있으며, 전 세계의 후손들에게 양질의 삶을 보장하려 노력하고 있다.

　2001년, 나이트는 회사의 첫 번째 기업 책임 보고서Corporate Responsibility Report에 "후손들을 위한 선택을 하는 것이 결과적으로 회사를 이끌어나가는 데 도움이 될 것입니다."라고 썼다.

　지속 가능성이 나이키의 핵심 가치에 새롭게 추가되었지만 지속 가능성이란 개념 자체는 전혀 새로운 것이 아니었다. 9년 전 딕 크로스비Dick Crosbie를 필두로 한 나이키 신발 화학공학 팀은 고무 깔창, 도료, 그리스 제거제, 이형제(離形劑, 플라스틱의 성형품을 금형으로부터 쉽게 벗겨내기 위해 금형에 바르는 물질 - 옮긴이)에 석유 대신 물을 사용하는 대체품을 개발했다. 이 신기술 덕분에 나이키와 계약을 맺은 제조업체들은 1994년부터 유기용제 사용 비율을 88%나 줄였다. 그 결과 2000년 5월부터 원재료비가 수백만 달러나 감소했고, 협력 공장에서 일하는 직원 약 66만 명이 개선된 환경에서 근무할 수 있었다. 나이키는 이 기술의 이점을 전 세계에 알리기 위해 경쟁사에까지도 기술 정보를 공개했다.

나이키는 초기의 성공에 힘입어 일부 생산자들이 사용하는 원재료, 특히 나이키 제품에 사용하는 화학 물질을 중심으로 정밀 검사를 실시했다. 2001년에는 세계 야생생물 기금World Wildlife Fund, WWF 및 에너지와 기후 변화 센터Center for Energy and Climate Solutions와 제휴를 맺고, 전 세계 나이키 생산 공장에서 배출되는 이산화탄소량을 줄이겠다고 공식 선언했다. 나이키의 전 사무실, 생산설비 및 물류센터의 이산화탄소 배출량도 줄이려 노력했다. WWF 부대표인 데이비드 샌드로David B. Sandlow는 이렇게 말한다.

"나이키는 지구를 살리기 위해 대단한 노력을 시작했습니다. 이것은 지구에서 사업을 영위하는 기업으로서 매우 현명하고 올바른 행동입니다."

나이키는 환경뿐 아니라 근로자의 건강까지 위협하는 폴리염화비닐(비닐 또는 PVC) 사용을 여러 해에 걸쳐 단계적으로 줄여왔다. 소매점 및 재활용품 할인매장과 제휴하여 매년 정기적으로, 제조사가 어디든 관계없이 미국 내에서 100~200만 켤레의 신발을 수거하여 재활용하고 있다. 재활용 운동을 시작한 1993년부터 2003년 초까지 1천 300만 켤레 이상이 재활용되었다. 그 결과 고무 입자와 다른 재료를 합성하여 만든 '나이키 그라인드Nike Grind' 라는 제품이 출시되었고, 이 제품은 학교 운동장, 야구장, 육상 트랙과 경기장의 바닥을 재 포장하는 데 사용된다. 축구장 잔디로 사용되는 필드터프FieldTurf 인 조잔디도 생산되고 있다.

성공하는 기업은 가치를 추구한다

나이키가 2001년 기업 책임 보고서를 발행한 이유는 CEO인 나이 트가 기업의 사회적 책임을 깨달았기 때문이다. 그러나 이보다 더 큰 이유는 바로 한 신문에서 해외에서 인권침해가 발생했다고 주장 하며 나이키에게 그 책임을 묻던 사건과 관련이 있다.

나이키는 스포츠용품 업계 1위 기업으로서 자연스럽게 공격 대상 이 되었고, 패리스는 회사 경영진을 향한 비난을 적극적으로 수용했 다. 그러나 1992년, 한 신문의 사회부 기자가 나이키가 협력 공장의 열악한 근무환경을 무시했다며 제기한 비난을 시작으로 나이키를 향한 여론의 비난이 줄을 이었다. 운동권 학생들은 세계적인 노동착 취 공장의 이름을 쓴 팻말을 들고 전 세계에서 시위행진을 벌였다. 몇 년간 나이키에 대한 반대 여론이 이어졌고 캘리포니아에 있는 한 개인은 소송을 제기하여 나이키에 불리한 판결을 이끌어내기도 했다.

진술의 진위가 밝혀지지는 않았지만 캘리포니아 주 1심법원은 협 력 공장에 관한 나이키의 공식 성명이 회사의 제품을 구매하도록 유 도할 수 있으므로 이 성명을 상업적 언론으로 보아야 하며, 따라서 공식 성명에 대한 헌법상의 보호를 제한한다는 판결을 내렸다. 법원은 헌법상의 보호를 제한하는 공식 성명에 뉴스, 특집 기사, 보도자료 그리고 홈페이지 등 캘리포니아 주에 거주하는 사람들이 접근할 수 있는 모든 형태의 공식 성명을 포함했다. 나이키는 미국 연방대법원에 항소하였고, 2003년 6월 연방대법원은 법적인 근거를 들어 소송을 기각했다. 소송은 다시 캘리포니아 주(州)법원으로 넘겨졌다. 비록 연방 대법관들이 공식적인 결정 명령을 내리지는 않았지만 다수가 해당 논쟁에 대한 나이키의 언론 행동이 순수하게 '상업적'이므로 제한되어야 한다는 주법원의 주요 근거를 인정하지 않았다. 패리스는 이와 관련해 다음과 같이 고백했다.

"언론의 힘을 과소평가해서 내가 진실을 밝히기도 전에 나에 대해 불리한 이야기를 하는 걸 내버려둔다면, 그 이야기가 여지없이 나를 공격하고 맙니다. 이번 기회를 통해 우리는 언론에 대처하는 방법을 익혔고, 우리 회사의 대변인은 언론에 대처하는 능력이 뛰어난 사람이라고 믿습니다. 세계에서 가장 영향력 있는 스포츠용품 브랜드로서 우리의 책임이 막대할 뿐 아니라, 외부에 우리의 사정을 더 많이 알려야 한다는 사실도 인정하게 되었지요."

《패스트컴퍼니Fast Company》지는 다음과 같은 기사를 실었다.

"성공하는 기업은 상황이 좋든 나쁘든 그들이 추구하는 가치를 지켜나간다."

여기에 패리스는 이런 말을 덧붙였다.

"힘든 시기를 극복하려면 진정한 팀워크가 무엇인지, 즉 약속을 지키고 의무를 다한다는 것이 어떤 의미인지 알아야 합니다. 모든 사람이 팀워크를 이해한 것은 아니지만 바워만은 선수들에게 바로 이 팀워크를 가르쳤지요."

여러 사건으로 비난도 많이 받았지만 나이키는 당당하게 대응하여 다시 사람들의 지지를 얻었고, 단계적으로 생산설비의 관리감독을 강화하여 협력 공장의 작업 환경을 개선했다. 직장 내 괴롭힘이나 초과 근무, 급여, 안전시설, 건강문제와 같은 노동문제는 결코 쉽게 풀리지 않는다는 사실도 알았다. 나이키 상표를 단 제품은 전 세계 50개국 이상, 900개가 넘는 협력 공장에서 생산되기 때문에 실제로 해결해야 할 문제는 생각보다 훨씬 더 복잡했다. 예를 들면, 베트남에 있는 나이키 협력 공장은 베트남 내에서 민간 기업으로는 최대 고용주로, 나이키 제품의 수출액이 해당 공장 총매출액의 6%를 차지한다.

아동 노동문제는 끊이지 않고 발생하는 난제에 속한다. 나이키의 고용 연령 기준은 세계에서 가장 높지만 캄보디아와 방글라데시처럼 출생 기록이 쉽게 위조되거나 아예 없는 곳에서는 나이를 확인하기가 거의 불가능하다. 하지만 나이키는 약속한 대로 근로자들이 양질의 생활을 누릴 수 있도록 지원해왔다. 나이키는 파키스탄에 있는 여덟 군데 기관과 계약을 체결하고, 수천 명의 근로자에게 무료로 점심을 제공한다. 본인은 물론 가족들도 무료로 진료받을 수 있는 진료소와 할인 매장, 탁아소, 유치원, 오락 시설도 설립했다. 물론 램프의 요정 지니가 힘들이지 않고 다시 램프로 사라지듯 실추된 회사의 명성이 하루아침에 회복되지는 않을 것이다. 하지만 나이키는 지속적으로 근로 환경을 개선하며 지키지 못할 허황된 공언을 하지 않기 위해 노력하고 있다.

나이트는 2001년 기업 책임 보고서에 다음과 같이 썼다.

"우리는 처음부터 옳은 일을 하고 있었습니다. 다만 문제는 노동

문제를 우선시하지 않았다는 것입니다. 다른 사람들 눈에는 좋은 면보다 나쁜 점이 먼저 들어올 것입니다. 옛날에는 공장 환경이 형편없었지만 90년대의 공장 환경은 많이 개선되었습니다. 2000년대에는 그보다 훨씬 나아질 것입니다. 만약 문제가 있다면 당당히 맞서 해결해야 합니다. 우리의 목적은 진실을 밝히는 것이며, 잘못된 부분이 있으면 이를 솔직하게 인정하고 문제를 해결할 것입니다. 우리 모두는 이 같은 태도를 가져야 합니다. 부정직한 태도로는 어떤 사업도 할 수 없습니다. 우리가 잘못한 부분을 인정하고 태도를 바꾸면 훌륭한 이야깃거리가 생길 것입니다."

패리스는 여기에 이런 말을 덧붙인다.

"과거에는 나이키가 아무런 영향력도 발휘하지 못했지만 회사 규모가 커진 만큼 협력 공장의 노동문제에 좀 더 관여할 수 있게 되었습니다. 일부 협력 공장에서 생산량이 크게 증가한 덕분에 우리가 그 공장들의 정치·경제·문화적 문제들에 영향력을 행사하게 되었지요. 이제 우리의 공급자들은 높은 수준을 유지해야 한답니다."

그러나 수출입 시장에서 결산된 웨스턴 헤미스피어Western Hemisphere의 7천 600억 달러에 비한다면 나이키의 2003년도 매출액 107억 달러는 여전히 미미한 수준이다. 이 때문에 나이키는 노동문제를 해결하기 위해 회사가 설립을 도왔던 제휴단체인 공정노동협회Fair Labor Association, FLA의 힘을 빌려야 한다.

나이키는 성과도 높은 사업을 영위하면서 인권 역시 보장할 수 있음을 몸소 증명했으나 나이트는 다음과 같이 말했다.

"나이키는 눈부신 속도로 성장했지만 그 경쟁력을 유지하는 방법을 잊으면서 중심을 잃고 말았습니다."

　3년 사이 매출액이 3배 이상 증가하자 회사는 인력 부족, 초과 근무 그리고 자기도취 상태에 빠져버렸다. 더구나 아시아 경제가 폭락하는 바람에, 나이키는 아시아 지역에 위치한 자사의 공급처들에 이상이 없는지를 파악하기 위해 3년에 걸쳐 면밀한 조사를 실시해야 했다. 나이트는 스스로 '실제 결과보다는 기세만 좋았다.' 고 시인한 2001년의 결과에 책임을 지고, '진정한 세계적 기업' 에 이르는 10년 계획을 완성하는 데 심혈을 기울였다. 우선은 회사의 비전을 실현할 경영자를 충원하는 일이 급선무였다. 찰리 덴슨과 마크 파커가 나이키의 공동 사장으로 임명되었고, 두 사람은 미국 경제가 주춤하던 침체기의 난국을 현명하게 헤쳐나갔다. 그 결과 지난 5년 동안 나이키의 미국 내 매출액은 한 해 평균 1.6% 증가하였다.

　"이제 나이키의 로고를 모르는 사람은 없습니다. 우리는 최고 브랜드로 자리매김했습니다. 우리가 지금까지 추구하던 사명은 더 이상 염원의 대상이 아닙니다. 지금부터는 회사가 이제껏 이루어놓은 것에 만족하지 않고 나이키가 이루고자 하는 목표를 바라보며 새로운 각오를 다져야 합니다."

　패리스의 설명대로 나이키가 추구하던 사명은 스포츠용품을 생산하는 세계 최고의 회사가 되는 것이었으며, 이제 그 목표는 이루어졌다.

　"세계는 더욱 넓어졌고, 우리는 스포츠 분야를 넘어선 영역에도 영향력을 행사하게 되었습니다."

　나이트는 이러한 캐치프레이즈로, 나이키가 하나의 기업이자 국제 사회의 한 시민으로서 이룩한 지금까지의 업적을 드러내는 동시에 회사의 사명과 회사가 추구해야 할 가치를 다시 썼다. 나이키는 이 가치를 11가지의 '격언', 즉 근본적인 진리로 요약하였고, 이 격언은 요즘 나이키 직원들이 서로에게 들려주는 주제이기도 하다.

나이트는 회사의 첫 번째 기업 책임 보고서에 다음과 같이 썼다.

❶ 혁신은 나이키의 본질이다.

❷ 나이키는 기업이다.

❸ 나이키는 브랜드다.

❹ 진행 방식을 단순화하라(옛날 방식은 버려라).

❺ 손님은 왕이다.

❻ 스펀지 같은 사람이 되라.

❼ 결론은 신속하게 내려라(5개년 사업계획에 얽매이지 말고, 아이디어가 떠오르는 대로 바로 실천하라).

❽ (사람, 자연환경, 사회에) 옳은 일을 하라.

❾ 원칙을 숙지하라.

❿ 항상 공격하라(게임은 이겨야 한다).

⓫ '그'를 기억하라(우리는 모두 빌 바워만 덕분에 존재하고, 그가 하던 일을 여전히 실천하고 있다).

패리스는 다음과 같이 말한다.

"우리가 좀 더 다양한 분야에 진출하려면 이 격언이 조직 문화에 스며들어야 하고, 그러기 위해서는 시간이 필요하죠. 가장 좋은 방법은 고위 경영자들이 사내에서 스토리텔링을 활용하는 것입니다."

이러한 이유로 비버튼에서 2시간짜리 회의가 연달아 열렸다. 비버튼 본사에서는 직원 5천 명이 회의에 참여했고, 유럽에서는 1천 명 이상이 회의에 참석했다.

　나라별로 자료를 모아 나이키가 해온 일을 각국의 언어로 번역하고, 각 문화에 맞게 이야기를 수정했다.

　이야기를 맡은 임원들이 직원들에게 끊임없이 강조하는 부분은 스포츠의 범위를 넓게 정의하라는 것이다. 나이트의 설명처럼, 나이키는 항상 스포츠를 다루어왔지만 스포츠의 범위를 정의하는 관념만큼은 옛날과 크게 달라지지 않았다. 어쩌면 오히려 스포츠에 대해 구태의연한 정의를 내리고 있는지도 모른다.

　"요가? 길거리 농구? 이런 것이 운동일까요? 이건 여가 활동이죠. 하지만 여가 활동은 자연스럽게 신체를 움직이는 상태이며, 모든 운동의 기본입니다. 그네를 타는 아이나 엘 캡틴(El Captain, 캘리포니아 요세미티 국립공원 내의 요세미티 계곡에 있는 암벽-옮긴이)을 오르는 여성, 75세의 무용수… 누구나 여가를 즐깁니다."

　나이트 자신은 여가 시간에 달리기 외에도 테니스와 골프를 즐긴다고 말한다.

　"팔꿈치와 무릎, 감정 중 혹사하고 싶은 부분이 어디냐에 따라 필요한 운동을 하나 고르지요."

　현대는 빌 바워만이 갑자기 떠오른 생각을 좇아 차고로 달려가던 시절과는 많이 달라졌다. 나이키는 스포츠용품 업계에서 세계적인 브랜드이자 윤리 경영의 세계적인 리더가 되었다. 나이키의 로고는 세상에서 가장 유명해졌다.

　이처럼 많은 변화를 겪어왔지만 새로운 사상과 혁신을 추구하는 나이키의 핵심 가치에는 변함이 없다.

　사람들이 어떻게 생각하든, 오리건 대학 출신의 육상선수였던 나이트는 세계 대회에서 뛰어난 기록을 세웠고, 빌 바워만은 그것을 자랑스럽게 생각할 것이다. 그리고 굳이 나이키 홈페이지 '하단에' 적혀 있지 않더라도, 그가 하던 말은 항상 기억될 것이다.

"육체가 있는 사람이면 누구나 운동선수이다. 운동선수가 존재하는 한 나이키도 존재한다."

나이키에 대해 더 알고 싶은 사람은 www.nikebiz.com을 방문해보라.

3M

03. 3M : 성장과 창의력을 이야기에 담아내기

"직원들에게 3M의 영웅이나 우리 회사가 추구하는 가치에 대해서 물어보면 언제나 똑같은 대답을 들을 수 있습니다. '3M은 혁신을 추구하고 고객을 위한 새로운 아이디어를 창출해내며, 3M의 직원을 후원합니다' 라고 말이지요. 이렇게 튼튼한 조직문화를 기반으로 한 회사의 직원들은 누가 지시하지 않더라도 스스로 알아서 일을 하지요."

3M(Minnesota Mining and Manufacturing Company, 미국의 과학·광학·제어 장비 제조업체) 직원들은 누구나 익히 알고 있는 3M의 이야기를 아주 열심히 듣는다. 직원들은 그 이야기를 듣고 좋은 아이디어를 떠올리거나, 자신이 누구인지 혹은 자신이 속한 부서에서 어떤 일을 하는지 이해하고 힘을 얻는다.

식스 시그마Six Sigma 부문의 자문 부대표 스티브 웹스터Steve Webster는 3M 직원들이 회사 창립 초기에 활약한 영웅들의 전설에 푹 빠져 있다고 말한다. 그 영웅들은 회사가 3M적인 사고방식을 유지하는 데 여전히 일조하고 있다.

윌리엄 L. 맥나이트William L. McKnight는 3M의 초창기 영웅 중 한 명이다. 그는 1907년에 경리 사원으로 입사한 후 꾸준히 승진하여 사장직을 맡게 되었고, 1949년에 회장이 되기 전까지 20년 동안 사장으로 재직했다.

직원들이 자사의 발명품을 고안해내고, 모두에게 출세할 수 있는 기회를 제공하며, 회사가 지속적으로 성장할 수 있는 조직 문화를 형성하게 된 것은 순전히 그의 전설적인 사업 철학과 경영 방식 덕분이다.

맥나이트는 사람의 마음에 상처를 입힐 만큼 부정적으로 비판하는 경영자는 창의성을 해친다고 굳게 믿었고, 경영진에게 새로운 아이디어를 제안하는 직원들을 적극적으로 후원하라고 강조했다. 물론 그 일이 결코 쉽지만은 않았다고 그는 솔직하게 고백했다.

"사업을 꾸려나가려면 상당한 인내심이 필요하지요."

그러나 그는 자신의 철학을 철회하지 않았다.

"만약 직원이 본질적으로는 옳은 일을 하려다 실수를 저지르더라

도 책임자가 그 직원의 실수를 바로잡아주면 됩니다. 직원들의 실수
는 경영자들이 저지르는 실수만큼 큰 문제가 되지는 않습니다."

이야기 인큐베이터는 계속 가동 중

맥나이트가 설립한 3M의 아이디어 인큐베이터에서는 혁신적인
아이디어가 계속해서 창출된다. 3M은 직원들이 모험을 감행하도록
권장하는 많은 프로그램을 마련해두고 있다. 직원들은 '15% 법칙'에
따라서 근무 시간의 15%까지는 관심 분야를 연구하는 데 할애할 수
있다.

또한 3M은 '가속Acceleration' 프로젝트를 진행하여 세상 사람들이
다 알 만한 다양한 프로젝트를 성공으로 이끌어내기도 했다. 직원들
을 격려하는 이러한 조직 문화를 통해 직원들은, 자칭 3M 이야기만
의 특징인 비전통적인 이론을 마음껏 시도해볼 수 있다. 그 덕분에
최초의 연마 제품을 개발할 때 비참하게 실패한 에피소드나, 마스킹
테이프(masking tape, 그림을 그리거나 도료를 분사할 때 다른 부분을 보호하는
접착 테이프 - 옮긴이)와 웨토드라이Wetordry 사포지 발명에 얽힌 이야기,
3M 과학자가 찬송가에 책갈피로 붙여놓으려다 개발한 포스트 잇 이
야기 등이 줄줄이 탄생했다.

대단한 발명으로 이어질 가능성이 있다면 사소한 실수는 눈감아
주는 경영자 덕택에, 세상을 더 편리하게 해주는 5만여 개의 제품이
끊임없이 생산되었다. 미네소타 주 세인트폴에 위치한 3M 본사의
혁신 센터에는 자산 규모가 170억 달러에 달하는 자사의 역사가 전

시되어 있다. 신입사원이나 센터 방문객들은 이곳에서 수십 년의 역사를 지닌 회사의 연혁과 그간의 성장 과정을 비롯해 회사의 제품과 기술력을 확인하곤 한다. 전시품은 약 6만 7천 명에 이르는 직원 중에서 3M의 성공에 크게 기여한 직원의 사진과 이야기 위주로 구성되어 있다. 스티브 웹스터의 설명을 들어보자.

"사람들이 시간을 들여서 천천히 혁신 센터의 전시물을 관람하고 우리의 이야기에 친숙해지도록 만들려고 애썼습니다. 우리가 진출한 여러 분야의 사업 포트폴리오를 한 공간에서 보면 사업이 어떤 식으로 연결되어 있고, 그렇게 연결해야 하는 이유를 분명하게 알 수 있지요. 가족 구성원을 파악하는 것과 비슷하다고 할까요? 방문객들의 반응은 상당히 좋습니다. 깊은 감명을 받지요."

웹스터는 3M의 직원들은 다들 한결같다는 고객의 말을 특별한 칭찬으로 여긴다. 3M이 다양한 사업 분야에서 활동하는 60개 국 이상의 지사를 설립하고, 200여 국가의 고객들에게 서비스를 제공한다는 점을 고려하면 충분히 그럴 만하다.

"이렇게 큰 기업에서, 각국의 다양한 직원들을 고용했는데 고객이 우리의 태도가 똑같다고 이야기하는 건 더없이 기쁜 일이지요. 특히 중요한 사안에 대해 똑같은 평가를 듣는다는 것은 우리가 회사를 제대로 운영하고 있다는 걸 알 수 있게 해주는 대목이지요."

웹스터는 모든 직원들이 같은 생각을 하게끔 하는 업무 환경이 3M에 배어 있다고 자랑스럽게 이야기한다.

"직원들에게 3M의 영웅이나 우리 회사가 추구하는 가치에 대해서 물어보면 언제나 똑같은 대답을 들을 수 있습니다. '3M은 혁신을 추구하고 고객을 위한 새로운 아이디어를 창출해내며, 3M의 직원을 후원합니다.' 라고 말이지요. 이렇게 튼튼한 조직 문화를 기반으로 한 회사의 직원들은 누가 지시하지 않더라도 스스로 알아서 일을 하지요."

경영자는 직원의 '훌륭한 업적'에 대해 다른 사람들도 다 알도록 칭찬을 하고 상을 준다. 좋은 결과를 내기 위해 열정적으로 노력하는 모습을 권장하기 위해서 사원의 본받을 만한 업적을 보상하는 것이다. 우수 기술 상The Circle of Technical Excellence과 혁신 상Innovation Award은 세계적으로 뛰어난 업적을 달성한 직원들에게 수여되며, 이 상을 통해 3M이 새로운 시도를 적극적으로 장려한다는 사실을 보여준다.

회사에 입사한 이후 시종일관 기술적인 면에서 뛰어난 성과를 보인 사람들은 3M 연구원에게 주어지는 가장 명예로운 지위인 칼튼 협회Carlton Society의 회원으로 추천된다.

협회 회원 취임식의 밤에는 협회 가입자를 축하해주고, 3시간가량 진행되는 행사 중 30분 정도를 할애해 기존 칼튼 협회의 영웅, 즉 최근에 추천을 받은 사람이나 수년 전에 협회원이 된 사람의 생애를 자세히 소개한다.

골든 스텝 상Golden Step award 수상자도 회사의 모든 직원들에게 알려진다. 이 상은 신제품을 시장에 출시하여 연간 매출액이 100억 달러를 초과하고, 출시한 지 3년 안에 수익을 내는 경우에 수여된다. 이 상과 관련해 웹스터는 다음과 같이 말한다.

"우리가 하는 일이 회사를 성장시키고 제품을 판매하며 새로운 사업을 개발하는 것이기 때문에 골든 스텝 상은 3M에서 가장 명예로운 상이라 할 수 있지요."

3M을 이끄는 영웅들의 이야기

회사 홈페이지에는 특별한 자리를 마련해 이와 같은 무수한 영웅들의 이야기를 올려놓고 있다. 이야기들의 주된 내용은 영웅적인 직원들이 힘든 상황에 처했지만 포기하지 않고 상황을 잘 극복해 동료와 상사의 존경과 감탄을 받았다는 이야기이다. 영웅들만의 성공 비밀을 공개하여 다른 직원들이 혁신적인 성과를 낼 수 있도록 도와주는 내용도 많다. 몇 가지를 살펴보자.

마크 엘리스Mark Ellis는 연구원들이 화학반응 '폭주' 현상을 동력으로 이용할 수 있지 않을까 하는 대담한 가설을 세웠다. 그의 가설은 이후 원가도 적게 들고 용제도 사용하지 않는 감압성 접착제를 매우 효율적으로 생산하는 공정을 개발하는 데 결정적인 역할을 했다. 엘리스는 다른 3M인들에게 즐겁게 일하자고 격려한다.

"즐거움은 전염성이 있고 즐겁게 일하는 사람들은 다른 사람들보다 훨씬 더 일을 잘하죠. 장난끼가 넘치는 것도 도움이 되죠. 혁신이란 긍정적인 태도에서 생겨나는 법이니까요."

빌 우드는 3M 큐비트론 연마입자3M Cubitron™ Abrasive Grain를 만들었고, 그의 개발에 큰 감명을 받은 어떤 고객은 "40년 만에 처음으로 연마 공장에서 쓸 만한 기술이 개발되었다."라고 칭찬했다. 우드는 '다음에 개발할 위대한 발명품'에 대해 고민하던 중 얼마 전 식당에서 먹었던 요리의 모양에서 한동안 풀려고 애쓰던 연마재 문제의 해결책을 얻어냈다.

"언제 어디서 좋은 아이디어가 튀어나올지는 아무도 몰라요."

짐 언스토트Jim Onstott는 언제 어디서나 항상 열린 마음으로 능동적인 태도를 유지하면 언젠가는 큰 보상을 받는다고 생각한다. 그는 연구원으로 활동하면서 특허를 7개나 출원했고, 특수 광섬유에 대해 수많은 과학 논문을 발표했다. 언스토트의 사무실 앞에는 그에게 기술지도를 받고 싶어 하는 사람이나 자기가 발견한 내용이 가치가 있는지 확인하고 싶어 기다리는 이들로 북적인다. 언스토트는 이런 사람들을 성심껏 도우려는 멘토의 역할을 하고 있고, 그 결과 언스토트 '교수' 로서의 명성이 자자하다. 그는 "일을 할 때는 창의적인 생각을 거의 하지 않아요. 방해 요소가 너무 많거든요."라고 말한다. 그는 주로 자신이 소유한 소규모 농장에서 트랙터를 몰면서 자유롭게 생각하다가 과학적인 발견을 얻는다고 한다.

존 문의 이야기는 성공하는 팀을 만들기 위해서는 반드시 3M인들의 신뢰가 필요하다는 점을 잘 보여준다. 그는 오랜 기간 직장생활을 하는 동안 상냥하고 너그럽고 유머감각이 넘치며 한결같이 의욕적인 태도를 보여줘 동료들의 존경을 받았다. 문의 이런 태도는 제품을 시장에 출시하기 위해 필요한 마음가짐을 팀원들에게 불어넣었다. 문은 이렇게 말한다.

"(개발 중인 감압성 접착제를) 상업화하는 일은 엔지니어와 생산 기술자들이 얼마나 완벽하게 조화를 이루느냐에 달려 있습니다. 우리의 일이 성공하기 위해서는 업무를 맡아서 수고하는 사람들부터 중앙 연구소Central Research에서 지원하는 연구원들에 이르기까지 모든 직원들의 힘이 필요합니다."

3M에서 이야기로 의사소통을 하는 일은 기술연구에만 국한되지 않고, 어디에서나 찾아볼 수 있다. 교육 담당자들은 판매사원들에게 세일즈 비법을 알려줄 때, 고객들이 3M의 제품이 그들의 사업에 꼭

필요하다는 사실을 '알아볼' 수 있도록 그림을 그리듯 생생한 이야기로 들려주라고 가르친다. 영웅들의 이야기나 일상에서 발생하는 혁신에 대한 일화들은 3M의 사보인《스템와인더The Stemwinder》에 실린다.

재주 많은 이야기꾼이 회사의 보배

고든 쇼Gordon Shaw는 은퇴하기 전 스토리텔링 기법이 회사의 관리 기능에 긍정적인 영향을 미칠 수 있다는, 그리고 긍정적인 영향을 주어야만 한다는 사실을 몸소 증명했다. 그는 이야기의 힘을 굳게 믿었는데, 실제로 그와 동료 두 명이《하버드 비즈니스 리뷰Harvard Business Review,1998》지에 이야기와 관련한 논문을 기고하기도 했다. 그가 스토리텔링 기법을 회사 전략계획에 강력하게 적용해야겠다고 결심하게 된 계기에 대해 들어보자.

어느 날 쇼는 몇몇 항목에만 눈에 띄게 표시해놓은 전형적인 프레젠테이션 형식의 사업 서류를 내려다보다가 '3M 생산 공정에서 굉장한 위력을 발휘한 스토리텔링 기법을 전략계획에도 응용할 수는 없을까?' 라는 생각을 하게 되었다. 그는 전략계획을 짤 때 목록을 작성한 후 중요한 부분에 표시를 하는 방식을 썼는데, 경제적일 뿐 아니라 내용을 검토하는 데에도 유용하다고 생각하고 있었다. 게다가 복잡한 사업 상황을 단순화해서 파악하기에도 좋았다. 하지만 좀 더 깊게 파고들어서 목록을 작성하여 전략계획을 짜게 되면 현재의 사안에 대해서는 검토할 수 있지만 그 사안의 근본적인 문제를 파악

하거나 해결하지는 못하는 것 같았다. 쇼는 스스로에게 물었다. '방법을 바꾸려면 비용이 얼마나 들까?'

글을 쓰기 위해서는 생각의 과정이 필요하다. 대부분의 사람들은 글을 쓰면서 일단 어떤 항목을 강조하고 나면 강조한 그 부분이 도출되기까지 생각하는 과정은 건너뛰어 버린다. 즉 '매출액 5% 증가'와 같은 결론이 나왔을 경우, 그 결과가 나오기까지의 과정은 생략한 채 몇 가지 '좋은 결과'만 목록에 올려놓고서 제대로 계획을 세웠다는 자기기만에 빠지기 쉽다. 목록은 사람들을 '지적 게으름뱅이'로 만들기도 한다. 어느 회사든 목록은 지극히 평이해, 이를 통해서는 회사를 둘러싼 제반 관계가 명확하게 드러나지도 않는다. 목록에서는 사업의 전망을 예측할 때 사용한 가정이 무엇인지가 전혀 드러나지 않기 때문이다.

쇼는 기획안을 짜는 일과 스토리텔링을 하는 과정에는 비슷한 점이 많으므로, 스토리텔링을 철저하게 사용하는 3M의 조직 문화를 바탕으로 기획안을 작성하면 보다 효율적일 것이라 생각했다. 그는 《하버드 비즈니스 리뷰》에 기고한 논문에서 다음과 같이 기술했다.

"이야기를 사용해 계획을 세우는 일은 전통적인 스토리텔링 기법과 매우 유사하다. 재주 좋은 이야기꾼처럼 전략 기획가도 현재의 상황(복잡한 분석에 필요한 여러 요소들, 즉 산업 경제 상황, 기업이 성공하기 위해 필요한 핵심 요소, 변화의 원동력, 기업에 기본적으로 내재되어 있는 압박감과 다양한 업무 관계)을 정의하는 단계를 구상한다. 그런 다음, 기획가는 현재 기업이 직면하고 있는 힘든 상황이나 사업의 성공에 방해가 되는 요소와 같이 극적인 갈등요소를 소개한다. 마지막으로 기획가의 이야기는 해결책, 즉 회사가 그 방해요소를 극복하고 성공에 이르는 방법을 보여준다."

좋은 글을 쓰는 것과 마찬가지로, 좋은 이야기를 들려주려면 그 이야기를 갈고 다듬어야 한다. 이야기를 활용하여 전략을 구상하면 기획자가 기획을 짜기 위해 사용한 가정이 명백하게 드러나고, 이야기가 주제에서 벗어나지 않으며, 복잡하거나 분명하지 않은 아이디어가 무엇인지가 밝혀지게 된다. 쇼는 이에 덧붙여 "논리상의 흠결이 종이에 그대로 묻어난다."고 기술했다.

쇼는 처음 이야기를 사용하여 장기적인 계획을 세우는 과정에서 괴로움과 즐거움을 동시에 맛보았다. 그는 30여 장의 초고를 쓰고 고치기를 거듭했다. 그는 자신이 직접 여러 번에 걸쳐 이야기를 다듬고 이야기의 구조를 완전히 숙지한 후 회의실로 들어갔다. 그는 OHP를 끄고 임원들에게 "오늘은 재미있는 이야기를 하나 하겠습니다."라고 말했다. 그는 모여 앉은 경영진이 눈빛을 주고 받으며 '곧 큰일이 터지겠다.' 고 속삭이는 소리를 들었다.

쇼가 천천히 임원들에게 기획안을 발표하기 시작했을 때, 그는 자신이 바라던 대로 자신이 발표한 각 내용의 논리를, 이야기를 듣는 사람들에게 충분히 이해시키고 있다는 사실을 감지할 수 있었다.

논문에서 쇼는 "좋은 이야기는 모두 선한 사람이 올바른 순서로 탁월하게 일을 체계적으로 실행하고, 적과 힘겹게 겨룬 끝에 승리를 거두는 이야기이다."라고 했는데, 이는 견고하게 수립된 전략에도 해당되는 이야기이다. 청중들은 이야기를 통해서 글쓴이가 생각한 과정을 파악한다. 그 결과 필요한 부분에만 표시를 한 목록을 볼 때 보다 더 많은 사실을 알게 된다. 게다가 "계획을 이야기처럼 설명하면 기획가는 물론이고 듣는 이도 그 전략을 더욱 자세하게 그려볼 수 있다.”

쇼는 청중들이 자기가 곧 이야기 속의 주인공이라고 가정한다면, 기획의 최종 목표를 더욱 제대로 이해할 것이라 확신했다. 요점이 분명하게 드러나는 좋은 이야기, 견고하게 수립된 전략에는 노사 모두를 능동적으로 행동하게 만드는 힘이 있다.

발표가 끝나자 경영진은 쇼의 기획을 완전히 이해했고, 그 기획에서 예상한 결과가 현실적이라고 생각한다는 긍정적인 반응을 보였다. 그 반응을 본 쇼는 스토리텔링 기법이 기획 과정을 명확하게 드러내고 논리를 담당하는 좌뇌와 직관을 담당하는 우뇌를 연결하는 힘이 있음을 확신했다. 이것은 이야기의 근본적인 유용성으로, 다이앤 코리Diane Cory와 폴라 언더우드Paula Underwood가 쓴 『학습조직Learning Organizations』에서 ‘학습을 위한 이야기’ 부분에 언급되어 있다.

쇼의 논문에는 이런 말도 있다.

“3M의 임직원은 습관적으로 이야기를 한다. 이런 이야기를 통해서 자기 자신과 복잡하고 다각화된 사업을 바라보는 시각을 얻고, 그 결과 전략적인 변화를 시도할 수 있는 기회를 얻게 된다.”

진정한 이야기의 가치는 바로 이것

3M의 다른 인사들과 마찬가지로, 스티브 웹스터 역시 가는 곳마다 자유롭게 이야기를 퍼뜨린다. 3M™ 다층 광학 필름3M™ Multilayer Optical Film의 미래에 대한 기술 포럼Tech Forum에서 연설을 할 때도 예외가 아니었다. 이 내부 포럼은 53년의 전통이 있는 공동체 의식을 기

르고자 시작된 분기별 행사로, 원래는 모든 직원이 참여할 수 있지만 보통은 연구원들만 참석한다. 웹스터는 청중들이 내용을 좀 더 자세하게 파악할 수 있도록 필름을 개발하던 당시 상황을 발표하기 시작했다. 그는 핵심적인 역할을 담당했던 사람들을 자세하게 묘사한 다음, 3M이 성장하는 데 그들이 개발한 필름이 얼마나 큰 힘이 되었는지를 강조했다.

대표이사이자 회장 직을 맡은 제임스 맥너니 주니어W. James Mc-Nerney, Jr.는 다음과 같이 말한다.

"앞으로 3M이 수많은 시장, 그중에서 몇 가지만 언급한다면 건강 관리, 공업, 소비재와 사무용품, 전자제품, 이동통신, 산업 안전, 보안 등에서 선두자리를 유지하려면, 경영자는 반드시 '3M의 경쟁우위를 더 높이기 위해 필수적이고 근본적인 변화'를 이루는 데 초점을 맞추어야 한다."

맥너니 회장이 말한 근본적인 변화 중 하나는 향후 몇 년 내에 실행될 예정인데, 웹스터의 설명은 이렇다.

"경영자들은 문제가 발생한 후 문제를 해결하는 사람보다 문제를 미리 예방하는 사람을 파악해 그들에게 보상할 것입니다."

문제를 해결하는 사람과 문제를 예방하는 사람은 모두 3M이 오랫동안 성공을 누리는 데 이바지한 핵심적인 인물들이다.

웹스터는 이미 3M의 식스 시그마 이니셔티브(일정한 시한을 가진 특별 프로젝트 - 옮긴이)를 진행하면서 임직원들에게 자신이 실패했던 사례를 들어 문제를 예방하는 것과 관련해 이야기하고 있다. 그가 말하는 요점은 이렇다.

"잘못된 방향으로 진행되는 프로젝트를 보면 그 계획을 비판하는 대신 그들의 문제가 무엇인지 보여주기 위해 제가 아끼던 이야기를 들려주곤 합니다. 직원들이 이미 돌이킬 수 없는 상황에 직면해 그제야 문제를 해결하기보다, 문제가 생기기 전에 미리 예방할 수 있도록 진지하게 고민하길 바라는 것이죠."

그가 들려주는 이야기 중 하나는 그가 데이터 스토리지 디스켓 연구소Data Storage Diskette Lab의 매니저로 일하던 시절의 이야기이다.

"예전에는 2메가바이트 디스켓이 아주 뛰어나고 편리한 제품이었죠. 디스켓 생산 공정이 신설되고 2메가 디스켓과 관련된 모든 것이 새롭던 때가 있었습니다. 2메가 디스켓은 3M 신제품 역사상 제품을 출시한 첫 해에 가장 많이 팔렸고 그 해에 이익도 냈지만 그 이후 시간이 흘러도 더 이상 2메가 디스켓에서 발전하지 않았고, 3M은 더 이상 디스켓을 팔지 못했지요."

경쟁사 아이오메가IOmega에서는 100메가 집 디스크100MB ZIP Disk를 개발해냈고, 웹스터 팀은 그 뒤 아홉 달이 지나서야 2메가 디스켓을 재설계한 120메가 디스켓을 개발했다. 그러나 때는 이미 너무 늦은 뒤였다.

"개발이 늦었다는 시간적 원인도 있었지만 집 디스크가 120메가 디스켓보다 훨씬 대단한 기술이었다는 게 더 큰 문제였어요. 이제 와서 생각해보면, 그때 2메가 디스켓을 재설계하지 말고 모든 연구원을 신제품 개발에 투입시켰어야 했어요."

웹스터는 3M인들이 틀에 박힌 생각에 사로잡힌 모습을 볼 때면 이런 이야기를 들려준다.

"다층 광학 필름을 소개할 때 우리는 장미나 활, 가방과 같은 다양한 장식품을 필름으로 보여주기 바쁩니다. 그런 장식품을 보여주는 것이 아주 멋져 보이니까요. 하지만 이 기술의 진짜 가치는 편광(偏光), 혹은 비가시광선을 자유롭게 사용할 수 있다는 점에 있어요. 그 가치는 눈에 잘 보이지도 않고 평이할 수 있어요. 그렇지만 이 기술이 필요한 고객들에게 진짜 가치를 설명해주면 고객은 우리 제품의 가치를 제대로 알아보고 자신의 사업이 성공하려면 우리 광학 필름을 사용해야 한다고 생각하게 되지요.”

코리와 언더우드는 『학습조직』에서 이야기란 시작과 끝이 맞물린 원이지만 웹스터의 설명처럼 학습을 위한 이야기의 진정한 가치는 이야기가 닫힌 원의 형태에서 성장과 창의력을 담고 있는 나선의 형태로 확장될 때에 드러난다고 했다. 웹스터는 웃으면서 다음과 같이 말했다.

“내가 한 이야기를 한 1년쯤 지나 누군가가 내 이야기인 줄도 모르고 다시 나에게 들려줄 때 참 재미있어요.”

3M에 대해 더 알고 싶은 사람은 www.3m.com을 방문해보라.

K/P Corporation

04. 케이피 코퍼레이션 :
사랑으로 보여주는 섬김의 리더십

영업부 임원 바바라 웹스터Barbara Webster는 처음 회사에 지원한 사람들이 케이피의 근본 가치 중 사랑이 포함되어 있다는 사실을 알면 다들 놀란다고 말한다. 하지만 회사에 들어와 몇 달이 지나기 전까지는 그 사실을 거의 말하지 않는다고 한다. "동료들에게 그 말이 진짜일까 의심했었다고 털어놓지만 시간이 흐르면서 그 말이 진짜라는 걸 깨닫게 되지요. 회사의 모든 임직원이 서로에게 관심을 가지려고 진심으로 노력하거든요." 직원들은 마케팅 이사 바바라 실버만Barbara Silverman의 이야기처럼 개인의 성과보다 회사의 성공이 우선이라는 점을 인식하고 있기 때문에 승진을 위해 동료와 치열한 경쟁을 벌이는 대신 서로 협력하여 업무를 성공으로 이끈다.

케이피 코퍼레이션의 3가지 핵심 가치를 처음 읽은 사람은 누구나 깜짝 놀라 다시 읽어본다. 특히 세 번째 가치를 유심히 들여다보곤 하는데 결코 잘못 본 것이 아니다. 회사의 철학과 역사, 미래상과 사명 그리고 회사의 목적을 일목요연하게 설명하는 소책자의 첫 페이지에 기록된 3가지 핵심 가치에는 '사랑'이라는 두 글자가 분명히 기록되어 있다.

소책자에서는 "기업이란 그 성패가 조직 구성원들의 수준에 따라 결정되는 인간 조직이다."라는 피터 드러커Peter Drucker의 말로 시작하여, 케이피의 최우선 목적은 '직원들이 가치 있는 일을 하게끔 이끌고 자신의 가치를 발견하도록 인도하는' 것이라고 재차 강조한다. 케이피는 자사의 목적을 이루기 위해 다음과 같은 핵심 가치를 받아들이는 사람을 채용하고 그가 회사를 떠나지 않도록 부단히 노력한다.

- 우리는 조직 내의 개개인이, 자신에게 부과되었거나 자신이 하겠다고 받아들인 일은 책임지고 훌륭하게 마무리해야 한다고 믿는다.
- 우리는 항상 지적 정직함을 추구하며, 자신에게 부끄럽지 않도록 신념을 지켜야 한다고 믿는다.
- 우리는 성공적인 직장생활에서 얻는 가장 큰 성과는 시간이 흐르면서 동료 사이에 생겨나는 사랑임을 믿는다. 모든 사항을 고려해보면, 직원들 간의 관계는 가장 소중하고도 영원히 남을 재산이다.

사장인 리치 바비Rich Barbee는 다음과 같이 말한다.

"(자신을 포함한) 사람들은 한 사람의 개인으로서 더 나은 사람이 되고 더 나은 삶을 살기 위해 우리 회사에 들어옵니다. 케이피는 이 2가지를 모두 이룰 수 있는 기회를 제공합니다. 우리는 직원이 어떤 기분으로 하루 일과를 마치느냐에 따라 회사의 성공도를 평가합니다. 고객은 원하는 요구사항이 어떻게 처리되었는가와 직원들의 응대 태도로 우리를 평가합니다. 대개는 직원이나 고객 모두 만족하고 오랫동안 케이피의 가족으로 남지요."

영업부 임원 바바라 웹스터Barbara Webster는 처음 회사에 지원한 사람들이 케이피의 근본 가치 중 사랑이 포함되어 있다는 사실을 알면 다들 놀란다고 말한다. 하지만 회사에 들어와 몇 달이 지나기 전까지는 그 사실을 거의 말하지 않는다고 한다.

"동료들에게 그 말이 진짜일까 의심했었다고 털어놓지만 시간이 흐르면서 그 말이 진짜라는 걸 깨닫게 되지요. 회사의 모든 임직원이 서로에게 관심을 가지려고 진심으로 노력하거든요."

직원들은 마케팅 이사 바바라 실버만Barbara Silverman의 이야기처럼 개인의 성과보다 회사의 성공이 우선이라는 점을 인식하고 있기 때문에 승진을 위해 동료와 치열한 경쟁을 벌이는 대신 서로 협력하여 업무를 성공으로 이끈다.

"처음에 케이피는 지주회사처럼 각 부문에서 매출과 손익에 책임을 지는 독립 사업단위로 구성되어 있었어요. 지역 경제가 불안정한 탓에 일부 사업단위에서 매출이 감소하면 다른 부문에서 창출한 이익으로 어느 정도는 상쇄할 수 있다고 위안했지요. 하지만 케이피는 항상 한 걸음 더 나아갔습니다. 개별 사업단위의 사안은 잠시 뒤로 미뤄두고, 매출이 감소된 사업단위의 시장에서 성공하기 위한 영업 방안을 모색하기 위해 회사 전체에서 가장 성과가 뛰어난 영업 직원들과 관리 직원들을 모아 프로젝트 팀을 구성했습니다. 팀은 마케팅 차원의 전화를 통해 전략을 구상하고 각 지역의 직원들과 긴밀하게 협력하며 일했지요. 팀원들은 동료애를 느끼고 곤경에 빠진 자매 사업단위를 돕는다는 만족감만으로도 충분한 보상이 되었답니다. 나중에는 사업단위 대표들이 영업 자치권의 일부를 포기하여 회사 전체에 더 좋은 고객 서비스를 제공할 수 있었습니다. 이 일은 영업 직원들이 샌디에이고에서 열릴, 회사의 모든 사업단위가 참석하는 영업회의에 참석하기 몇 시간 전에 일어났어요. 이 결정은 우리 회사가 지금처럼 중앙집권적인 회사가 되기 위한 초석이 되었습니다."

보빅이 들려준 단순한 이야기

케이피는 1929년, 오리건 주의 살렘에서 가족경영회사의 형태로, 전통적인 인쇄 사업을 모태로 설립되었다. 지금은 캘리포니아 주 샌라몬에 본사를 둔 미국 내 일류 기업의 하나로, 모든 종류의 기술 집약적인 다이렉트 마케팅 제품 및 서비스(홍보물, 우편발송, 주문 처리, 조사 및 투자수익률 평가)를 제공하고 있다. 케이피는 사무실 하나에 직원 15명이 일하던 시절을 거쳐 현재 미국 서부 전역에 11개의 지사를 두고 600명이 넘는 직원들이 일하는 대규모 회사로 성장했다. 이 과정에서 여러 차례 정체성의 위기를 겪었지만 회사는 오랫동안 무난한 성장률을 기록했다.

2대 소유주 짐 냅Jim Knapp은 2000년 6월, 8페이지짜리 회사 역사를 담은 소책자를 제작하여 직원들에게 나누어주었다. 그는 이 소책자에, 영원한 성공을 보장하는 마법의 경영 기법 따위는 존재하지 않는다는 사실을 깨닫기까지 자신이 시도했던 다양한 경영 기법을 소개했다. 그는 비록 마법의 경영 기법을 찾지는 못했지만 대신 케이피 이야기의 기초가 된 단순한 진리를 깨달았다.

냅의 이야기처럼, 케이피의 시작은 케이피가 인수한 회사 중 하나가 사업을 시작한 1875년으로 거슬러 올라간다. 케이피의 공식적인 설립 연도는 1929년으로, 그 해에 냅의 아버지는 기존에 있던 인쇄회사의 지분을 획득했다. 그는 거의 30년에 걸쳐 다른 지분을 모두 매입했고, 회사의 이름을 '냅 인쇄회사Knapp Printing Company'로 변경한 뒤 아들을 총책임자로 임명했다. 당시 지주회사를 설립할 생각으로 가득했던 혈기왕성한 젊은 책임자 냅은, 1968년에 처음으로 큰 거래를 성사시켰다. 그는 포틀랜드에 있는 인쇄회사를 사들였고, 이 거래는 이후에 이어질 수많은 인수 거래의 초석이 되었다. 그와 동시에 그의 인생과 사업의 전환점이 되기도 했다.

냅과 포틀랜드 회사의 소유주 조지 보빅George Bovik은 인수로 인한 변화의 시기에 동고동락하면서 친밀한 관계로 발전했다. 냅은 한동안 보빅 부부와 함께 살기도 했다. 냅이 76세가 되어 은퇴를 앞두었을 때, 자신의 인생에서 무언가 빠졌다는 기분이 들었지만 그것이 무엇인지 도무지 알 수가 없었다. 그 무렵 보빅은 냅에게 자신의 이야기를 들려주었다. 보빅은 젊은 시절, 훌륭한 인생을 결정하는 기준은 하나밖에 없다는 진리를 깨달았다. 그 기준이란 바로 인생을 살면서 만난 동료와 가족, 친구들이 나에게 갖고 있는 애정의 정도였다.

냅은 보빅의 단순한 이야기에 깊은 감명을 받고 사업 태도를 바꾸었다. 그는 최신 경영 기법을 뒤쫓는 대신 케이피의 목적을 재정립하고 회사의 가치를 설정했다. 이때 설정한 가치는 지금까지도 변함없이 회사의 기반이 되고 있다. 냅은 사람들이 직장생활과 사생활 2가지 면에서 고루 자신의 가치를 추구해야 한다고 굳게 믿었다. 이 믿음을 바탕으로 그는 회사의 3가지 핵심 가치에 부합하는 사람, 즉 책임감 있는 태도와 지적인 정직함을 추구하는 자세를 갖추고, 동료를 사랑할 준비가 된 사람을 채용하는 일이 무엇보다 중요하다고 믿었다. 그는 그런 인재가 많아지면 경영진이 회사 전체를 하나로 묶을 수 있고, 조직 문화는 그 과정에서 더욱 견고해진다고 말한다.

일선에서 물러난 후에도 타고난 이야기꾼인 냅은 매달 각 공장들을 방문해 직원들에게 자신이 좋아하는 이야기를 들려주고 그들의 반응을 살핀다. 그는 특히 회사의 핵심 가치 중 하나를 강조하면서 그 가치가 실제로 어떻게 실천되었는지 직원들에게 이야기해주었다. 또한 직원들이 나누는 이야기를 주의 깊게 살피면서 직원들이 자신처럼 회사의 가치를 굳게 믿고 지켜나간다면 회사는 계속 성공할 수 있으리라 확신했다.

냅은 업무 현장을 직접 돌아보는 것이 수익성을 높이는 일에 도움이 된다고 믿었고, 이 사실을 반드시 증명해보이겠다고 결심했다. 그는 지속적으로 조직을 개선하기 위한 여러 방법을 생각했고, 냅이 재임하던 시기 여러 기업을 인수한 덕분에 케이피는 건전한 성장세를 보이고 있었다. 그러나 그에게도 '받아들이기 힘든 변화' 의 시기가 있었다. 독립적으로 운영되던 사업단위를 하나의 중앙집권적 조직으로 통합하던 때이다.

케이피는 우수한 품질 덕분에 업계에서 많은 상을 수상했다. 어느 시상식에서는 메달 12개와 2건의 선외가작Honorable Mentions을 모두 휩쓸 적도 있다.

오랫동안 전사적 품질경영관리를 실천해온 케이피는 2003년 가을 솔트레이크 시에 위치한 사업단위가 ISO 9001 인증을 획득했다고 자랑스럽게 발표했다. 케이피는 '6가지 경영실천' 과 '6가지 사람실천' 을 주장하며, 전사적 품질경영 실무에 자사만의 고유한 특색을 살렸다. 즉 케이피는 단순한 경영상의 계획에 따라 품질경영을 실천하는 것이 아니며, 품질경영 자체가 바로 회사가 추구하는 사업방식이라는 점을 강하게 관철시켰다.

최근에 넵은 가장 보람 있는 성과를 거두었다. 그는 당면한 절박한 문제에 대한 해결책을 찾기 위해 다방면의 조사를 실시한 바 있다. 그는 '내가 더 이상 회사 일에 간섭하지 않아도 회사가 계속 성공하리라는 것을 어떻게 확신할 수 있나!' 라고 자문했다. 그보다 더 중요한 문제는 '어떻게 하면 현재 회사의 가치가 변하지 않고 계속 유지될 수 있을까!' 하는 것이었다. 그는 상장, 합병, 영업 양도 혹은 종업원 신탁과 같은 다양한 가능성을 고려했다. 그는 '이제까지 노력으로 일구어낸 조직 문화를 엉망으로 만들지 않는 한' 그가 어떤 방안을 선택하더라도 직원들이 상관하지 않으리라는 사실을 알았다. 결론적으로 넵은 이 까다로운 문제를 명쾌하게 해결했다. 그는 직원들에게 회사를 팔기로 결정했고, 매각은 1997년부터 시작되었다. 그는 이 일에 대해 다음과 같이 설명했다.

"저를 비롯해 거의 모든 임직원들이 가장 중요하게 생각한 부분은 우리의 목적과 가치를 유지하는 것이었습니다. 우리 회사에서 날마다 근무하는 사람들만큼 우리가 일구어낸 것을 계속 지키려는 마음이 강한 사람은 없지요."

냅은 종업원 지주제 덕분에 적어도 한동안은 모든 직원들이 활력을 얻고 핵심 가치에 부합되게 회사를 잘 경영해나가리라 믿고 있다. 냅은 회사에 긍정적인 변화를 불러일으키기 위해 앞으로 나서는 사람을 '리더' 라 정의하며, 직원 모두가 리더를 자처하길 바란다.

사랑으로 보여주는 섬김의 리더십

케이피는 다방면에서 자사가 주장하는 가치를 지키기 위해 노력하고 있다. 특히 보기 드물게 정중한 어투로 기록된 직원 업무지침을 보면 그 모습이 확연하게 드러난다. 케이피의 업무지침에는 회사의 정책과 절차를 열거하는 대신 임원은 직원을 어떻게 대하고, 직원들 간에는 서로 어떻게 대해야 하는지를 설명한다. 회사에서 요구하는 행동 양식 뒤에 숨은 가치가 무엇인지 분명히 밝히며, '부디'로 시작하여 '감사합니다' 로 끝이 난다.

예컨대 안전 수칙 부분은 사랑이 핵심 가치이며, 사랑은 서로의 안전을 염려하는 것을 의미한다는 설명으로 시작한다. 안전 지침에는 부주의한 행동을 하는 직원이 있을 경우, 그러한 행동에 대해 지적해주고, 현재 상황을 시설 매니저에게 보고하라고 권유한다.

케이피가 직원들에게 애정을 표현하는 방법은 그들 모두를 정중하고 부드럽게 대하는 것이며, 이는 회사의 가치를 어긴 사람들에게도 마찬가지이다. 웹스터는 주차장에서 담배를 피우다 적발되어 해고당한 시애틀의 두 직원의 이야기를 했다. 지사 총책임자는 지사

내의 모든 직원들에게 두 직원이 '옳지 못한 사적인 행동으로 인해' 퇴사하게 되었다는 내용을 적은 메모를 나누어주었다. '옳지 못한 사적인 행동'이란 표현은 해당 지사의 규칙을 어겼음을 의미하는 용어이다.

"이 사건은 우리 모두가 자신의 행동에 책임을 져야 하고 그래야만 그에 따르는 상황을 감당할 수 있다는 사실을 모두에게 일깨워주었답니다."

직원 업무지침의 다른 부분에서는 개인이나 팀의 성과에 긍정적인 반응을 보여주고, 모든 임직원이 볼 수 있는 특별한 게시판에 다른 직원을 칭찬하는 글을 올린다. 회의에서 나온 좋은 결과를 축하하며 회사 사보에 성공한 이야기가 실릴 수 있도록 한다. 케이피의 업무지침에는 다음과 같이 쓰여 있다.

"긍정적인 반응을 보여주면 기분이 좋아진답니다. 서로 자주 축하해줍시다! 그 즐거움을 느껴보세요!"

웹스터는 이 모든 지침이 '섬김의 리더십'을 강조하는 회사의 철학과 밀접한 관련이 있다고 말한다. 다음은 그녀가 말하는 섬김의 리더십에 대한 정의이다.

"우리 회사의 모든 리더들은 '나에게 보고를 올리는 사람들을 어떻게 도울 수 있을까?'라고 자문해보아야 합니다. 이러한 섬김의 리더십의 결과를 정확하게 측정할 수는 없지만 모든 임직원이 어떻게 업무를 수행하는지 알아볼 수 있는 척도는 있습니다. 직원들이 서로를 어떻게 대하는지 살펴보면 되거든요. 회사에서 얼마나 오래 근무하는지를 살펴봐도 좋겠지요. 케이피에는 30~35년 동안 일한 직원이 드물지 않습니다. 요즘처럼 이직이 잦은 시기에 말이죠."

케이피의 리더들은 의사 결정을 내리기 전 직원들의 의견을 수렴한다. 웹스터의 설명을 들어보자.

"이런 행동은 직원들의 의견이 중요하며, 경영진들이 직원들의 이야기를 들음으로써 직원들도 회사에 변화를 가져올 수 있다는 것을 보여줍니다. 이런 환경 덕분에 더 큰 기업에서 영업 사원들을 끌어올 수 있었지요. 하지만 직원들의 사정에만 정신이 팔려서 수익성을 도외시해서는 안 된다는 사실도 배웠습니다. 우리는 직원들의 편의를 봐주면서도 수익을 낼 수 있다는 것을 증명했습니다. 이 2가지 목표는 사실 배타적인 것이 아닙니다."

물론 케이피는 고객 관리도 매우 중요하다고 생각한다. 고객과의 관계를 돈독히 하기 위해서라면 고된 수고는 물론이고, 필요하다면 막대한 비용도 감수할 각오를 하고 있다. 이 점을 설명하기 위해 케이피는 예정보다 늦어진 프로젝트에 대한 이야기를 들려주었다. 고객들에게 어떤 영화의 시사회 기회를 제공하는 이벤트였다. 시사권을 우편광고물을 통해 전달했기 때문에 시간을 지키는 것이 관건이었다. 지금은 업무부 임원으로 승진했지만 당시 업무부 부문장이었던 댄 플렁킷Dan Plunkett은 뉴욕에 사는 고객이 제때 우편물을 받을 수 있도록 리어제트Rear jet의 제트기를 임대했다. 몇 년 전 이야기지만, 당시 우편광고물을 의뢰했던 회사는 지금까지 케이피의 주요 고객으로 남아 있다.

웹스터는 회사의 분위기를 형성하는 데는 리더의 책임이 크다고 말한다. 그리고 분위기를 결정하는 데 가장 중요한 사항은 리더의 말이나 행동이 아니라, 직원들의 감정을 이해해주는 것이라고 강조한다. 직원들은 이야기를 듣던 당시에 느낀 기분이나 분위기를 오랫동안 기억하기 때문이다. 웹스터는 직원 회의 중 영업 팀원들에게 성공적인 영업 이야기를 들려달라고 요청한 적이 있는데, 그는 이 경험을 계기로 직원들이 모두 이야기하기를 좋아한다는 사실을 알게 되었다.

"임원이나 다른 부서 직원이 설명하는 것보다 영업 팀원이 직접 효율적인 영업에 대한 자신의 노하우를 이야기하는 편이 훨씬 효과적입니다. 누구나 다른 사람에게 자신의 이야기를 말하고 싶어 합니다. 남에게 자신의 이야기를 들려주는 행동은 사랑의 또 다른 표현이기도 하지요."

사랑으로는 무슨 사업이든 할 수 있다

애정을 쏟는 리더십을 가장 분명하게 보여주는 사례는 아마도 진 맥클레런Jean McClellan과 수지 글리바그Susie Glikbarg의 이야기일 듯하다. 맥클레런은 지금은 회계 팀에서 시간제 사원으로 일하고 있지만 글리바그가 1985년에 채용되어 그녀의 팀에 배정될 당시에는 캘리포니아 지사의 감독관으로 근무하고 있었다. 심한 청각 장애를 안고 태어난 글리바그는 몸이 불편한 탓에 여러 가지 어려움을 겪었다. 글리바그는 말과 수화를 섞어가면서 대화를 나누었지만 그녀가 회사에 채용되던 당시에는 케이피에서 수화를 아는 사람이 한 명도 없었고, 그녀가 하는 말을 알아듣는 직원도 거의 없었다. 맥클레런은 글리바그가 대화를 하는 데 도움이 될 것이라고 생각해 그녀를 자료 입력 부서에 배치했지만 별 소용이 없었다.

맥클레런은 자신이 직접 수화를 배우기로 결심했다.

"케이피에서는 2번 생각할 것도 없이 제가 그 지역 대학에서 하루에 2시간씩, 일주일에 두 번 미국 수화 수업을 듣도록 허락해주었습니다."

글리바그도 자신의 언어 능력을 높이기 위해 맥클레런과 함께 수업을 듣기 시작했고, 케이피는 두 사람 다 업무 시간에 수업을 듣도록 허락했다. 나중에 글리바그가 그림을 좋아한다는 것을 알게 된 맥클레런은 오클랜드 지역에서 발달장애인을 위해 개설된 미술 강의를 알아보았다. 그녀는 일주일에 한 번 수업을 하는 강좌를 찾아냈다. 케이피는 기꺼이 수지 글리바그가 일주일에 4일만 근무하고 하루는 미술 수업을 듣도록 허락했다. 그러자 이 애송이 화가는 감사하는 마음을 표현하기 위해 첫 작품으로 케이피의 트럭을 그렸고, 회사에서는 그녀의 작품을 건물 복도에 전시했다.

맥클레런은 여러 해 동안 애사심 강한 직원 글리바그를 위해 그녀가 정부의 지원을 얻어 특별한 의료지원을 받을 수 있게 했고 신체장애인들을 위한 수용 시설을 알아보는 데도 도움을 주었다. 그런 과정에서 두 사람 사이에는 끈끈한 유대감이 생겨났다. 맥클레런은 글리바그의 통역사이자 친구가 되었으며, 가끔은 회사에서 여는 파티 같은 행사에 글리바그를 데리고 간다.

글리바그는 장애를 안고 힘겹게 생활하고 있지만 맥클레런은 이렇게 이야기한다.

"수지는 지금껏 케이피에서 근무한 직원 중에서 가장 행복한 사람이에요. 수지는 항상 미소를 잃지 않고 긍정적으로 일하려는 의욕이 넘쳐요. 게다가 그녀는 우리가 당연하게 여기는 작은 일에도 기쁨을 느낀답니다. 회사에 있는 모든 사람들이 수지를 사랑하고 아끼지요."

워싱턴 지역의 사장인 올랜도 볼레다Orlando Boleda는 이런 말을 덧붙인다.

"우리 직원들이 항상 서로에게 100% 애정을 쏟지는 않을 거예요. 누군가에게 사랑한다고 말하는 것은 굉장히 위험한 행동입니다. 특히 사업을 할 때에는 더욱 그렇지요. 하지만 케이피는 아주 특별한 회사이고, 우리 회사에서 일하는 많은 직원들은 주저없이 서로 사랑한다고 이야기하지요. 우리는 전 직원이 우리 회사의 조직 문화를 잘 따라주기를 바랍니다. 우리의 조직 문화는 우리를 공동의 목적으로 이끌어주고 결과적으로 우리의 문화를 계속 유지하게 하지요."

얼핏 보기에는, 사업을 하면서 사랑을 말하는 것은 말도 안 되는 엉뚱한 이야기처럼 들릴지도 모른다. 하지만 케이피 이야기와 케이피에서 일하는 사람들의 경험을 돌아보면, 주변 사람들에게 관심을 기울였을 때 효율적이고 수익성이 높은 기업을 창조해낼 수 있다는 사실이 분명해진다.

사랑으로 무슨 일을 할까? 사랑으로는 무슨 사업이든 할 수 있다. 케이피 코퍼레이션에서 일한다면 말이다.

케이피에 대해 더 알고 싶은 사람은 www.kpcorp.com을 방문해보라.

Eastman Kodak

05. 이스트먼 코닥 : 여섯 마디면 충분하다

과거 20년 동안 수많은 기업이 연간 보고서에 현장에서 뛰는 직원들의 사진을 실었다. 이유는 분명하다. 직원들이 없다면 회사 역시 존재할 수 없기 때문이다. 코닥도 비슷한 방법을 차용하지만, 코닥은 여기에 특별한 방법을 사용했다. 2001년 코닥의 보고서에는 현장에서 일하는 직원들의 사진과 이야기를 실으면서 그 직원이 일하지 않는 평소 때 모습도 살짝 공개했다. 이것은 회사의 또 다른 광고 카피, "소중한 순간, 인생을 나누어요 Share moments, Share life" 라는 문구를 잘 드러내주었다.

가끔 위험을 무릅쓰고 지나치게 훌륭한 이야기를 하는 회사가 있다. 일단 그런 이야기가 한번 소비자들의 머릿속에 자리를 잡으면, 회사는 그런 이야기가 회사와 연관하여 끊임없이 유지되어야 한다는 부담을 가질 수 있다. 특히 기술이 발달해 회사의 간판 제품이 시대에 뒤처질 때에는 더욱 그렇다.

코닥은 100년도 전에 탄생한 기업이다. 이 회사는 다음과 같은 광고 카피를 내걸고 처음으로 코닥 카메라를 시장에 내놓았다.

"버튼만 누르십시오. 나머지는 저희가 알아서 해드립니다You press the button, we do the rest."

1888년에 조지 이스트먼George Eastman이 만든 이 광고 카피는 오늘날에는 단순히 광고상의 약속을 넘어선 더 큰 의미를 담고 있다. 이 문장은 이스트먼 코닥 회사의 사업 방식을 정의하며, 코닥이 세계적으로 가장 독창적인 사진회사라는 명성을 함축한다.

부사장이면서 산업 마케팅 이사를 맡고 있는 폴라 뒤마Paula K. Dumas는 이렇게 말한다.

"이야기에는 종교적인 힘이 있지요. 만약 종업원들이 신을 믿듯이 의심 없이 믿을 수 있는 대상이 하나 있다면, 그것은 바로 윤리적인 회사입니다. 우리는 지금까지 그러한 회사의 이야기를 활용해왔고, 이야기는 효과적이었습니다."

버튼만 누르십시오

하지만 1880년에 설립된 코닥은 신기술이 도입되는 시기에도 여전히 종이에 인화되는 사진과 전자동 카메라를 생산하는 회사의 이미지에서 벗어나지 못하고 있었다. 최근 몇 년간 뒤마와 여러 경영진들은 이 문제를 해결하기 위해 많은 시간을 들여 고민했다.

"영상과학과 정보기술을 합친 '정보영상'이라는 완전히 새로운 산업이 도래하고 있습니다. 정보영상은 인터넷 사업처럼 새로운 사업으로 부상했고, 이런 흐름에 부합해야 하는 것은 코닥뿐 아니라 영상, 기술 그리고 네트워크 회사 모두의 문제입니다."

경쟁은 치열했고 코닥의 진단처럼 침체기에 빠진 미국 경제 상황이 이를 더 부채질했다. 코닥은 소비자 시장에서 강세를 보이고 있었지만 2년 동안 여행 산업이 침체기를 겪으면서 휴가를 즐기는 동안 사진을 찍는 사람들이 감소했다. 게다가 소형 디지털 카메라의 인기가 크게 높아지면서 전통적인 필름 카메라 사업은 쇠퇴기로 접어들었다. 이에 대응하여 코닥은 2003년 9월, 디지털 카메라 사업에 뛰어들겠다고 선언했고, 이것이 현명한 선택이었음은 후에 증명되었다. 많은 회사에서 대규모 인력 감축이 실시되고 순이익이 감소하던 시기에도, 코닥의 디지털 카메라는 2003년 연휴 기간 동안 최고의 판매고를 올렸다.

코닥의 연간 매출액은 1999년에 140억 달러를 넘어섰던 반면, 2002년에는 130억 달러를 밑도는 수준으로 감소했다가 2003년 말 133억 달러로 회복하였다. 그러나 2003년의 순이익은 2억 6천 500만 달러였고, 주당 순이익은 92센트였다. 2002년 순이익 7억 7천만 달러와 주당 순이익 2.64달러에 비하면 낮은 수준이었다. 주가는 1998년 7월 83.88달러에서 2003년 9월 22.15달러로 근 20년 만에 최저 수준으로 폭락하였다. 2004년 초에는 전화위복하여 주가가 28달러 이상으로 상승했다.

코닥은 주가의 하락세를 막고 영상시장의 새로운 사업 기회에 투자하기 위해 2003년 9월, 사상 처음으로 배당금을 기존의 3분의 1 이하 수준으로 선언하고 정보영상 산업에서 확고한 입지를 다지기 위해 자금의 투자 방향을 변경했다. 회장 대니얼 A. 카프Daniel A. Carp는 뉴욕에서 투자자들에게 다음과 같이 말했다.

"아마 우리 회사 역사상 가장 큰 변화가 될 것입니다."

뒤마는 이와 관련해 다음의 설명을 덧붙인다.

"전통적인 영상과 디지털 영상, 차세대 정보 기술을 결합하면 이미지 자체가 실제 정보가 되는 정보영상의 시대가 도래할 것입니다."

카프는 대부분의 사람들이 사진을 그저 개인적인 추억을 남기는 데 유용한 도구로만 인식하고 있다고 지적한다.

"기술이 발달하면서 사진을 활용해 고객의 요구에 응하고 수익을 창출할 수 있는 가능성이 열리고 있습니다. 우리는 정보영상을 통해서 동영상이나 사진을 가치 창출의 수단이나 기업 성장의 원동력, 사람들 간의 이해를 넓히기 위한 도구로 탈바꿈시킬 수 있습니다. 정보영상은 커뮤니케이션이나 사업상의 협력 방식을 완전히 바꾸어 놓았고, 세계 곳곳에 수준 높은 의학적 치료 방법을 전달하고 있어요. 또한 현실감 있는 가상현실을 제작하여 가족관계를 보다 친밀하게 만들 만한 잠재력이 있지요."

이야기로 가득한 코닥의 홈페이지에서 설명하고 있듯, 지구상 60억 인류는 3천 개가 넘는 언어를 사용하지만 전 인류가 공통으로 사용할 수 있는 것이 딱 하나 있다. 바로 사진이다. 영상은 곧 정보다.

영상이 없었다면 학자들만이 인터넷에 관심을 갖고 연구했을 것이고, 전자상거래나 거대한 인터넷 산업도 결코 탄생하지 못했을 것이다.

조경이나 개발 부동산 사진을 휴대폰으로 찍어 현장에 직접 오지 못하는 건축가와 개발자에게 정보영상을 전송해준다. 카메라가 달린 휴대폰은 소비자들에게 더 이상 신제품이 아니며, 사진을 찍을 수 있는 휴대폰은 영상회사와 무선통신 제공업체들에게 새로운 시장의 가능성을 열어주었다. IDC(기업 및 개인 고객에게 전산 설비나 네트워크 설비를 임대하거나 고객의 설비를 유치하여 유지·보수 등의 서비스를 제공하는 곳 - 옮긴이)와 같은 시장분석 기관의 예측에 따르면, 2006년 말에는 카메라 기능이 탑재된 휴대폰이 세계적으로 10억 대 이상 사용될 전망이라고 한다.

코닥은 이런 새로운 모바일 기술에 발맞추어 2003년 11월, 디지털 사진을 저장하고 다른 사람들에게 전송이 가능하며, 사진을 편집하고 인쇄할 수 있는 모바일 영상 서비스를 제공하겠다는 계획을 발표했다. 코닥은 싱귤러 와이어리스Cingular Wireless 및 노키아Nokia와 제휴를 맺고 코닥 모바일 서비스Kodak Mobile Service를 통해 카메라 폰을 사용하는 소비자들이 언제 어디서나 자신이 찍은 사진과 동영상을 볼 수 있는 환경을 만들었다. 2004년 초, 코닥은 소매점에 비치된 코닥 사진 작성기Kodak Picture Maker라는 디지털 사진 인화기를 이용, 휴대폰에서 무선으로 전송받은 사진을 자유자재로 편집하고 출력할 수 있도록 하겠다고 선언했다.

사진이 도착했습니다

정보영상 기술을 이용하여 지구 반대편에 있는 2만 8천 명이 넘는 방사선과 및 다분야의 의사들이 엑스레이 사진과 진찰 기록을 공유한다면 그 파급 효과는 이루 말로 다 할 수 없을 것이다. 보다 정밀한 영상을 공유하기 위해 많은 의료 전문가들은 코닥 헬스 이미징**Kodak Health Imaging** 및 코닥과 기술 제휴를 맺은 업체들이 설계하고 설치한 시스템, 개인 네트워크와 영상저장 및 전송체계**PACS**를 사용한다. 정보영상 기술은 샌프란시스코에서 첫아이를 낳은 부모가 보스턴이나 뉴욕에 있는 친구와 친지들에게 아기의 키와 몸무게, 건강 상태 등을 보여줄 때에도 아주 유용하다. 게다가 코닥과 AOL(America Online, Inc., 미국 AOL 타임워너**AOL Time Warner**의 한 사업 부문 - 옮긴이)이 제휴하여 제공하는 "사진이 도착했습니다**You've Got Pictures.**" 서비스를 이용하면 영상 전송 방식을 유선이나 무선 중 마음대로 선택할 수도 있다.

정보영상 시장 규모는 빠르게 증가하여 이미 사진 산업 규모의 4.5배에 달하는 약 4천억 달러 수준이며, 기존 사진 산업의 성장 수준을 크게 웃돌 것이라 예측된다. IDC에서 세계 정보기술시장 조사 연구 팀장을 맡고 있는 스티브 민턴**Steve Minton**은 미국 내 전체 사업기술시장의 2004년 성장률을 7~8%선으로 예측하였고, IDC에서는 세계적으로 사업 정보기술에 투자하는 금액이 8천 740억 달러에서 5% 증가한 9천 150억 달러가 될 것이라고 예견하였다.

코닥은 경쟁사에 비하여 다음의 3가지 부문 모두에서 경쟁우위에 있다.

❶ 1천 850억 달러의 장비 시장(컴퓨터, 디지털 카메라 스캐너와 같이 정보를 담은 영상을 담고 출력하는 제품)

❷ 520억 달러의 인프라 시장(광통신망, 라우터, 교환기, 사진편집 프로그램, 기존의 사진 현상소 및 인터넷으로 사진을 현상할 수 있는 매장과 같이 정보와 영상을 저장하고 이동시키기 위한 하드웨어 및 소프트웨어)

❸ 1천 480억 달러의 서비스 및 매체 산업(사진의 출력과 저장 및 공유, 서류 저장, 그리고 사진매체인 필름, 인화지, 잉크)

정보영상 시장 내 이해관계가 복잡하게 얽히고설킨 탓에, CMO **Chief Marketing Officer**인 칼 구스틴**Carl Gustin**은 코닥과 연관된 모든 사람들에게 코닥이 진출한 시장 분야뿐 아니라 정보와 영상기술에 연관된 모든 산업을 설명하기 위한 통신환경 개발에 박차를 가했다. 코닥은 자사가 지향하는 사업의 영역을 확장하기 위해 전 직원에게 정보영상 메시지 교환을 권장했다. 뒤마는 이렇게 말한다.

"몇 해 전부터 우리는 사진회사에서 새로운 디지털 경제를 마음껏 이용하는 정보영상 기업으로 탈바꿈해왔습니다."

이처럼 코닥이 정보영상 부문에서 다양한 사업을 진행하고 있지만 여전히 많은 소비자들은 코닥을 필름과 렌즈 제조업체로 생각한다.

"코닥에서 최초의 상업 디지털 카메라, 유기발광다이오드**organic light-emitting display, OLED** 기술, 최초의 PDA 디지털 카메라를 개발해냈습니다. 우리 회사의 유산은 아날로그 제품 못지않게 디지털 제품도 많지요."

코닥 홈페이지에 따르면, 코닥 개발자들은 20세기에 1만 9천 576

건의 미국 특허를 취득하였고 그중 23%는 1995년과 1999년 사이에 취득한 것이다. 코닥 개발자 190명은 2003년까지 적어도 20건의 미국 특허를 취득했으며, 이중 3명은 100건 이상의 특허를 냈다. 샤말 고시**Syamal K. Ghosh**는 136건의 특허를 취득하여 선두를 달리고 있다.

다른 회사라면 자체에서 새로 만든 산업 용어에 대해 독점적인 권리를 주장했을지 모른다. 그러나 코닥은 그렇게 하지 않았다. 코닥은 '정보영상**infoimaging**' 이라는 단어를 경제용어 사전에 소개했고, 그 단어에 대한 저작권을 주장하지 않았다. 오히려 이 단어를 다른 사업이나 분석가들 그리고 언론에 널리 홍보하고 사용하도록 장려했다.《포브스**Forbes**》지에서는 새로운 산업의 중요성을 반영하여, 잡지 홈페이지에 다양한 정보영상 기업을 소개하는 데 지면을 할애했다.

다 아는 이야기는 이제 그만

코닥은 새로운 시장에 뛰어들어 기회를 찾는 동시에 회사 연간 보고서에서 조지 이스트먼이 약속했던 것처럼 사용하기 쉬운 신제품도 개발했다. 2001년, 코닥은 처음으로 카메라를 충전하면서 자동으로 사용자의 컴퓨터 화면에 사진을 불러오는 연결 시스템, 소비자 디지털 카메라의 새로운 가족이라 지칭하는 코닥 이지쉐어 시스템 **Kodak EasyShare system**을 소개했다. "버튼만 누르십시오. 나머지는 저희가 알아서 해드립니다."라는 광고 카피는 코닥의 2000년 연간 보고서의 표지를 장식했다.

디지털 왕국에서 태어난 이지쉐어는 이스트먼의 약속대로 사용하기 쉽고 매우 편리한 제품이다. 뒤마의 설명을 들어보자.

"이지쉐어 시스템은 단추 하나만 누르면 되는 간단함 덕분에 이야기를 전달하는 매체로서 사진의 가치를 더욱 높여주고 있어요. 이지쉐어 디지털 카메라에 친구나 가족의 메일 주소를 입력하고 카메라에 있는 빨간 단추를 누르면, 선택한 사진이 발송 메일에 '첨부' 됩니다. 사용자가 카메라를 컴퓨터에 연결하면 컴퓨터로 사진이 전송되고 메일이 발송되지요."

"버튼만 누르십시오. 나머지는 저희가 알아서 해드립니다."

이 여섯 마디의 '이야기' 는 기업의 가치를 드러내는 이야기들이 모두 함축하고 있듯, 코닥의 정체성을 명확하게 밝혀준다. 뒤마는 이렇게 말한다.

"우리는 지금도 우리 회사의 이야기를 좋아하지만 고객들이 그 이상의 무엇이 있다는 사실도 알아주었으면 좋겠어요. 요즘은 버튼 하나만 누르면 나머지는 다 해결되는 카메라가 흔해요. 그래서 지금보다 더 사용하기 쉬운 제품을 만드는 건 정말 어려운 일이에요. 사람들이 이미 다 아는 이야기보다 더 좋은 이야기를 들려주어야 하니까요."

뒤마가 말한 '그 이상의 무엇' 은 코닥의 다양한 커뮤니케이션 도구에서 찾아볼 수 있다. 코닥의 제품과 서비스는 정보영상 장치와 관련된 기반 시설 및 서비스와 언론을 연결하며, 코닥의 직원들은 이러한 정보영상 산업에 포함된 다양한 사업을 이해하는 데 도움이 되는 도구들을 지급받는다.

《포브스》지의 홈페이지에서도 볼 수 있듯이, 정보영상 업계에 종사하지 않는 사람들은 정보영상이란 말을 산업 분석가들이나 사용하는 전문용어로 생각한다. 코닥은 홈페이지에서 코닥의 미래가 정보영상 산업에 있다는 이야기를 강조한다. 정보영상 산업을 세 분야로 세분했을 때 코닥은 이들 모두에 진입한 몇 안 되는 회사이다. 사실 인터넷상에 올라와 있는 사진의 4분의 3은 어떤 형태로든지 코닥의 '손길'을 거친 것이라 할 수 있다.

코닥은 새롭게 형성될 '기술적 능력이 요구되는 정보영상의 세부 시장'에도 진입할 계획을 세우고 있다. 정보영상이란 개념이 생기게 된 2000년에는 존재하지 않았던 코닥 모바일 이미징Kodak Mobile Imaging은 새로운 기회를 포착해 발빠르게 회사의 디지털 기술을 적용한 대표적 사례이다.

뒤마는 정보영상 기술을 이용해 이야기를 만드는 모습을 이렇게 표현한다.

"어떤 도구를 사용하느냐에 따라 내가 들려줄 수 있는 이야기가 달라지는 건 놀라운 일이죠. 코닥이 기술적 우위를 점유하고 있는 정보영상 시장이 지속적으로 성장하고 있다는 사실은 직원들에게는 아주 기쁜 소식입니다."

정보영상 산업이 성장하고 있는 시장의 흐름에 맞춰 코닥은 이 산업에 필요한 신기술과 혁신적인 커뮤니케이션 도구를 개발하는 회사로의 변화를 시도하고 있다.

코닥은 정보영상이 아닌 다른 분야에서도 인정을 받았다. 《비즈니스 에틱스Business Ethics》지는 지역 사회와 교육을 지원하고, 원만한 노사관계를 유지하며 공해 방지를 위한 노력에도 힘쓰고 있는 점을 높이 평가해 코닥을 2003년 '100대 최고 기업 시민100 Best Corporate Citizens'에 올렸다. 국가여성경영자협회National Association for Female

에서 선정한 '여성 경영인들이 일하기 좋은 30대 기업'에도 코닥의 이름이 올랐다.

과거 20년 동안 수많은 기업이 연간 보고서에 현장에서 뛰는 직원들의 사진을 실었다. 이유는 분명하다. 직원들이 없다면 회사 역시 존재할 수 없기 때문이다. 코닥도 비슷한 방법을 차용하지만 여기에 특별한 방법을 추가했다. 2001년 코닥의 보고서에는 현장에서 일하는 직원들의 사진과 이야기를 실으면서 그 직원의 평상시의 모습도 살짝 공개했다. 이것은 회사의 또 다른 광고 카피, "소중한 순간, 인생을 나누어요Share moments. Share life."라는 카피를 잘 드러내주었다.

소중한 순간, 인생을 나누어요

선임연구위원 호세 미르José Mir는 평소 스페인어로 시를 짓고, 영어로 역사 중편소설을 쓰며, 다양한 문화의 예술품을 수집한다고 한다. 그는 화면에 보이는 영상의 내부까지 들여다보이는 혁신적인 '입체영상기술immersive imaging'을 개발했다.

코닥의 시니어 매니저들은 코닥이 지금의 디지털 카메라를 생산하기 위해 겪었던 사업상의 변화를 설명할 때에도 스토리텔링의 힘을 활용한다. 2003년 COOChief Operating Officer를 역임했고 지금은 코닥의 사장이 된 안토니오 페레즈Antonio Perez는 2004년 1월《다이버시티 DiversityInc Inc.》라는 잡지에 저녁 식사를 하면서 열심히 토론하는 가족의 모습이 담긴 사진과 자녀들의 교육 방침에 대해 이야기하는 모습을 공개했다. 그는 사업 전략을 구상할 때도 토론이 필수적인 요소라고 말한다.

"우리는 토론의 승패를 떠나서 토론에 참여한다는 사실 자체에서 교훈을 얻습니다. 그것이 중요하지요. 최종 해결책을 찾는 데 기여한다는 사실 말입니다."

코닥의 명성이 높아질수록, 코닥이 성공한 사람들의 이야기에 주목한다는 사실이 여러 매니저들의 업적을 통해 알려졌다. 코닥의 아시아 — 태평양 지역 부회장인 카렌 스미스 필킹턴Karen Smith-Pilkington과 기업 재무 예산 및 분석 부회장인 앙투아네트 맥코비Antoinette McCorvey는 《다이버시티가 선정한 인물들Profiles in Diversity Journal》에 소개되어 자신들의 어떤 경험이 경력에 도움이 되었는지를 이야기했다.

CEO인 카프는 지역 대학에서 개최된 워크숍에서 자신이 고객 서비스를 바라보는 관점은 부모님이 사업을 하던 방식에서 큰 영향을 받은 것이라고 밝혔다. 그의 양친은 가게를 경영했는데, 손님이 물건을 얼마나 사가느냐에 관계없이 누구에게든 공손하게 대했다. 카프의 이 2~3분간의 짧은 이야기는 학생들에게 깊은 감명을 주었고, 학생들은 그날 들은 이야기들 중 카프의 이야기가 가장 감동적이었다고 말했다.

카프의 이야기는 "소중한 순간, 인생을 나누어요."의 살아 있는 표본이었다. 이스트먼이 1888년에 자신이 추구하던 가치를 아주 간단한 몇 마디로 표현했듯이, 이 카피도 코닥의 여러 경영진들이 믿고 지지하며 살아가는 삶의 방식을 드러낸다. 그로부터 115년이 흐른 후 코닥의 홈페이지에는 다음과 같은 설명이 올려져 있다.

"조지 이스트먼이 추구하는 가치는 오늘날 여전히 이스트먼 코닥의 목표로 남아 있습니다. 고객들에게 편리하고 우수한 제품을 제공하여 더 많은 사람들이 사진의 특별한 매력을 경험하고 자신의 소중한 순간을 사진에 담아 추억으로 간직하는 일입니다."

코닥은 카메라 선호도가 빠르게 변화하는 시장에서 새로운 기회를 잡으려 노력하지만 코닥의 경영자는 "버튼만 누르십시오. 나머지는 저희가 알아서 해드립니다."라는 단순하면서도 훌륭한 약속을 절대로 저버리지 않겠다고 맹세한다. 조지 이스트먼이 만든 이 이야기는 사용하기 쉬운 제품을 만들겠다는 약속을 담고 있으며, 그가 처음 이야기했을 때나 지금이나 여전히 코닥과 긴밀하게 연결되어 생생한 이야기로 남아 있다. 뒤마는 이런 말을 덧붙였다.

"우리는 '사진, 그 이상의 것Take Pictures. Further' 이라는 카피를 사용했습니다. 물론 '소중한 순간, 인생을 나누어요.' 라는 카피도 사용했지요. 앞으로도 코닥의 이야기를 하기 위해 필요하다면 다양한 카피를 사용할 것입니다. 하지만 우리는 아무리 시간이 흐르더라도 소비자들이 가장 바라는 것은 변함없이 사용하기 편리한 제품이라는 사실을 알고 있습니다. 이스트먼은 이 사실을 아주 특별한 방식으로 말했지요."

가끔은 창립자의 독창적인 '이야기', 비록 여섯 마디밖에 되지 않지만 그 짧은 이야기가 도전을 가능하게 해준다.

코닥에 대해 더 알고 싶은 사람은 www.kodak.com을 방문해보라.

Costco Wholesale

06. 코스트코 홀세일 : 진짜 생선 이야기

"과거 전통적인 도 · 소매상들은 판매 사원을 고용하고 멋진 건물을 유지했으며, 광고 전단을 뿌리고 배달 서비스와 외상을 허용했습니다. 그러나 코스트코는 이런 불필요한 겉치레를 생략함으로써 비용을 줄여 합리적인 가격에 좀 더 나은 상품을 고객에게 제공할 수 있습니다. 우리는 사업을 빈틈없이 운영하여 간접비를 줄이려 노력하고 있습니다. 그런 노력이 있었기에 고객들께서 지금처럼 물건을 저렴하게 구입할 수 있는 것이지요."

코스트코 홀세일의 경영자들은 직원들이 회사의 기본 가치를 잊지 않도록 일상 업무에서 생긴 일화들을 들려준다. CEO인 짐 시네갈Jim Sinegal은 코스트코가 고객을 위해 일한다는 사실을 강조하기 위해 자신이 제일 좋아하는 캘빈 클라인Calvin Klein 청바지 이야기를 자주 하곤 한다.

"우리는 캘빈 클라인 청바지를 모두 29.99달러에 판매한 덕분에 재고를 남기지 않았습니다. 그런데 한 업체가 우리와 같은 가격으로 청바지를 팔더군요. 하지만 그 경쟁자는 한 매장에 4~5벌의 청바지밖에 들여놓지 못했고, 우리는 500~600벌을 쌓아놓고 팔았지요. 어느 날 우린 캘빈 클라인 청바지 몇 백만 벌을 아주 싼 가격에 살 수 있었어요. 우리 회사에서는 모든 상품에 대해 이윤의 폭을 14%로 제한하고 있기 때문에 청바지 가격을 무려 7달러나 낮춘 22.99달러로 책정해야 했지요. 물론 가격을 비싸게 책정했더라도 22.99달러에 팔리는 속도와 별 차이 없이 청바지를 전부 다(약 400만 벌) 팔 수 있었을 겁니다. 하지만 청바지 가격을 22.99달러로 내리는 결정에 반대하는 직원이 아무도 없었어요. 이것이 바로 우리의 철학이기 때문입니다. 이런 경우 가격을 높게 책정해서 순식간에 2천 800만 달러의 이익을 내고 싶은 유혹에 빠지기 쉬웠을 텐데도 우리 직원들은 그런 방법을 선택하지 않았어요. 이 이야기는 우리가 고객의 믿음을 저버리지 않는다는 사실을 분명하게 보여줍니다. 회사가 항상 일관된 원칙에 따라 행동하면 구매 담당자, 창고 관리자, 매장 직원 그 누구도 어떤 행동에 대해 의문을 갖지 않아요. 고객들도 우리를 의심하지 않습니다. 항상 고객을 정직하게 대하기 때문이죠."

연어 이야기 들어보셨나요?

코스트코 홀세일 창립자들은 1983년에 대량할인판매회사를 설립하면서 자신들의 가치를 명확하게 설정했고, 이후 그 원칙은 한 치도 흔들리지 않았다. 코스트코는 다음과 같은 회사 윤리 강령의 기반이 된 명료한 원칙을 굳게 지켜나가고 있다.

❶ 법을 준수한다.

❷ 회원들을 소중히 여긴다.

❸ 종업원들을 소중히 여긴다.

❹ 공급자들을 존중한다.

❺ 주주들을 소중히 여긴다.

워싱턴의 이사콰Issaquah 본사에서 만난 시네갈은 이 원칙들은 단순 명료해서 이해하기 쉽고 실천하기도 어렵지 않다고 설명했다.

"우리는 질 좋은 상품을 보다 저렴한 가격으로 시장에 내놓는 방법을 생각하는 데 온 열정을 쏟아요. 이 생각을 지켜나가기 위해 우리는 이것을 회사의 진정한 가치로 삼았습니다."

코스트코는 모든 임직원에게 이러한 원칙을 분명히 이해시키기 위해 모범 직원들의 이야기를 들려줄 뿐 아니라, 지속적으로 직원을 교육시키고 회사 윤리 강령을 강조한다. 시네갈은 회사 홈페이지에 이런 글을 올렸다.

"과거 전통적인 도·소매상들은 판매 사원을 고용하고 멋진 건물을 유지했으며, 광고 전단을 뿌리고 배달 서비스와 외상을 허용했습니다. 그러나 코스트코는 이런 불필요한 겉치레를 생략함으로써 비용을 줄여 합리적인 가격에 좀 더 나은 상품을 고객에게 제공할 수 있습니다. 우리는 사업을 빈틈없이 운영하여 간접비를 줄이려 노력하고 있습니다. 그런 노력이 있었기에 고객들께서 지금처럼 물건을 저렴하게 구입할 수 있는 것이지요."

코스트코의 창립자 시네갈은 회사의 전략계획을 다음과 같이 설명한다.

"매장 바닥은 시멘트인 데다 천장은 뻥 뚫려 있고, 커다란 창고 여기저기에서 지게차가 돌아다니며 상품들을 천장까지 쌓아둡니다. 이런 모습이 말도 안 되는 사업이라 비판할 수도 있겠죠. 더구나 물건값이 항상 저렴하니까, '이건 또 무슨 수작이지?' 라고 의심할 수도 있어요."

코스트코는 사업을 계획하는 단계에서 세간의 시빗거리가 될 만한 요소는 모두 제거했다. 코스트코에서는 절대 흠이 있는 상품을 팔지 않는다. 가격을 낮추겠다고 직원들에게 적은 임금을 주지도 않는다. 이 회사는 어떤 소매업체보다 직원들에게 많은 급여를 지급한다. 또 여러 매체에 광고를 하거나 창고에 최고급품이 가득 있다는 내용의 광고판을 설치하지도 않는다. 코스트코에서는 모든 상품에 대한 무조건적인 보증을 실시하고 있다.

"만약 어떤 고객이 여기서 TV를 사서 3층 창문 밖으로 집어던지고는 우리에게 와서 TV가 이상하다고 말한다면 우리는 돈을 돌려줄 것입니다."

그는 미소를 지으며 믿기 어려운 이야기를 또 하나 들려준다.

"연어 이야기만큼 우리가 좋은 상품을 제공하기 위해 노력한다는 점을 잘 보여주는 이야기도 없지요."

시네갈은 갑자기 불쑥 일어나더니 그 이야기에 필요한 발표 자료를 꺼내서 손가락으로 짚어가며 유쾌하게 이야기했다.

"1996년에 우리는 모든 매장에서 연어 살을 파운드당 5.99달러에 팔면서 주당 매출을 15만에서 20만 달러쯤 올렸죠. 그런데 구매 담당자가 배의 지방, 등지느러미, 가슴뼈를 제거한 질 좋은 상품을 평소 구매액보다 더 싸게 구입해왔습니다. 우리는 판매 가격을 5.29달러로 낮추었어요. 질이 더 좋은 상품이 가격도 더 저렴해진 것이지요!"

하지만 구매 담당자들은 여기서 만족하지 않았다.

"다음에는 우리 구매 담당자들이 공급자들과 가격을 협상해서 측선 가시를 제거하고 껍질을 모두 벗긴 상품을 더 싸게 구입했고, 덕분에 우리는 파운드당 4.99달러라는 아주 저렴한 가격으로 판매할 수 있었습니다. 그 후로 판매량이 계속 증가하면서 캐나다와 칠레의 양식장과 직거래를 하게 되어 가격을 4.79달러까지 내릴 수 있었어요. 5년 동안 상품의 품질은 계속해서 좋아졌고 가격은 파운드당 5.99달러에서 4.79달러까지 내려갔습니다. 제품의 질은 지금도 계속 나아지고 있습니다. 마지막으로 뱃살을 제거한 연어 살을 취급하게 되었으니까요. 소비자들은 이제 최상급 연어 살을 파운드당 3.99달러에 구입할 수 있습니다."

소비자들은 코스트코의 '이 진짜 생선 이야기'에 감사를 표했다. 5년 동안 연어 매출액은 주당 15~20만 달러에서 10배 이상 증가하여 주당 200만 달러에 육박했다. 시네갈의 말을 들어보자.

"직원들을 교육하면서 연어 이야기를 들려줬더니, 캐나다에서 의류 구매를 맡고 있는 직원이 제게 와서 '사장님, 연어 이야기 들어보셨어요?' 라고 묻더군요. 그러면서 연어 이야기는 우리 회사가 추구하는 본질적인 가치를 담고 있다고 말하더군요."

이 연어 이야기는 코스트코 직원들 사이에서 입에서 입으로 전해지면서 많은 교훈을 전달했다.

단순하지만 위대한 가치

코스트코의 철학은 회사가 종업원을 대하는 방식에서도 드러난다. 시네갈의 동업자이자 공동설립자인 제프 브로트먼 회장은 시네갈과 자신의 의견을 이렇게 요약했다.

"유능한 사람을 고용해서 그에게 적합한 일을 주고 충분한 임금을 지급하면, 사업은 저절로 풀립니다."

브로트먼의 말이 옳다는 것은 직원들을 보면 알 수 있다. 창고 책임자 대표집단 25명을 지원하고 있는 한 외부 컨설턴트는 요즘과 같이 이직율이 높은 세상에 코스트코 대부분의 직원들이 적어도 10년 이상 근무했다는 사실에 놀라움을 감추지 못했다. 직원들에게 "코스트코에서 오랫동안 근무하는 이유가 무엇입니까?" 라고 질문하면, 다들 한결같이 "회사가 직원들에게 잘 대해주기 때문이지요." 라고 대답한다.

푸에르토리코의 베이야몬에 위치한 코스트코 창고 책임자 알렉스 폴로는 《오늘의 코스트코Costco Today》라는 사보에서 다음과 같이 설명했다.

"여러 좋은 분들이 저에게 관심을 보여주고 제 능력을 인정해주며 제가 더 많은 일을 할 수 있도록 격려해주었습니다. 이 회사는 저의 전부라 할 수 있어요. 저는 회사에서 가치관과 윤리 의식을 배웠습니다. 이곳에서 일할 수 있어 행복합니다."

코스트코가 직원을 소중히 대한다는 사실은 독특한 정책에서도 잘 드러난다. 코스트코에서 2년 이상 근무한 직원은 고위 임원의 승인이 없이는 해고하지 못한다. 시네갈은 이렇게 설명한다.

"만약 종업원 1명이 나가버리면, 직원들뿐 아니라 경영자들에게도 손해입니다. 종업원이 저지르는 몇 안 되는 문제 중 하나가 부정직하게 행동하는 것이지요. 하지만 우리는 직원들이 부정직한 행동을 절대 하지 않는다고 자부합니다. 직원들이 고객과 공급자들에게 거짓말하지 않기를 바라고, 우리가 살아가고 일하는 지역 사회를 기만하지 않기를 바라고 있어요."

《비즈니스 위크Business Week》의 '2002년 최우수 경영인' 에 이름이 오른 시네갈은 새로운 매장을 개장할 때마다 항상 빠지지 않고 참석하는 성실한 리더이다. 그는 경영자 훈련 수업에 참여하는 것도 좋아하는데, 코스트코에서 의사 결정이 이루어지는 방식을 다른 모든 사람들이 이해하기를 바라기 때문이다.

"법률, 고객, 동료, 공급자를 존중하는 것이 우리 사업의 신념입니다. 이런 행동 덕분에 사업이 잘되고 주주들에게 이익이 돌아간다고 생각하지요. 궁극적으로 상장기업은 모두 이런 책임을 지고 있습니다. 단기적으로는 이 4가지를 존중하지 않더라도 사업을 하는 데 크게 문제가 되지는 않겠지만 장기적인 관점에서는 불가능하다고 봅니다. 길게 보면 제 목을 조르는 일이나 다름없죠."

코스트코의 철학이 사업에 도움이 된다는 사실을 어떻게 아느냐는 질문에, 시네갈은 이렇게 대답한다.

"어떤 일이 도움이 된다는 사실을 어떻게 알아차릴까요? 사업이 잘 안 되는 이유는 경기가 나쁘거나 날씨가 안 좋은 탓일지도 모릅니다. 장사꾼에게는 언제나 변명거리가 있습니다. 계란이나 쇠고기가 바닥이 나는 일은 있어도 변명거리는 절대로 바닥나지 않아요. 우리의 사업 방식이 정말 좋은지 알아보는 방법은 간단해요. 사람들의 이야기만 듣지 않고 실제 사업 성과도 함께 살펴보는 것입니다."

어떻게 보더라도 코스트코의 경영 방식은 효과가 있다. 코스트코는 간접비를 최소한으로 유지하고 거기에서 발생한 이익을 소비자들에게 환원함으로써 대형할인마트 시장 점유율 50%를 달성했다. 코스트코는 1995년에 프라이스 클럽Price Club을 합병하면서 코스트코보다 먼저 세워진 프라이스 클럽의 설립 연도를 회사의 시작점으로 보았다. 즉 코스트코의 설립 연도가 1976년으로 바뀌게 된 셈이다. 그때부터 거의 28년이 지난 2003년 말, 회사는 직원 10만 3천 명과 미국 36개 주를 비롯해 푸에르토리코·캐나다·멕시코·영국·한국·대만·일본 등지에 430여 개 매장을 둔 대형 회사로 성장했다. 회사는 매달 매장을 10개씩 늘리면서 안정적인 성장세를 유지하고 있다.

2003년 한 해에 거의 2천만 명의 회원들이 416.9억 달러의 매출을 올려주었다. 전년도 매출액에 비하면 10% 증가, 신설된 매장에서 발생한 매출을 제외하면 4%가 증가한 수치였다. 회원권 갱신 비율이 86%나 되는 점으로 미루어 보아, 소비자들은 저렴한 상품을 제공하는 회사의 단골이 되어 실적을 올려주는 것으로 코스트코의 노력에 보답하고 있다. 경기가 좋지 않던 2003년에도 코스트코의 이익은 3% 증가하였다.

평소 매장 핫도그 가게에서 핫도그를 자주 사먹는 시네갈은 이론이나 가설보다는 실제적인 결과를 중요시하는 리더답게 고객만족지수American Customer Satisfaction Index, ACSI의 결과를 근거로 소비자들이 코스트코의 서비스에 만족하고 있다고 주장한다. 미시건 대학 경영대학원의 국가품질연구소National Quality Research Center에서 미국품질협회American Society for Quality, ASQ와 국제 컨설팅 기업 씨에프아이 그룹CFI group과 협력해 진행된 연구에서 코스트코는 5년의 조사 기간 중 4년 동안 전문 소매업계 1위를 차지했다. 1위에서 떨어진 해에는 근소한 차이로 2위에 올랐다. 2003년 4분기에는 경쟁사들보다 훨씬 앞선, 사상 최고점을 득점하며 정상을 탈환했다.

국가품질연구소의 소장이자 씨에프아이그룹의 회장을 맡고 있는 클라스 포넬Claes Fornell 교수는 코스트코가 높은 수준의 고객 만족을 달성하는 핵심 요인을 이렇게 설명한다.

"종업원들에게 의무를 다하고 있기 때문입니다. 임금과 복지 수준이 업계 최고예요. 최고급 상품과 자체 상표를 단 저렴한 제품을 동시에 판매한다는 점도 또 하나의 성공 이유입니다."

시네갈은 회사가 성장한 모습을 통해 광고나 홍보 직원 없이 회사가 추구하는 가치를 사람들에게 얼마나 효과적으로 전달했는지 파악한다.

"코스트코가 추구하는 가치는 아주 단순합니다. 그러니 그 가치를 알리기 위해 걱정할 필요가 없어요. 우리는 어떤 좋은 일이 있을 때, 자기가 직접 자랑하는 것보다 누군가가 칭찬해주는 편이 훨씬

더 좋다고 생각합니다. 그 편이 훨씬 더 믿을 만한 이야기가 되니까
요."

시네갈의 생각을 들어보자.

"소비자 100명에게 코스트코라는 이름을 듣고 어떤 생각이 드는
지 물어보면, 아마 대량 판매, 아주 싼 가격, 좋은 품질, 좋은 할인점
그리고 굉장히 맛있는 핫도그와 1.5달러밖에 하지 않는 코카콜라 중
하나를 떠올릴 겁니다!"

코스트코에 대해 더 알고 싶은 사람은 www.costco.com을 방문해보라.

Mary Kay

07. 메리케이 : 여자들을 운전석에 앉혀라

애시는 생전에 "은혜를 갚을 줄 알아야지요" 라는 말을 자주 했다. 사업가로서 그녀처럼 베푸는 마음을 갖는다는 것은 생각만큼 쉬운 일이 아니다. 그녀의 이런 마음가짐 때문에 메리케이 고객들의 충성도가 높아졌고, 평생 메리케이의 고객으로 남는 고객들도 생겨났다. 메리케이의 마음가짐은 업무 시간을 유동적으로 운용하고 판매권역에 구애받지 않게 했으며, 방문판매를 할 수 있는 회사를 형성하는 밑거름이 되었다.

자신의 개성이 그대로 반영된 수백억 달러의 세계적인 화장품 제국을 세운 메리케이 애시**Mary Kay Ash**는 당대 사업가 중에서 가장 효과적으로 스토리텔링 기법을 사용한 사람이다. 메리케이는(그녀는 루시Lucy, 오프라Oprah 같은 유명인처럼 이름으로 불리기를 좋아했다) 5년의 투병 생활 끝에 2001년 11월, 83세의 나이로 세상을 떠났다. 그녀 곁에는 훌륭한 복지재단과 슬픔에 잠긴 프리랜서 110만여 명, 방문 판매원 3천 600명 등의 직원 '가족'이 남아 있었다.

메리케이는 여성들의 삶을 풍요롭게 만들겠다는 포부를 안고 지금은 회장 직을 맡고 있는 아들 리처드 로저스**Richard R. Rogers**의 조언을 얻어, 1963년 달라스에서 자본금 5천 달러로 화장품 제국의 초석을 세웠다. 메리케이 회사는 미국 최대의 스킨케어 제품 직판 회사로 성장했다. 2003년 총매출액은 180억 달러를 넘어섰고, 30개가 넘는 나라에서 200여 종 이상의 제품을 판매하고 있다.

메리케이 회사보다 우수한 리더를 길러내는 곳은 없다고 해도 과언이 아닐 것이다. 이 회사 역시 메리케이가 남긴 유산을 지키기 위해 스토리텔링을 사용한다.

핑크 캐딜락의 여인

메리케이는 직원들에게 의욕을 불어넣기 위해 자신의 이야기를 들려주었다. 그녀는 남편을 잃고 홀로 자식을 키우던 옛날 이야기들을 세세하게 하면서 방문 판매원들을 격려했다. 40년 동안 신입 방문 판매원들은 메리케이의 이야기를 들으며 그녀의 꿈과 경제적인

성공에 대해 알게 되었고, 자기도 메리케이처럼 성공하겠다는 꿈을
키웠다.

메리케이가 세운 목표는 단순했다. 첫째는 신앙, 둘째는 가족, 셋
째는 돈이었다. 한 회사의 소유주로서, 그녀는 단순한 원칙을 세워
여성들의 마음을 사로잡았다.

❶ 고객의 욕구를 찾아서 만족시켜라.

❷ 여성들에게 제품만 판매하지 말고 할 일을 만들어줘라.

❸ 실제 사례를 들어서 가르쳐라(그리고 이끌어라).

❹ 다른 여성들도 우리처럼 행동하도록 격려하라.

❺ 항상 자존심을 지켜라.

메리케이는 입버릇처럼 말했다.

"어떤 여성이 자기가 얼마나 소중한 존재인지 비로소 알게 되었다
는 이야기를 들을 때마다 얼마나 기쁜지 몰라요."

경영자가 눈앞의 이익에 현혹되지 않고 장기적인 안목으로 목표
를 위해 최선을 다할 때 회사가 번창한다는 진리를 메리케이는 본능
적으로 알고 있었던 듯하다.

메리케이는 자신과 같은 생각을 가진 여성들의 커뮤니티를 만들
고자 했다. 뉴욕의 패션잡지 《위민즈 웨어 데일리Women' s Wear Daily》
지의 로라 클레파키는 "메리케이는 사업을 중요하게 생각하는 만큼
여성들을 소중하게 여긴다."라고 말했다. 40년이 지난 지금도 회사
는 이 원칙을 고수하고 있다.

사업을 시작한 지 얼마 되지 않았을 때에는 직원들에게 이야기를

들려주기가 쉬웠다. 메리케이는 프리랜서 방문 판매원들을 사무실이나 집으로 초대해 직접 구운 쿠키를 대접했다. 방문 판매원이 늘어나고 회사의 규모가 커지자 그녀는 본사 사무실을 넓히고 직접 설계한 분홍색 저택을 지어 욕실에 하트 모양의 분홍색 욕조를 설치하는 것으로 성공의 기분을 만끽했다.

하루는 메리케이가 디렉터로 막 승진한 방문 판매원들을 집으로 초대해 차를 대접했는데, 디렉터 몇 명이 행운을 비는 마음으로 욕조에서 사진을 찍자는 제의를 했다. 장난으로 시작한 이 행동은 회사의 전통으로 이어졌다. 요즘도 디렉터로 갓 승진한 사람들은 그 욕조에서 사진을 찍으려 하고, 실제로 사진을 찍는다. 또한 하트 모양의 분홍색 욕조는 국제영업부 대표인 톰 와틀리Tom Whatley의 사무실에도 한자리 차지하고 있다.

'메리케이' 라는 이름을 들었을 때 사람들이 제일 먼저 떠올리는 것은 특별히 주문 제작한 분홍색 캐딜락Cadillac이다. 현재 메리케이 사에서 근무하는 프리랜서 뷰티 컨설턴트 2천여 명이 상으로 받아 몰고 다니는 차는, 예전과는 달리 은은한 진줏빛이 감도는 분홍색이다. 그들이 그 차를 운전하고 다니면 사람들은 감탄 어린 시선으로 바라본다. 달라진 것은 색깔만이 아니다. 차량의 종류도 BMW, 메르세데스, 도요타, 포드 등 다양하다.

메리케이가 바라던 평생의 목표, 여성들의 삶을 풍요롭게 만들겠다는 신념을 지키기 위해 회사가 직원들에게 상으로 차를 준다는 것은 잘 알려지지 않은 사실이다. 메리케이사를 설립한 그녀는 "P&L은 손익계산서profit&loss가 아니라 사람과 사랑people&love을 의미합니다."라고 말했으며, 현재의 경영자들도 이 메시지를 따르며 조직을 운영하는 가운데 그녀의 바람을 현실화하고 있다. (1976년 회사를 상장시킨 후, 메리케이는 회사가 주주와 이익에만 관심을 두게 된 것을 바로잡고자 1985년에 차입매수[LBO, 인수대상 기업의 자산을 담보로 하여 차입한 금액으로 인수대금을 조달하는 방법 - 옮긴이]로 자신의 가족 이름으로 회사의 주식을 전부 다시 사들였다. 메리케이는 지금까지도 비상장기업이다.)

전 세계에서 일하는 뷰티 컨설턴트와 본사 및 지사에서 일하는 약 100만 명의 '가족 회원'들은 메리케이가 그려오던 꿈의 회사에서 일하며 순수한 애정과 따뜻함을 느낀다. 방문 판매원들은 '일선'에서 스킨케어 제품을 친구나 친지에게 판매하고, 판매 지역을 늘리기 위해 다른 여성들을 모집한다.

팀장은 새로 들어온 판매원이 자신의 능력을 십분 발휘하도록 돕는다. 팀원 간의 강한 유대감으로 팀에 새로 들어온 판매원이 다른 지역으로 옮겨가더라도(새로운 판매 지역에서 그녀를 '지명'해서 팀을 옮긴다 하더라도) 변함없이 아끼고 사랑한다.

메리케이는 생전에 "은혜를 갚을 줄 알아야지요."라는 말을 자주 했다. 사업가로서 그녀처럼 베푸는 마음을 갖는다는 것은 생각만큼 쉬운 일이 아니다. 그녀의 이런 마음가짐 때문에 메리케이 고객들의 충성도가 높아졌고, 평생 메리케이의 고객으로 남는 고객들도 생겨났다.

메리케이의 마음가짐은 업무 시간을 유동적으로 운용하고 판매권역에 구애받지 않게 했으며, 방문판매를 할 수 있는 회사를 형성하는 밑거름이 되었다.

메리케이가 낳은 수많은 딸들

메리케이의 일화만으로도 두꺼운 책 1~2권은 충분히 쓸 수 있다. 실제로 그녀는 30년 동안 3권의 책을 썼는데, 모두 베스트셀러가 되었다. 1995년 출간된 그녀의 자서전 『메리케이: 당신은 모든 것을 소유할 수 있다Mary Kay: You Can Have It All: Lifetime Wisdom from America's Foremost Woman Entrepreneur』는 출간된 지 얼마 지나지 않아 미국 내 베스트셀러 반열에 올랐다. 이 책은 100만 권 이상 판매되었고, 여러 나라에서 번역 출판되었다. 『메리케이의 인재관리Mary Kay on People Management』는 그녀의 경영철학이 담겨 있는 책이다. 하버드 경영대학원, 켈로그 경영대학원 등 여러 대학에서는 사례 연구를 할 때 아직까지도 그녀의 경영철학을 인용한다. 그녀가 죽은 후 맥그로우힐 트레이드McGraw-Hill Trade 출판사에서 출판한 책도 베스트셀러가 되었다. 『핑크 캐딜락의 여인More Than A Pink Cadillac: Mary Kay, Inc.'s 9 Leadership Keys to Success』이라는 제목으로 짐 언더우드가 쓴 경영서가 그것이다.

『진정한 월급: 메리케이의 삶의 원칙을 보여주는 113개의 이야기 Paychecks of the Heart: 113 Inspiring Stories About Living the Principles of Mary Kay Ash』는 메리케이에 대한 이야기를 그녀가 직접 쓰지 않은 첫 번째 책이다. 2000년에 출판된 이 책은 영어와 중국어로 출간되었으며, 메리케이의 뷰티 컨설턴트와 직원들만 읽을 수 있었다. 뒤이어 메리케이의 돈 관리 방법에서 요리법에 이르기까지 그녀의 경영철학을 엿볼 수 있는 책이 몇 권 더 나왔다.

『진정한 월급』에 실린 그녀의 짧은 일화들은 회사의 제1세대 경영자를 기리고 다른 사람을 돕는 메리케이의 전통을 유지하는 데 큰 힘이 된다. 책에 소개된 이 '진정한 월급'은 한 여성에게 인간으로서의 존엄성을 되찾아준 이야기이다. 헤이즐은 메리케이를 알기 전에는 소인증(키가 비정상적으로 작은 증상) 때문에 제대로 된 일을 구하지 못했다. 하지만 메리케이에 입사한 헤이즐은 미용 수업을 할 때 받침대로 쓸 상자 하나만 있으면 일을 할 수 있었다. 헤이즐의 말을 들어보자.

"내 키가 어떻든 간에 모든 직원들이 같은 곳에서 시작하지요. 메리케이 덕분에 거울을 볼 때 내 키가 다른 사람들과 비슷해보일 때도 있어요."

여러 해가 지나면서 메리케이의 이야기는 방문 판매원들의 이야기로 대신해오고 있다. 가난뱅이가 부자가 되는 기적 같은 이야기, 성공을 거머쥔 뷰티 컨설턴트들의 이야기만큼 사람들에게 감동을 주는 이야기는 없다. 생활의 균형을 맞추기 위해 새로운 직업을 얻은 전문직 여성들의 이야기만큼 호소력이 강한 이야기도 없을 것이다. 메리케이는 이런 여성들을 '딸'이라고 불렀고, 딸이라는 단어는 한 가족이라는 느낌을 준다. 메리케이가 그녀들의 이야기를 듣고 인정해주는 것이 그들에게 강한 동기부여가 되었다.

조직 문화 관리 이사인 이본 펜들턴Yvonne Pendleton은 "메리케이 회사는 립스틱을 팔지만 우리의 창업주는 언제나 '여기는 그냥 화장품만 파는 회사가 아니에요.'라고 말했죠. 사실 여자들이 모여 신념을 갖고 목표를 향해 즐겁게 일하는 꿈의 회사라는 표현이 더 어울려요. 우리 회사의 이야기 하나하나가 메리케이 애시가 이 세상에 알리려던 교훈을 담고 있으니까요."

그렇다면 그 결과는 어땠을까? 회사는 재무적으로 높은 이익을 냈고 배당금을 많이 지급했을 뿐만 아니라(회사는 2002년까지 4년 연속으로 기록적인 경영 성과를 이루어냈다), 메리케이에서 일하는 뷰티 컨설턴트와 그들이 맡고 있는 지역 사회 주민, 가족들의 삶도 더욱 윤택해졌다. 메리케이는 예전에 자신이 일했던, 리더가 남자들이었던 회사에서는 직원들이 경제적인 어려움을 가족들에게 숨기려 했다고 말하며, 뷰티 컨설턴트들에게 경제적 어려움을 감추지 말고 가족이 다 함께 노력하라고 역설했다.

메리케이는 훌륭한 미국 시민 호레이쇼 앨저 상Horatio Alger Distingui-shed American Citizen Award을 수상하였고, 1999년에는 라이프타임 채널의 시청자들이 뽑은 '20세기 가장 영향력 있는 여성 사업가' 로 선정되었다. 메리케이사는 《포춘》 지의 최고 유명 기업 목록에도 자주 올랐다. 그중 가장 유명한 몇 가지만 꼽아본다면, '일하기 좋은 100대 기업' 에는 1984년 처음 이름이 오른 뒤 모두 3차례나 순위에 들었으며, 1993년에는 '여성들이 일하기 좋은 10대 기업' 에, 1995년에는 '미국에서 가장 존경받는 기업' 에 선정되었다. 이외에도 1996년 《포브스가 선정한 사상 최고의 사업 이야기Greatest Business Stories of All Time》에 유일한 여성으로 등장하는 쾌거를 이루었다.

멋진 여성들의 이야기

1996년, 뇌졸중으로 쇠약해진 메리케이가 자신이 세운, 사랑으로 가득한 제국에 얼굴을 비추지 못하자 메리케이의 가족들은 자기 가족이 아픈 것처럼 그녀의 건강을 염려하고 슬퍼했다. 사랑하는 리더가 앞으로 함께할 수 없을지도 모른다는 불안감이 제품 판매량과 뷰티 컨설턴트 채용에 악영향을 끼쳤다. 30년 동안 이어진 조직 문화의 위력이 새삼 절실해지는 순간이었다. 펜들턴은 당시 상황을 이렇게 이야기한다.

"메리케이가 더 이상 현역에서 뛰지 못하게 되자, 우리는 직원들에게 이야기를 통해 그녀가 추구하던 가치를 실현시키고 서로를 아끼는 화목한 회사 분위기를 유지해야 한다는 걸 깨달았어요. 열정으로 가득한 회사를 만들기 위해서는 이제 우리 모두가 노력해야만 한다는 사실을 알게 된 것이죠."

임원들은 뷰티 컨설턴트들에게 동기를 부여하고 훌륭한 성과를 이끌어내기 위해 메리케이처럼 스토리텔링을 사용했다.

"이야기를 활용해서 우리의 조직 문화를 유지하지 못하면 그 결과는 방문 판매원들의 태도와 수익에서 바로 드러납니다. 다행스럽게도 우리는 과거의 경험 덕분에 그 사실을 알고 있죠."

가정학자 패트 댄포스는 메리케이 사업이 주장하는 "노력하면 누구나 성공에 이르고 이익을 얻는다."라는 말에 끌려 메리케이 사업을 시작하게 되었다고 한다. 그녀는 15년 동안 상담을 겨우 12번밖에 하지 않았음에도 사업이 성공적인 것에 대해 기쁨을 감추지 못했다. 은행창구 직원과 비서로 일했던 바바라는 가치 있는 일을 하기 때문에 자신의 가치가 높아지는 것이 아니라, 자신이 가치 있는 사람이기 때문에 가치 있는 일을 한다는 믿음을 얻었다.

로비는 자신이 맨 처음 판매원으로 추천한 사람의 집안 청소를 도와주었고, 두 번째로 추천한 판매원의 아이를 돌봐주었다. 그녀는 자신의 직업이 단순히 돈만 버는 일이 아니라 다른 사람들을 돕고 감동을 주는 일이라고 생각했기 때문이다. 다이앤은 일과 양육을 함께 할 수 있다는 사실이 기뻤다. 샐리는 활동적인 성격을 가진 군인의 아내였다. 그녀는 남편이 퇴역한 후 줄어든 생활비를 보충하려고 일을 시작했지만 남편에게 비행기를 사줄 수 있을 만큼 돈을 많이 벌리라고는 꿈도 꾸지 못했다.

앞의 사례들은 프리랜서 방문 판매원 담당 이사들의 이야기를 모아놓은 '최고들의 이야기' 중 몇 개를 고른 것이다. 이 이야기들은 회사의 내부 통신망을 통해서 모든 직원들이 읽을 수 있다.

이런 이야기는 사람들에게 '여기 나오는 여자들도 나와 다를 바가 없구나.' 라는 희망을 불어넣기 위한 것이다. 그들은 자신들도 이야기 속 주인공이 될 수 있다는 의지를 갖게 될 것이다. 회사 홈페이지에는 최고의 동기부여가이며 『정상에서 만납시다See You At The Top』의 저자인 지그 지글러가 회사 창립자에게 보낸 감사의 인사가 올라와 있다.

"메리케이는 오늘날 미국에 더없이 절실한 인생과 사랑 그리고 희망에 대한 이야기들을 널리 전파했다."

펜들턴은 이렇게 이야기한다.

"모든 이야기에서 메리케이만의 특징이 나타난답니다. 처음 미국에 와 옷에 단추나 달던 이민자의 이야기부터 아이들과 더 많은 시간을 보내고 싶은 은행 직원의 이야기에 이르기까지 모든 이야기 속에 담겨 있어요."

회사는 조직 문화를 유지하기 위해 비디오, CD, 잡지, 채용 안내서와 홈페이지에 이르는 다양한 자료를 총동원하고 있다. 프리랜서 방문 판매원 담당 이사들은 함께 이야기를 나누면서 많은 여자들이 관심을 가질 만한 분야를 찾아낸다.

이본 펜들턴은 여성들의 삶을 풍요롭게 만들겠다는 회사의 사명을 10년 이상 전 세계 사람들에게 전달하고 있다. 여성들이 성공한 이야기는 새로운 세기를 사는 여성들이 멈추지 않고 앞으로 나아갈 수 있도록 자극을 주는 귀중한 보물이다. 회사에서는 이 이야기를 모아 2001년에 '풍요로운 삶Enriching Lives' 이라는 비디오를 촬영했고, 2003년에는 같은 시리즈의 비디오를 제작했다.

펜들턴이 편집한 『진심을 담아From Our Hearts』도 감동적인 이야기들을 담고 있다. 이 이야기들은 프리랜서 뷰티 컨설턴트들과 직원들의 강인한 모습을 통해 희망의 메시지를 전달한다.

팬들턴은 책의 서문에 이 책은 '메리케이사의 중심이 되는, 메리케이가 자아낸 연민이라는 이름의 황금빛 실' 로 엮은 이야기들을 모았다고 썼다. 각각의 이야기는 메리케이의 나누고 베풀기 상Mary Kay Go-Give Award 의 정신을 담고 있다. 이 상은 아낌없이 남을 돕는 여성들에게 수여되며, 모든 직원이 부러워하는 분홍색 캐딜락보다도 훨씬 더 영광스러운 상이다.

풍요로운 삶을 위하여

데비 보어는 10대였던 딸이 교통사고로 죽은 후 사람들이 자신을 얼마나 상냥하게 대해주는지를 절실하게 느꼈다. 보어의 인생에서 가장 암울한 시기에 방문 판매원 담당 이사가 장거리 전화를 걸어 그녀와 함께 매일 울어주었고, 슬픔에 잠긴 한 아이의 엄마가 앞으로 살아나갈 의지가 생기도록 기운을 북돋는 음악을 들려주었다.

로빈 카트밀은 지금은 분홍색 캐딜락을 자랑스럽게 몰고 다니지만 집이 없어 차에서 생활했던 일이나 마약 중독을 이겨내기 위해 겪었던 괴로운 나날, 연방 감옥에서 복역했던 자신의 과거에 대해 숨김없이 이야기한다. 그러나 그녀는 이런 과거를 딛고 일어나서 학사 학위까지 땄다. 메리케이에서 그녀를 채용한 사람은 카트밀의 잠재능력을 알아본 것이다. 카트밀은 이 책에서 자신의 쓰라린 과거를 털어놓았다. 다른 사람들 역시 자신처럼 극복하지 못할 것 같은 어려운 장애물을 넘어서길 바라는 마음에서였다.

수잔 히브스는 흑색종(melanoma, 멜라닌 세포의 악성 종양으로 피부에 가장 많이 발생함 - 옮긴이)을 이겨냈다. 그녀의 암 투병 이야기를 읽은 고객은 자신의 몸에서 수상한 사마귀를 발견했다. 히브스는 그 고객에게 자신의 이야기를 들려주면서 의사와 상담해볼 것을 권했다. 결국 고객은 피부과 의사를 찾아가 상담을 받았고, 히브스가 한 여성의 삶을 구했다.

주디 페닝턴은 아버지가 54세에 갑작스럽게 심장마비로 돌아가시고, 그로부터 10일 만에 56세의 어머니도 자살하는 사건을 겪었다. 메리케이의 가족 회원들은 그녀가 고통을 이겨내도록 진심으로 위로했고, 페닝턴은 메리케이의 나누고 베푸는 정신의 도움으로 다시 희망을 찾았다.

메리케이 애시 자선재단Mary Kay Ash Charitable Foundation, MKACF은 가정폭력의 피해자들을 지원하기로 결정한 후, 방문 판매원 중 몇 명이 가정폭력에 희생당했다는 사실을 알게 되었다. 그중 한 사례가 '풍요로운 삶'이란 비디오에 공개되었는데, 그 비참한 이야기를 통해서

이 문제가 우리 사회에 얼마나 널리 퍼져 있는지 고발할 수 있었다.

메리케이의 경영진들은 이야기를 재미있게 할 줄 알면서도 다른 사람들의 이야기에 귀 기울일 줄도 안다. 그들이 하는 일은 방문 판매원들이 보낸 편지에 답장을 하는 것이 전부다. 펜들턴의 설명을 들어보자.

"우리는 방문 판매원들이 어떤 기분으로 어떤 일을 하는지 알려고 하죠. 이건 메리케이 애시가 세운 전통이랍니다. 시장에서 통하는 게 무엇이고, 그렇지 않은 것은 무엇인지 등을 비롯한 많은 것을 그들의 이야기를 통해 배운답니다."

회사에는 최고의 영업 실적을 자랑하는 방문 판매원들로 구성된 자문위원회가 있으며, 이곳에선 경영진에게 영업과 판매 기획에 대한 자문을 제공한다. 자문위원회에 속한 사람들 역시 이야기를 듣는 자세가 몸에 배어 있다.

"1960년대와 70년대에는 여성들이 가정에서 벗어나 회사에서 승진하고 싶은 마음을 참지 못했죠. 하지만 그후에는 육아와 살림에 몸도 마음도 모두 지쳐버려서 태도가 180도 달라지고 말았어요. 90년대의 여성들은 보람된 일을 하면서 육아도 소홀히 하지 않으려 했지요. 우리는 직원들의 이야기에 귀를 기울인 덕택에 여성들이 직장으로서의 화장품 회사와 소비자 입장에서의 화장품 회사에 바라는 것이 무엇인지를 모두 파악할 수 있었습니다. 여성들에게 어떻게 동기를 부여해야 할지도 깨달았지요."

직원들은 이메일로 판매 사원들에게 "내 이야기에서 특별한 점이 무엇인가요?"라든지 "메리케이에서 일한 뒤로 생활이 어떻게 달라졌나요?"와 같은 메일을 보낸다. 판매 사원들이 응답으로 보낸 이야기는 직원들에게 전달되어 감동을 준다. 이야기들은 출판물에 실리거나 회의나 연설에서 사용되기도 하고, 직원들에게 보내는 이메일이나 비디오에 소개되기도 한다. 그중에는 무겁고 심각한 이야기도 있고 밝고 즐거운 이야기도 있다.

메리케이에서 발행하는 월간지 《갈채**Applause**》에서는 메리케이적인 생각을 잘 보여주는 자신만의 자동차 번호판(vanity license plate, 미국에서는 일정한 돈을 내면 차량 번호판에 자기만의 특색 있는 단어를 사용할 수 있음 - 옮긴이)을 단 분홍색 캐딜락 사진을 공모했다. 반응은 폭발적이었다. 남편에게 사준 분홍색 트랙터 사진을 보낸 방문 판매원도 있었다. 펜들턴의 설명을 들어보자.

"현장에 있으면 가르치기만 하는 게 아니라 배우기도 하지요. 메리케이는 '여성은 고등학교 졸업식 이후에 격려의 말을 듣는 일이 거의 없어요.' 라는 말을 자주 했어요. 우리는 이 직업이 많은 여성들에게 자기 자신이 특별한 존재라는 사실을 깨닫게 하고, 꿈을 이룰 기회를 제공한다는 사실에 무척 기뻤어요."

끊임없이 계속되는 이야기

이야기는 끝없이 쏟아져나온다. 《갈채》에서 노스캐롤라이나에 사는 한 여성을 소개한 적이 있다. 그녀는 메리케이 사업을 하며 얻은 수익으로 자신의 딸처럼 학습 능력이 낮은 아이들을 위해 학교를 설립했다. 또 다른 뷰티 컨설턴트는 자신이 사는 유타 주의 한 마을에 여성들을 위한 쉼터가 부족하다는 사실을 깨닫고 쉼터를 설립하기 위해 애썼다. 암 투병을 이겨낸 여성의 이야기도 있다. 이런 여성들은 메리케이 애시의 꿈에 희망을 얻고, 메리케이 애시 자선재단의 도움을 받은 수천, 수백 명 중 일부에 불과하다.

나누고 베푸는 정신은 누군가의 요청에 의해서가 아니라 자발적인 봉사정신에서 나오는 것이다. 누군가에게 선행을 베풀면 그들은 감사의 편지를 보내온다. 어떤 고객은 뷰티 컨설턴트가 공항까지 제품을 배달해준 덕분에 출장 기간 동안 자신이 가장 좋아하는 립스틱을 바를 수 있었다는 이야기를 했다. 어떤 고객은 토네이도가 오클라호마 시티를 휩쓸고 지나간 뒤, 엉망이 된 주변을 정리하는 동안 사흘이나 세수를 못했다는 내용의 편지를 썼다. 그녀의 메리케이 뷰티 컨설턴트는 그녀의 집 현관 앞에 평소와 다름없이 제품이 담긴 바구니를 가져다놓았고, 고객은 그 친절함에 울음을 터뜨렸다. 2001년 테러리스트의 공격으로 메리케이 가족이 피해를 입었을 때, 회사와 방문 판매원들은 그들을 돕기 위한 모임을 가졌다. '가족' 들은 피해자들을 따뜻하게 위로했을 뿐만 아니라, 피해를 입은 가족들에게 도움이 되도록 성금을 모아 전달했다.

연속 회의 '세미나' 는 판매 사원들을 교육시키고, 단합을 도모하거나 격려하려 할 때 개최된다. 이 세미나에서는 사원들에게 훌륭한 일을 해낸 특별한 사람들의 이야기를 들려준다. 이야기 중에는 미리 준비해온 이야기도 있지만 그 자리에서 즉석으로 들려주는 경우도 있다. 뒤에 이어지는 이야기들을 보자.

한 방문 판매원 담당 이사는 화학요법 때문에 몸이 약해져서 더 이상 동기부여 회의에 뷰티 컨설턴트 가족들과 함께 참석하지 못하게 되었다. 그녀는 자기 고객조차 관리하지 못할 형편이었다. 동료

메리케이 상담사들이 6개월 동안 그녀의 사업이 계속되도록 도왔다. 그들은 세탁소에 옷을 맡겨주고 그녀가 기르는 개와 산책을 나가기까지 했다. 다행히 그녀는 다시 회의를 진행할 정도로 건강이 회복되었다. 그동안 그녀에게 지급되는 수수료가 끊어진 적은 단 한 번도 없었다. 그보다 더 중요한 사실은, 그녀의 메리케이 사업이 예전 그대로 남아 있었다는 점이다.

또 다른 뷰티 컨설턴트는 가정폭력에서 벗어나려고 세 아이를 데리고 전국을 떠돌아다녔다. 그녀의 담당 이사는 그녀가 아이들과 함께 쉼터에서 지낸다는 사실을 알고 근처에 사는 다른 메리케이 가족에게 연락을 했다. 과연 그 행동이 그녀에게 도움이 되었을까? 물론 아주 큰 도움이 되었다. 그 담당 이사 자신도 신체적 학대를 받았던 경험이 있었다. 그녀는 강력한 지원을 받은 덕분에 마침내 폭력의 고리를 끊을 수 있었다.

2002년 달라스에서 열린 세미나에서는 스타일 변신을 해주기 위한 추첨이 열렸다. 모든 사람이 격식을 차리고 참석하는 '수상의 밤 Awards Night' 행사를 위한 것이었다. 당첨된 사람은 마음껏 쇼핑을 할 수 있고, 머리를 매만지고 화장까지 마친 다음에 리무진을 타고 행사장까지 이동하기로 되어 있었다. 첫 번째로 당첨된 사람이 무대 위로 올라가서 남편이 루게릭 병(LouGehrig, 근위축성 측색경화증으로 근육이 운동신경의 자극에 따라 적절하게 운동기능을 나타내지 못하게 되는 병 - 옮긴이) 진단을 받은 후 메리케이 사업을 시작했다는 이야기를 하자 좌중은 숙연해졌다.

부부에게는 어린아이가 둘이나 있었기에, 부인은 가족을 부양하기 위해 집에서도 할 수 있는 일을 해야만 했다. 당첨자가 "제가 아주 간절하게 바랐기 때문에 하나님께서 들어주신 거예요."라고 말하자 회장 안에 있는 모든 사람들이 눈물을 흘렸다.

메리케이의 임원들은 스토리텔링 기법을 활용하면 탁월한 리더십을 발휘할 수 있다는 사실을 깨달았다. 이런 감동적인 이야기들은 직원들에게 즉각적으로 영향을 주며, 그 영향이 오랫동안 남는다는 사실도 알게 되었다. 게다가 그 영향력의 정도도 측정할 수 있다고 믿는다.

회사는 1999년부터 4년 동안 기록적인 경영 성과를 보였다. 2002년 8월에는 90만 명 이상의 뷰티 컨설턴트가 전 세계에서 활동했고, 2002년 세미나에서는 회사 역사상 가장 많은 인원인 28명이 방문 판매원 담당 이사로 승진했다(메리케이 회사가 설립되고 36년 동안, 150명의 여성만이 최고의 실적을 내는 엘리트 집단에 들어갈 권리를 얻었다). 펜들턴은 말한다.

"우리는 고객을 상대하는 일을 하기 때문에 이야기를 중요하게 생각해야 해요. 그렇다고 옛날 이야기만 하라는 건 아니에요. 어제의 이야기를 하는 만큼 오늘과 내일에 대해서도 이야기해야죠. 우리는 부정적인 고정관념을 이겨내고 할 수 있다는 마음가짐을 심어주기 위해 노력합니다."

앞으로 메리케이사의 고객이 될 사람들은 바로 지금의 방문 판매원의 딸 세대이다. 회사는 지속적으로 새로운 화장품을 개발하고 시장에 소개한다. 2001년, 회사는 14~24세의 여성들을 대상으로 12개월 동안 연구를 한 끝에 '벨로시티Velocity' 라는 제품라인을 소개했다. 이는 메리케이사가 이야기뿐 아니라 소비자의 욕구도 항상 염두에 두고 있다는 사실을 보여준다.

"화장품 사업을 하려면 제품과 포장을 항상 바꿔야 합니다. 하지만 메리케이사의 사람들이나 여성들의 욕구 그리고 우리 회사의 철학은 바뀌지 않습니다. 전 세계적으로 동일한 여성들의 욕구가 무엇인지도 잘 알고 있습니다. 여성들은 스스로에 대해 만족하고 싶어 합니다. 가족이 더 풍요롭게 살기를 바라고 다른 사람들을 돕기를 원하지요."

톰 와틀리도 이러한 생각을 재차 강조한다.

"우리가 여성들의 삶을 특별하게 만들고 있다는 사실에 자부심을 느낍니다. 회사의 규모는 커졌지만 메리케이가 사람들을 돕기 위해 존재하는 회사라는 생각에는 변함이 없습니다. 오래전에 메리케이가 회사를 설립하며 세웠던 가치에 따라 사람들을 돌보고 그 가치를 다음 세대에게 물려주는 것이 우리의 사명이지요."

메리케이를 알게 된 모든 이들의 인생은 변했다. 다른 사람을 돌볼 줄 아는 마음을 지닌 훌륭한 여성 사업가 메리케이 애시는 타인을 믿고 그들을 격려하면서 수백억 달러 규모의 세계적인 사업을 일구어냈다. 이 이야기는 앞으로도 많은 사람들에게 감동을 줄 것이고, 그녀를 따르던 사람들과 그녀가 즐겨 하던 이야기보다도 훨씬 더 많이 사람들의 입에 오르내릴 것이다.

메리케이에 대해 더 알고 싶은 사람은 www.marykay.com을 방문해보라.

Fox's Gem Shop

08. 폭스 보석상 : 조금은 여우처럼

"귀걸이를 고정시키는 핀을 새로 달라는 것처럼 별것 아닌 일에도 성심껏 도와주었다면, 그 도움을 받은 사람은 후에 우리의 손님이 되겠지요. 특히 어머니가 물려주신 보석을 새롭게 세공하는 것처럼 자신에게 매우 소중한 일을 맡길 때면, 주변 사람들에게 믿을 만한 보석상이 어디냐고 물어보곤 합니다. 우리 가게에 처음 오신 분들은 가게에 와서 적어도 4~5명이 우리 가게를 추천했다고 말하죠. '폭스에 가면 잘해줄 거야' 라는 이야기를 들었다고 하면서요."

FOX'S
GEM SHOP

알래스카 항공Alaska Airlines을 이용해서 장거리 여행을 해본 사람이라면, 기내 잡지에 몇 년 동안 실렸던 폭스 보석상의 특이한 광고를 기억할 것이다. 그 광고의 중독성은 실로 대단했다. 실제로 알래스카 항공을 이용하던 승객들은 그 광고의 매력에 푹 빠져버렸다. 그래서 기내 잡지에 그 광고가 더 이상 실리지 않자 많은 이들이 실망감을 감추지 못했고, 직접 시애틀의 휘황찬란한 5번가에 위치한 고급 상점 폭스 보석상에 항의 편지를 보내는 사람도 있었다.

폭스 보석상의 광고는 여느 광고들처럼 두 눈을 반짝이며 매혹적인 미소를 머금은 위풍당당한 가게 주인의 사진을 내걸었다. 그러나 사실 그 광고는 전통적인 광고의 법칙에 정면으로 맞서는 것이었다. 광고하려는 내용이 무엇인지 요점이 분명하게 드러나는 광고가 아니었다. 광고는 자식 세대에 사업을 물려주려고 노력하지만 결국은 좌절을 느끼는 부모 세대의 이야기를 장황하게 늘어놓고 있었다. 특히 고급 보석 가게를 어떻게 운영해야 하는지 좀처럼 '배우지' 못하는 사위의 이야기가 주된 내용이었다. 이 광고를 보면 사장인 시드니 탈Sidney Thal이 수년 동안 이야기를 얼마나 잘 활용해왔는지 알 수 있다.

세대를 이어주는 이야기

지금은 현역에서 물러났으나, 시애틀 광고계의 전설로 불리는 데이비드 스턴David Stern은 품격 있는 보석 가게를 독특한 방법으로 광고한 주인공이다. 탈의 딸 조이Joy와 그녀의 남편 차이 만Chai Mann이 보석판매 사업에 뛰어든 1980년, 스턴은 시내 호텔에 비치된 관광안내 책자에 폭스의 광고를 실었다. 광고의 내용은 딸의 사업이 아버지 세대에서 아들 세대로 넘어간다는 이야기였다. 이 광고에 대해 차이 만은 이렇게 말했다.

"광고의 법칙이란 법칙은 모조리 무시한 광고였죠. 내용이 굉장히 긴 데다가 내용을 다 읽지 않으면 무슨 소린지 알 수 없는데도 사람들은 그 광고를 아주 좋아했어요. 이제껏 한 번도 들르지 않았던 사람들이 가게로 찾아와서 '이 이야기의 주인공이 누군지 꼭 보고 싶었어요!' 라고 말하곤 했어요. 그래서 그 광고를 몇 년이나 써먹었지요."

만은 1990년대 초의 일을 떠올리며 이렇게 이야기했다.

"어떤 광고를 내보내야 하나 고민하던 참이었어요. 데이비드는 넥타이도 매지 않은 가벼운 옷차림에 테니스 화를 신고 일하는 저를 장인어른이 못마땅해하는 모습을 광고로 쓰자고 제안하더군요. 새로운 세대의 등장이었죠! 제가 좀 경박하게 비치는 건 아닐까 염려하긴 했지만 사업이 그렇게 잘될 수가 없었답니다. 첫 번째 광고가 무척 재미있었고 반응도 좋아서 데이비드는 비슷한 광고를 몇 개 더 제작했어요. 그러던 어느 날, 장인어른이 아침에 자리에서 일어나시면서 '나도 할 수 있겠는데!' 라고 외치시더니 직접 광고를 쓰기 시작하셨죠. 그 당시 장인어른은 은퇴하시지는 않았지만 사업을 주도적으로 하시던 것도 아니었어요. 그래서인지 광고를 쓰는 일을 무척 즐거워하셨지요. 덕분에 장인어른과 옛날 일을 떠올리면서 이야기를 많이 나누었답니다."

사실성이 높은 이야기는 효과가 뛰어났다. 고상하고 우아하게 차려입은 탈의 모습을 주목해보자. 그는 언제나 길고 날렵한 라인으로 마무리된 조끼까지 갖춘 정장만을 입었다. 게다가 콧수염은 항상 매끈하게 매만졌고, 백발에 검은색 중산모를 쓰고 다녔다. 2002년, 그가 92세의 나이로 세상을 떠난 후에 《시애틀 타임스Seattle Times》에서 설명했듯이, "시애틀이 시골 동네였을 때도 시드니 탈은 유럽 사람 같은 기품이 있었다." 특히 탈이 자신의 트레이드마크인 1954년식 검정색 오스틴(운전석이 오른쪽에 있는 런던 택시)에서 내리는 모습은 그러한 표현에 딱 들어맞았다. 그는 출근할 때나 워싱턴 대학에서 미식축구 시합이 있을 때, 경기장 밖에서 파티를 할 때나 시내에 일이 있을 때에도 항상 그 차를 타고 다녔다.

이와는 반대로 만은 격식을 차리지 않은 옷차림이 유행에도 어울리며 젊은 고객들에게 호응을 얻기에 좋다고 생각했다. 만은 웃음을 터뜨리며 이렇게 말한다.

"장인어른은 저를 항상 '사위' 라고만 부르셨죠."

탈은 자신의 보석상 사업에 불쑥 끼어들어서 주도권까지 빼앗아버린 이 골치 아픈 생물체가 마음에 들지 않는다는 속내를 '우리 사위가 나를 광고 담당자로 전락시킨 이유Why My Son-in-Law Made Me Advertising Manager' 라는 제목의 광고에서 재치있게 드러냈다. 만은 이 광고를 《알래스카 항공Alaska Airlines》 지와 시애틀 시내 고급 스포츠 클럽에서 발행하는 잡지에 게재했다. 광고는 대성공이었다.

"한 달이라도 광고를 빼먹으면, 왜 광고가 빠졌는지 묻는 사람들의 전화와 편지가 줄을 이었죠. '폭스의 광고를 잡지에 내기 위해서라면 오히려 알래스카 항공사가 광고비를 지불해야죠!' 라든지 '제가 잡지에서 읽는 부분이라곤 폭스의 광고밖에 없어요.' 같은 말을 많이 들었어요. '폭스의 광고가 잡지에서 제일 재미있어요.' 라고 말씀해주신 분도 있었죠."

이야기가 넘쳐나는 가게

광고 속에는 손님들이 계속해서 폭스를 찾게 되는 인간적이고 실제적인 경영 방식이 담겨 있었다. 1948년, 시드니 탈과 그의 아내 베르타는 지은 지 36년이나 되는 낡은 가게를 사들였다. 그들이 가게를 연 지 얼마 지나지 않아 단골들이 줄을 잇기 시작했다. 시애틀 시내 한가운데 위치한 보석가게는 시애틀에서만이 아니라 멀리 워싱턴 주에 있는 사람들에게도 소문이 자자했다. 부부는 손님을 업무적으로 대하지 않았다. 가식이나 음흉한 계략은 더더욱 쓰지 않았다. 그저 있는 그대로 친근하게 대하면서 품질 좋은 상품만을 제공했을 뿐이다.

요즘에는 가게 분위기에 어울릴 만한 직원을 신중하게 뽑는다고 만이 설명했다.

"직원들에게 우리 가족과 역사에 대해 이야기해줍니다. 공급자들이 누구인지 설명할 때에도 이야기를 들려준답니다. 공급자들과도 오랫동안 거래를 한 덕분에 들려줄 이야기가 많아요. 누구나 인간적인 관계를 맺고 싶어 하니까요."

만은 폭스의 주요 상품인 손목시계를 구입하기 위해 가게에 들렀던 부부에 얽힌 이야기를 들려주었다.

"손목시계를 사러 오는 손님들은 대부분 최신 기술에 익숙한 분들이죠. 다들 인터넷에서 찾아보고 가게를 방문하기 때문에 우리보다도 상품에 대해 훨씬 잘 알고 있답니다. 그래서 저는 그 부부에게 '인터넷에서 더 싸게 살 수 있는데 굳이 여기까지 와서 물건을 사는 이유라도 있으세요?' 라고 물었지요. 그러자 '한번 맞춰보세요.' 라고 대답하더군요. 그래서 제가 이렇게 물었습니다. '사람과 직접 이야기를 나누고 싶어서인가요?' 그러자 '네, 바로 그거예요!' 라는 대답을 들었지요."

폭스가 고객을 대하는 방식을 마케팅에서 사용하는 '관계 형성'이라는 단순한 기법으로만 생각한다면, 문제의 본질을 파악하지 못한 것이다. 만은 여기에 대해 다음과 같이 설명한다.

"진심을 다해 일할 수 있는 직원을 고용해서 그 사람들에게 보석사업을 제대로 가르쳐주고 싶어요. 판매는 잘하더라도 고객에게 진심으로 대하지 않는 직원은 필요 없어요. 우리와는 어울리지 않는 사람이죠. 우리는 고객과 공급자들이 누구이고, 중요한 것이 무엇인지, 그들의 인생이 어떠한지를 알려주는 이야기를 듣고 그들에게 다가서는 판매 사원을 원합니다. 직원들이 인간적으로 고객을 대하기를 바랍니다. 그렇게 하면 물건을 팔아야 한다는 압박에 시달리지 않고, 내 가족에 대한 이야기를 손님들에게 자연스럽게 할 수 있지요. 우리 가게가 편안하게 서로를 알아나가는 거실 같은 곳이 되기를 바라거든요."

폭스는 직원 교육의 일환으로, 이곳에서 오래 일한 직원들이 고객들이 필요로 하는 도움을 준 사례들을 새로 온 직원들에게 이야기해 준다.

"귀걸이를 고정시키는 핀을 새로 달라는 것처럼 별것 아닌 일에도 성심껏 도와주었다면, 그 도움을 받은 사람은 후에 우리의 손님이 되겠지요. 특히 어머니가 물려주신 보석을 새롭게 세공하는 것처럼 자신에게 매우 소중한 일을 맡길 때면, 주변 사람들에게 믿을 만한 보석상이 어디냐고 물어보곤 합니다. 우리 가게에 처음 오신 분들은 가게에 와서 적어도 4~5명이 우리 가게를 추천했다고 말하죠. '폭스에 가면 잘해줄 거야.' 라는 이야기를 들었다고 하면서요."

만은 해를 거듭하면서 상품의 구성을 바꿔왔다고 말한다. 폭스는 20년 전에 비해서 예물과 손목시계의 판매 비중을 늘렸고, 초혼에는 수수하고 평범한 반지와 작은 보석을, 재혼에는 그보다 약간 더 큰 보석을 사용한다. 하지만 가장 중요한 핵심 가치에는 변함이 없다. 폭스는 예전처럼 지금도 고객마다 맞춤 서비스를 기본으로 제공하고 있다. 폭스의 직원들은 약혼반지나 손목시계, 귀걸이 등의 상품을 고객의 주머니 사정까지 고려하여 딱 맞게 제공하겠다는 성실한 마음으로 일한다.

친근하고 다정한 폭스의 서비스는 가게 주인의 가치관이 반영된 것으로, 다른 가게와는 차별화되며 충분히 주목할 만하다. 아주 뛰어난 경영 방식이라 해도 과언이 아니다. 그들의 이야기는 계속해서 세상에 퍼져나갈 것이다.

폭스 보석상 이야기를 더 알고 싶은 사람들은 www.foxsgemshop.com을 방문해보라.

Northwestern Mutual

09. 노스웨스턴 뮤추얼 : 좋은 일은 조용히,
중요한 가치는 소리 높여 말하라

노스웨스턴 뮤추얼 생명보험사는 9.11 테러로 사망한 고객의 이야기를 담은 비디오테이프를 제작했다. 달시와 헥트의 이야기도 그 비디오에 담겨 있다. 사람들은 회사의 오랜 전통에 따라 이메일 등을 통해 자신의 경험담을 다른 이들에게 들려주었다. 그들의 이야기를 통해 사람들의 인생을 보다 나은 삶으로 만들겠다는 직원들의 의지가 높아졌다. 컨설턴트들은 9.11 테러 사건이 일어난 후 자신의 이야기를 다른 사람들에게 들려주고 다른 이들의 이야기도 들어야 한다는 사실을 절실하게 느꼈다. 노스웨스턴 뮤추얼의 5가지 핵심 가치 중 첫 번째이자 가장 중요한 가치인 '보험 가입자들에게 좋은 일을 한다는 가치를 반드시 지켜야 한다.' 는 사실을 널리 알리기 위해 반드시 필요한 일이었다.

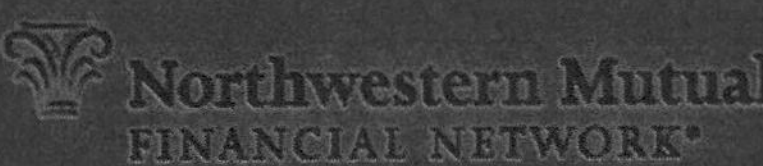
Northwestern Mutual
FINANCIAL NETWORK

위스콘신 주 밀워키에 노스웨스턴 뮤추얼 생명보험사Northwestern Mutual Financial Network가 설립된 지 정확히 2년 만에, 열차가 소를 치고 탈선하는 사고가 발생하여 보험 가입자 2명이 사망했다. 그들의 사망보험금은 총 3천 500달러였으나, 갓 설립된 회사의 자산은 겨우 2천 달러에 불과했다. 보험사 사장은 보험금을 모두 지불하든지 아니면 현재 회사가 보유한 돈에 맞추어 보험금을 적게 지불하든지 양자택일을 해야 했다. 하지만 그는 망설임 없이 하나를 선택했다. 모자란 금액을 차입하여 보험 수익자들에게 보험금 전액을 지불한 것이다.

이 이야기는 '조용한 회사(The Quiet Company, 몇 년 동안 대외적인 광고를 거의 하지 않았다는 사실을 강조하기 위해 사용한 광고 카피 - 옮긴이)'가 처음 보여준 윤리적 행동에 관한 일화이다. 1859년에 있었던 일인데도 직원들은 여전히 이 이야기를 즐겨 말한다. 사실 회사의 핵심 가치를 담은 일화를 이야기하는 것은 회사의 115년 된 전통이다. 조직 커뮤니케이션 담당 이사 테드 스트럽Ted Strupp은 다음과 같이 말한다.

"이 이야기를 들으면 내가 회사의 일부라는 소속감이 생깁니다. 이 이야기는 우리 회사가 과거의 경험에서 얻은 교훈을 소중하게 여긴다는 사실과 우리가 중요하게 생각하는 가치가 무엇인지, 그 가치에 따라 어떻게 살아왔는지를 보여줍니다. 우리 회사의 직원들은 우리의 첫 CEO가 한 일을 마치 어제 일처럼 이야기하지요. 직원들은 역대 CEO를 모두 비교하여 그들이 회사가 추구하는 핵심 가치를 충실하게 지켰는지 판단합니다."

노스웨스턴 뮤추얼 생명보험사의 경영자들이 다양한 상황을 훌륭하게 대처한 일화는 많이 있다. 돈 슈엥케Don Shuenke가 회장이었을 때의 일이다. 전국에 방송될 인터뷰 일정을 잡아둔 날 그만 증시가 폭락하는 사건이 발생했다. 경제부 기자는 그날 하루 종일 슈엥케 회장의 뒤만 졸졸 따라다녔고, 사람들은 으레 인터뷰가 취소될 거라 생각했다. 하지만 슈엥케 회장은 "이 기자가 여기에 있든 없든 인터뷰를 취소할 생각은 없습니다."라고 말했다. 그는 회사의 임직원들이 곤란한 처지에 있을 때에도 회사의 가치를 지키기 위해 늘 하던 대로 행동한다는 사실을 보여줄 기회라고 생각했다. 위기를 기회로 여긴 것이다.

우리는 옳은 일만 합니다

회사가 어려운 결정을 내려야 하는 난감한 상황은 수차례 발생했다. 자연 재해와 같은 대규모의 재난이 발생하면 보험회사, 특히 고객들과 개인적인 친분이 있는 재정 컨설턴트들은 큰 짐을 지게 된다. 2001년 9월 11일, 테러리스트들이 미국을 공격하였고, 노스웨스턴 뮤추얼의 보험가입자 150명 이상이 목숨을 잃었다. 회사의 재정 컨설턴트들도 처음에는 다른 사람들처럼 공포와 슬픔을 느꼈지만 평소와 다름없이 유가족을 돕기 위해 최고의 서비스를 제공했다.

재정 컨설턴트 롭 슬로쿰의 절친한 20년지기는 자신이 37세라는 젊은 나이에 죽으리라고는 전혀 생각하지 않았다. 하지만 테러리스트들은 그의 믿음을 산산조각냈고, 슬로쿰은 친구가 보험도, 재정 설계도 없이 죽었다는 사실에 큰 고통을 느꼈다. 9.11 사건이 일어난 그해 가을, 노스웨스턴 뮤추얼 재정 컨설턴트 회의가 열렸다. 테러리스트의 공격으로 친구 1명과 고객 4명을 잃은 슬로쿰은 회의에서 슬픈 목소리로 말했다.

"친구에게 보험에 가입하라는 말을 하지 않은 건 제 잘못입니다."

재정 컨설턴트들이 차례대로 자신의 주변 사람들의 죽음에 대해 이야기하면, 모두들 주의 깊게 이야기를 들었다. 더그 밀러는 대학 시절 룸메이트였던 절친한 친구를 잃었다. 톰 페리의 고객 중 29명이 세계 무역 센터에서 근무를 했고, 그중 7명이 사망했다. 엘리사 헥트는 9명의 친구와 동료를 잃었고, 11명은 그녀가 권유했던 생명보험 신청 양식을 미처 작성하지도 못한 채 죽고 말았다.

숀 달시는 누구보다 많은 고객을 잃었으며, 그의 친한 친구 1명도 포함되어 있었다. 그날 달시는 크라이슬러 빌딩 41층에 있는 자기 사무실에서 탁 트인 전망을 감상하며 평소와 다름없는 하루를 시작하고 있었다. 그러나 순식간에 모든 것이 달라졌다.

달시는 첫 번째 비행기가 첫 번째 타워에 처박히고 곧바로 두 번째 비행기가 두 번째 타워로 돌진하여 2개의 건물이 무참하게 무너지던 광경을 꼼짝도 하지 않고 지켜보았다. 달시는 공포에 사로잡혀 움직일 수가 없었다. 절친한 친구가 세계 무역 센터에서 근무하고 있었다.

달시는 충격에 빠졌지만 곧 그 친구의 가족을 떠올리고 자신이 해야 할 일을 생각했다. 사건이 일어나기 며칠 전, 그는 친구와 그의 아내에게 생명보험 보험료를 납입하라고 일러준 적이 있었다. 달시는 본능적으로 자신의 가족이 무사한지 확인하기도 전에 친구의 집으로 전화를 걸었다. 친구의 부인이 전화를 받았다. 아직 보험료를 내지 않았다는 친구 부인의 말에, 달시는 그녀에게 수표를 써놓으면 자기가 최대한 빨리 가서 수표를 가져오겠다고 말했다.

친구의 집으로 찾아가겠다고 말은 했지만 실제로 거기까지 가는 일은 쉽지 않았다. 주택지구로 이동하려는 사람들이 골목골목에서 밀려나왔다. 42번가와 파크가의 교차로에서 달시는 그랜드 센트럴 역 입구 중에서 막히지 않은 곳을 찾아 가까스로 웨스트체스터행 기차를 탔다. 그가 곧장 친구의 집으로 달려갔을 때 친구의 아내와 그녀의 가족 그리고 그들의 친구들이 잔디밭에 있는 의자에 앉아 소식을 기다리고 있었다.

"그녀를 보자 한눈에 우리 둘 다 그가 죽었다는 사실을 알고 있음을 느꼈어요."

그는 북받치는 감정을 억누르며 친구의 부인에게 수표를 받아서 바로 페덱스로 달려가 그 수표를 부쳤다. 그러고 나서야 그는 비로소 자신을 기다리는 가족을 데리러 달려갔다.

달시는 집에 도착해서 정부가 모든 비행기의 이륙을 금지시켰다는 소식을 듣고 친구의 부인에게 다시 전화를 걸었다. 그는 그녀에게 수표는 발송했으나 만일을 위해 노스웨스턴 뮤추얼의 본사로도 돈을 송금해 보험료를 중복으로 지급해두라고 일렀다. 그러고는 남은 오후 내내 쌍둥이 빌딩과 그 근처에서 일하는 다른 고객들의 집으로 전화를 걸었다.

밀워키에서는 재난이 발생한 지 1시간 후에 상급 매니저 위원회가 소집되었다. 그날 아침까지만 해도 아무 문제 없던 1천 30억 달러 자산규모에 300만 명의 보험 가입자를 보유한 미국 최대의 개인 생명 보험사였다. 임원들은 보험 가입자들을 돕기 위한 계획을 상의했다. 위원회는 전쟁 면책조항(전쟁 등의 변란(變亂)에 의해 발생한 사고에 대해서는 보험금을 지급하지 않을 수 있다는 약관상 조항 - 옮긴이)을 주장하지 않기로 했고, 특별한 사유가 없다면 보험금을 지급하기로 결정했다. 사망확인서를 요구하는 대신 종래와는 다른 사망 증거도 인정하기로 했다.

위원회는 즉시 보험금 처리 부문에서 최고 경력자들을 모아 특별기동대SWAT를 구성하고 그들을 뉴욕과 워싱턴으로 파견하여 피해자들과 그 가족들에게 신속하게 보험금을 지급하도록 조치했다. 하루 만에 노스웨스턴 뮤추얼의 홈페이지를 수정하여 온라인으로도 쉽게 보험금 청구 양식을 작성할 수 있게 조치했다. 노스웨스턴 뮤추얼은 원칙대로 행동했고, 총 1억 2천 500만 달러의 보험금을 평균 5일이라는 최단 기간 내에 지급하였다.

CEO 에드워드 조어Edward J. Zore와 같이 보험업계에서 잔뼈가 굵은 사람조차도 직원들의 발빠른 업무 처리에 놀라움을 감추지 못했다. 조어는 참사가 발생한 후 언론에 짧게 이야기했다.

"우리는 어마어마한 보험금을 지불할 것입니다. 이것이 바로 우리가 해야 할 일이니까요. 우리는 옳은 일을 할 것입니다."

정직함은 돈으로 따질 수 없다

노스웨스턴 뮤추얼은 보험금 처리를 신속하게 진행하기 위해 임시로 보험금 처리 사무소를 세웠다. 이곳을 방문한 조어는 재정 컨설턴트들이 보험금을 청구하러 온 고객들에게 자부심과 목적 의식을 가지고 대하는 모습에 깊은 감명을 받았다.

"당시 컨설턴트들은 자기가 하고 있는 일이 그 어느 때보다 중요하다는 사실을 알고 있었죠. 컨설턴트들의 신념에 찬 목소리와 눈빛을 보면 알 수 있었습니다. 컨설턴트들은 마지못해서가 아니라 고객을 위해 더 열심히, 더 많이 뛰겠다는 결의를 다지고 헌신적인 모습을 보여주었지요. 그들과 함께 일했던 것은 제 인생에서 가장 감동적인 경험이었습니다. 그때만큼 우리 직원들이 자랑스러웠던 적이 없었고, 우리가 하는 일이 사람들에게 큰 도움이 된다는 사실을 깨닫게 되어 얼마나 뿌듯했는지 모릅니다."

9.11 참사 후, 노스웨스턴 재정 컨설턴트 대부분은 고객을 바라보는 시각과 고객에게 접근하는 방식 그리고 고객을 위해 일하는 태도가 완전히 달라졌다. 컨설턴트들은 사람들이 흔히 미루려는 까다로운 결정을 한시라도 빨리 내릴 수 있게 돕는 일이 얼마나 절실한지 새로이 알게 되었다.

숀 달시는 9.11 사태와 관련한 보험금 지급 업무를 담당하면서 보험 가입액으로는 생계를 유지하기 어려운 고객들이 있다는 사실을 알게 되었다. 그는 보험 가입자들이 충분한 보상을 받을 수 있도록 더욱 적극적으로 그들을 설득해야겠다고 결심했다.

엘리사 헥트도 이 말에 동의한다. 헥트 역시 친구들이 보험금을 충분히 받지 못하거나 늑장을 부리다가 결국 보험 계약을 하지 못했던 일에 안타까움을 느꼈던 경험이 있었기에, 고객에게 어떤 부분을 권유해야 하는지 잘 알게 되었다고 말했다.

"저는 이제 보험 계약을 하려는 분들에게 진심을 다해 제 경험을 말씀드릴 수 있어요."

노스웨스턴 뮤추얼 생명보험사는 9.11 테러로 사망한 고객의 이야기를 담은 비디오테이프를 제작했다. 달시와 헥트의 이야기도 그 비디오에 담겨 있다. 사람들은 회사의 오랜 전통에 따라 이메일 등을 통해 자신의 경험담을 다른 이들에게 들려주었다. 그들의 이야기를 통해 사람들의 인생을 보다 나은 삶으로 만들겠다는 직원들의 의지가 높아졌다. 컨설턴트들은 9.11 테러 사건이 일어난 후 자신의 이야기를 다른 사람들에게 들려주고 다른 이들의 이야기도 들어야 한다는 사실을 절실하게 느꼈다. 노스웨스턴 뮤추얼의 5가지 핵심 가치 중 첫 번째이자 가장 중요한 가치인 '보험 가입자들에게 좋은 일을 한다는 가치를 반드시 지켜야 한다.' 는 사실을 널리 알리기 위해 반드시 필요한 일이었다.

보험 가입자들을 도와야 한다는 메시지는 가까운 사람을 잃은 슬픔을 이겨내려고 노력하는 모든 이들에게 반복해서 전달되었다. 보험대리점 총괄 부대표인 빌 버클리는 사내 신문에 "우리가 고객을 위해 하는 일은 매우 고결하고 중요하다."라는 의견을 실어 재정 컨설턴트들에게 다시금 확신을 심어주었다.

필라델피아 출신인 데이비드 힐튼 주니어는 노스웨스턴 뮤추얼의 일간 온라인 뉴스레터에서 동료 컨설턴트들이 9.11 참사를 통해 절실함을 느끼기를 바라며 조언을 해주었다.

"보험에 가입하지 않은 가정이 겪을지도 모르는 경제적인 곤란을 있는 그대로 보여주어야 합니다."

기업 정보 담당 이사 마크 루시우스도 지적한다.

"세일즈처럼 내가 한 업무의 결과를 바로 확인해볼 수 있는 직업은 거의 없습니다. 사람을 일대일로 만나는 일에서나 가능한 일이죠. 여러 이야기들을 통해 알 수 있듯이, 컨설턴트들이 우리 회사가 추구하는 가치를 보험 가입자들에게 잘 설명할수록 그들도 우리 회사가 무슨 일을 하는지 잘 알게 됩니다.”

공식적으로 ‘이야기를 유지하고 관리하는’ 업무를 맡은 웨슬리는 사람들에게 회사의 특징과 가치를 상기시키는 짧은 이야기를 소중하게 여긴다. 웨슬리는 노스웨스턴 뮤추얼의 임원들이 모두 전 임직원을 둘러싼 조직 문화를 유지하기 위해 힘써야 한다고 강조한다.

“우리 회사의 조직 문화를 겪고 나면, 직원들은 헌신적인 태도로 일하며 쉽게 회사를 옮기지 않습니다. 147년 동안 이어져 내려온 가치 체계 덕분에 우리는 서로를 존중하지요. 이야기는 항상 회사 생활의 일부였고, 이런 조직 문화를 다들 자랑스러워합니다. 회사를 경영하는 데 스토리텔링을 활용하면 사람들의 관심을 끌 수 있어요. 이야기는 재미있고 사람들에게 힘을 줄 뿐만 아니라, 현실성도 높습니다. 게다가 회사 직원들 모두 한가족처럼 관심을 갖고 서로를 대하게 되지요.”

직원들이 자부심을 가지고 마치 종교에 빠진 듯 헌신적으로 일하는 덕분에 노스웨스턴 뮤추얼은 경쟁사보다 훨씬 앞선 위치를 차지하고 있다. 프레드 하먼, 게리 제이콥스, 프레더릭 하먼은 『결정적인 차이: 성공을 유지하는 기업들의 비밀 The Vital Difference: Unleashing the Powers of Sustained Corporate Success』에서 다음과 같이 설명했다.

“회사의 직원과 보험 계약 일선에 있는 보험 대리점 그리고 보험 가입자들 사이에 조화가 어우러져 있다. 마치 옳은 일을 하고 있다는 믿음을 갖고 굳은 결속력으로 다져진 화목한 가족 같다.”

책의 저자이자 편집자인 피터 드러커 Peter F. Drucker의 말에 따르면, 노스웨스턴 뮤추얼에서 가장 높이 살 점은 회사의 드높은 이상을 실제 업무에 반영하는 방식이다. 노스웨스턴 뮤추얼에서는 핵심 가치인 '보험 가입자에게 옳은 일을 하기'를 지키기 위해 상급자들이 부하 직원들에게 명령을 내리지 않는다. 모든 직원은 실제로 업무를 수행하면서 옳은 일을 하려면 어떻게 해야 할지에 집중하며 행동한다. 노스웨스턴 뮤추얼은 "종업원들이 회사가 추구하는 가치를 자신의 신념으로 내면화하는 곳이다."

조용한 회사는 이야기로 움직인다

직원들이 신념을 가지고 헌신적으로 일하는 이유는 회사가 정직함을 지켜왔기 때문이다. 1888년에 72단어로 쓴 최초의 회사강령에는 회사가 정직함을 지켜야 한다고 분명하게 언급하고 있다. 이 강령은 지금까지 단 한 번도 바뀐 적이 없으며, 이야기의 소재로도 많이 활용된다.

회사의 정직한 태도는 표준 약관에 의거하여 항공 면책이 포함된 보험 계약을 맺은 어느 파일럿 훈련생의 이야기에서 잘 드러난다. 항공 면책이란 보험 가입자가 파일럿이나 지상 근무자가 되기 위해 훈련을 받는 도중에 비행 사고로 사망하면 보험금을 지급하지 않는다는 약정 조항이다. 그 훈련생은 보험 계약을 맺은 지 3년이 채 지나기 전에 비행기 추락사고로 사망했다.

잔해에서 발견된 비행 기록에 따르면, 사고가 발생한 비행 훈련 도중에 그가 파일럿이 되기 위해 필요한 100시간의 비행 시간을 모두 이수한 것이 밝혀졌다. 그 훈련생이 항공 면책조항에서 벗어났다는 사실을 보험사에 직접 알린 것도 아니었으나, 노스웨스턴 뮤추얼은 보험금을 지급하였다.

노스웨스턴 뮤추얼에서 강조하는 광고 카피를 보면 회사가 추구하는 가치를 분명하게 알 수 있다. "조용한 회사는 정직, 건전한 재무 상태 그리고 장기적인 관계에만 관심을 두고 있습니다."

회사는 이러한 가치들을 지속적으로 지켜온 덕분에 괄목할 만한 성과를 달성할 수 있었다. 노스웨스턴 뮤추얼은 《포춘Forturne》 지가 선정한 '미국에서 가장 존경받는 기업'에 무려 20번이나 선정되었다. 또한 '보험업계에서 세계적으로 가장 존경받는 기업'으로도 4번 연속 이름이 올랐다.

부정부패와 거짓말과 사기를 일삼는 대기업들의 행태가 드러나 기업 윤리에 대한 대중의 신뢰가 무너지던 시기에도 노스웨스턴 뮤추얼은 스탠다드 앤 푸어스Standard&Poor's, 에이엠 베스트A.M. Best, 피치 레이팅스Fitch Ratings, 무디스Moody's와 같은 주요 평가 기관에서 최고 평점을 받았다. CEO 조어가 자랑스럽게 이렇게 말하는 것은 어쩌면 당연하다.

"우리 회사에서 근무하는 전 임직원은 도덕적으로 옳은 일을 하려고 노력합니다."

노스웨스턴 뮤추얼 생명보험사 등과 같은 회사들은 규제 환경이 다소 완화된 덕분에 보험업에만 제한되어 있던 업무 범위를 투자, 위탁매매, 신탁자문업으로까지 확장했다. 은행과 중개소, 보험회사에 이르는 실질적인 모든 금융회사가 향후 20년 이내에 나이 든 부모들이 자녀들에게 물려줄 것으로 예상되는 10~14조 달러 규모의 자금시장에 눈독을 들이고 있다.

이 같은 변화는 기회이다. 그러나 경영자가 회사의 가치와 새로운 목표를 조화롭게 아우르지 못하면 회사는 방향을 잃어버리고 직원들의 사기와 의욕은 꺾이고 만다. 조어와 노스웨스턴 뮤추얼의 경영진은 이러한 부분을 늘 염두에 두어 사업을 재편성하고 노스웨스턴의 이름으로 여러 가지 새로운 서비스를 제공했다. 그런 노력 덕분에 직원들의 높은 애사심은 한결같다. 조어는 다음과 같이 말한다.

"보험 가입자부터 회사 직원과 현장에서 뛰는 보험 설계사까지 모두가 같은 생각을 하고 있어요. 다들 우리 회사는 옳은 일을 하고 있다고 믿습니다. 우리 회사 직원 중에서 눈앞의 이익만을 좇거나 다른 사람의 몫을 빼앗으려는 사람은 없어요. 모두가 그저 최선을 다하여 훌륭한 제품과 서비스를 제공하려고 노력하지요. 이것이 바로 노스웨스턴 뮤추얼이라는 브랜드입니다."

디나 틸리히Deanna Tillisch는 노스웨스턴 뮤추얼의 이름을 걸고 새로운 사업에 진출하여 자리를 잡기까지 2년이란 시간이 걸렸다. 회사가 쌓아올린 성과를 무너뜨리고 싶지 않았기에 매우 신중하게 실행해나갔기 때문이다.

그 결과 수많은 회사를 인수했고 노스웨스턴 뮤추얼이라는 이름으로 계열사를 설립할 수 있었다. 새로운 사업 방식을 채택했지만 회사를 지탱하는 핵심적인 이야기는 회사를 설립했을 때와 거의 다름이 없다. 틸리히는 이렇게 말한다.

"우리는 전통을 지켜왔고, 그 전통을 기반으로 성장했습니다. 우리의 역대 CEO들은 회사 내부에서 선출되었기 때문에 회사 외부에서 일어나는 문제가 우리 회사의 골칫거리가 될 일은 없었지요."

테드 스트럽은 어떤 조직에서든 전해 내려오는 고유한 일화나 이야기가 사라져서는 안 된다고 생각한다.

"은퇴한 고위 임원들이 전기 작가들과 인터뷰를 하고 나면, 우리는 그들이 어떤 경험을 했는지 더욱 잘 알게 됩니다. 우리는 그 이야기들을 중요하게 여기지요. 또한 우리는 우리의 사업 방식을 아는 사람들이 회사에 오래 남아주기를 원하기 때문에 직원들의 장기 근무를 권장합니다. 우리는 직원들과 장기적인 관계를 맺고 있다는 사실을 보여주려 노력합니다. 그중 하나가 전통과 역사에 대해 이야기하는 것입니다. 이야기를 통해 직원들은 자신들이 과거로부터 배운 교훈을 소중히 여기는 조직에 속해 있다고 생각하고, 훌륭한 조직의 일원이 되었다는 사실에 만족감을 느끼지요. 사람과 이야기가 우리를 하나로 묶는 힘의 근원이 되고, 우리는 이 힘을 소중하게 여깁니다."

사람과 사람들의 이야기에 담긴 가치를 중시하는 노스웨스턴 뮤추얼 밀워키 본사에서 근무하는 4천 400명의 이직률은 놀라울 정도로 낮다. 20년 이상 근무한 사람은 1천 명이 넘고, 10년 이상 근무한 사람은 약 2천 명에 이른다. 그들의 축적된 경험은 회사의 경쟁력을 높인다. 틸리히는 다음과 같이 말했다.

"직원들은 회사를 떠나지 않습니다. 다만 매니저를 그만둘 뿐이지요. 그래서 우리는 직원들이 자율적인 권한을 가질 수 있는 환경, 그들이 업무를 처리하는 데 도움이 되는 환경을 만들려고 합니다."

2001년, 테러리스트들의 공격의 여파와 닷컴 기업의 몰락에 직면한 미국 전역의 회사들이 150만 명이 넘는 근로자들을 정리해고하고 복리후생 제도를 대폭 축소하던 때에도 노스웨스턴 뮤추얼은 직원들의 복지를 외면하지 않았다. 조용한 회사는 그런 행동을 하지 않는다.

조어가 이에 관해 설명을 덧붙였다.

"상호 회사(mutual company, 설립 및 재무 구조상 특정 주주 없이 보험 가입자가 회사의 주인이 되고 이들로 구성된 이사회가 경영의 주축이 되는 회사 - 옮긴이)의 성격 덕분에 우리는 특정 분기의 목표 이익을 맞추기 위해 회사의 근본 가치를 뒤엎을 필요가 없습니다. 주당 이익이나 주가에도 연연하지 않습니다. 사람들은 우리 회사를 순수한 상호 회사로 알고 있으며, 우리는 그 점을 아주 자랑스럽게 생각합니다."

조어는 풍부한 복리후생 제도도 도움이 되었다고 설명한다.

"다른 회사들이 의료 지원을 줄이는 동안 우리는 더욱 강화했지요."

복리후생 컨설팅 회사인 쿠쉬너 앤 컴퍼니에 따르면, 노스웨스턴 뮤추얼의 직원 연금은 보험업계의 상위권을 차지할 만큼 액수가 크다고 한다. 직원들의 복지를 존중한 결과에 대한 스트럽의 이야기를 들어보자.

"직원들의 생산성은 물론이고 업무 효율도 높아졌습니다. 게다가 문제를 지혜롭게 해결하지요. 직원들은 처음부터 옳은 일을 할 수 있습니다. 이런 것들이 바로 우리가 얻은 이익입니다. 우리는 이 결과를 중요하게 여기고 있어요. 이것이 바로 이야기의 효과를 측정하는 척도라고 생각합니다. 물론 이런 결과가 나온 원인이 이야기에만 있는 것은 아니지요."

이야기를 생산하는 회사

노스웨스턴 뮤추얼은 여러 해 동안 직원들이 업무를 훌륭하게 수행한 일화를 수집했으며, 이는 책을 낼 수 있을 만큼 분량이 상당하다. 재경부서에 근무하는 기획 전문가 존 필락은 사회 보장 사망기록과 퇴직한 근로자 명단처럼 '사라진' 보험 가입자를 찾는 데 도움이 될 만한 단서가 있는 곳은 어디든 추적한다. 그는 주로 오랫동안 회사와 연락이 없었던 75세 이상의 고객들을 추적하여 1년 평균 275명을 찾아낸다.

필락은 탐정 못지않은 능력을 발휘하여 어떤 97세의 보험 가입자의 행정 기록을 어렵사리 찾아냈다. 여러 번의 시행착오 끝에 필락은 중미 지역에 있는 아들의 주소를 찾아냈고, 아들은 여전히 그 주소지에 살고 있었다. 필락은 아들에게 아버지가 최근 미국에 있는 요양기관으로 들어갔다는 이야기를 들었다. 보험 가입자의 아들은 아버지의 의료보험으로 요양소의 비용을 충당할 수 있을 것이라는 사실에 뛸 듯이 기뻐했고, 보상 범위에 추후에 발생할 장례 비용도 포함된다는 사실에 안도의 숨을 내쉬었다.

노스웨스턴 뮤추얼은 사람들의 마음을 움직이는 이런 이야기들 덕분에 직원을 채용하는 데 큰 어려움을 겪지 않는다. 직원 채용은 재정 컨설턴트들의 최우선 과제다. 현재 7천 900여 명의 직원 수는 업계 최고 수준이며 더 이상 직원을 늘리지 않아도 될 정도다. 경쟁사에서는 《세일즈 앤 마케팅**Sales & Marketing**》지에서 줄곧 국내 최고라는 칭송을 받는 노스웨스턴 뮤추얼의 영업 사원을 스카우트하려 부단히 노력한다.

잠재고객의 문화적 배경이 다양해지면서, 이에 적절히 대응할 수 있는 유능한 직원을 채용하는 일은 점점 어려워지고 있다. 다문화 및 개발도상국 시장 부문의 부이사 바벳 오노레는 이렇게 말한다.

"고객들은 비슷한 수준의 지식과 능력을 갖춘 컨설턴트 중에서 자기와 동일한 문화적 배경을 가진 사람을 선호합니다. 편안하게 대할 수 있고, 이야기가 통하며 믿음이 가는 그런 사람 말이죠."

노스웨스턴 뮤추얼은 직원들의 문화적 배경을 다양화하기 위한 일환으로, 대학생 인턴, 아시아계 인디언, 아프리카계 미국인 그리고 여성들(현재 팀의 22%를 차지한다)에게 눈을 돌렸다. 사내 방송에서도 이런 계층에 속한 직원들의 뛰어난 성과를 들려줌으로써 다문화적 배경을 가진 직원들이 얼마나 우수한지를 알리고, 이런 직원들을 채용하려 노력한다.

일단 적합한 사람이 채용되어 회사에 대해 애정을 갖게 되면 그 직원은 고객들의 충성도를 이끌어낸다. 노스웨스턴 뮤추얼의 고객 중 업계 평균의 절반인 4%만이 다른 보험사로 옮겨갈 뿐 보험 가입자들은 대부분 40년 동안 노스웨스턴 뮤추얼과의 계약 관계를 유지한다. 조어는 다음과 같이 말한다.

"유지 비율이 높아 이탈 고객의 자리를 메우는 데에 비용을 쓰는 대신 보험 가입자들의 돈을 더 장기적으로 투자해줄 수 있어요. 이렇게 아낀 돈으로 보험료를 낮추거나 보험 계약을 권하는 영업 사원을 늘립니다. 테러리스트들의 공격을 겪고 나서 우리의 의무가 보험 가입자들을 돕는 것임을 새삼스럽게 다시 깨달았습니다. 더없이 중요한 일이고, 그 무엇보다 시급한 일이었지요."

조어는 9.11사태가 일어나기 몇 해 전에 이미 미리 대비하는 일의 중요성을 깨닫고 있었다. 그는 예방의 중요성을 알리기 위해, 2002년 초 회사에서 개최한 동부 지역 회의에서 자신이 죽다 살아났던 일화를 이야기했다.

이야기는 전기공이 조어의 별장에 보트용 전동 윈치(모터보트를 트레일러 위에 올릴 때 끈을 연결하여 감는 장치 - 옮긴이)를 설치하던 날의 일이다. 조어와 그의 부인 다이앤은 그들의 개 클라이드와 함께 호수 근처에서 놀이를 하고 있었다. 그런데 개가 막대를 입에 문 채 보트 창고 근처에서 사라지더니 돌아오지 않았다.

"다이앤은 소리를 쳤고 저는 개를 찾으러 호수로 뛰어들었지요. 클라이드는 수심이 60cm쯤 되는 곳의 호수 바깥으로 연결된 보트용 트레일러 위에 축 처져 있었어요. 클라이드를 잡으려고 손을 뻗자 클라이드처럼 저도 감전되어서 꼼짝도 할 수가 없었지요. 다이앤이 이쪽으로 와서 나를 잡으려 하더군요. 말이 거의 나오지 않았지만 나는 있는 힘껏 아내에게 나에게 손 대지 말라고 소리쳤습니다. 양손을 물 안에 넣은 채로 거기에 서 있었는데, 제 생명이 몸 밖으로 빠져나가는 게 느껴지더군요. 머리 끝에서부터 발 끝으로 말입니다."

공포에 질린 다이앤은 빗자루의 한쪽 끝으로 물 밖에 나와 있는 남편의 팔을 건드렸다. 그가 간신히 빗자루를 붙잡자 부인이 그를 호숫가로 끌어냈다. 다이앤이 회로차단기를 끄고 나서 두 사람은 클라이드를 물에서 건져냈다. 조어가 개에게 심장 마사지를 하는 동안 다이앤은 인공호흡으로 클라이드를 죽음에서 구해냈다.

"클라이드를 수의사에게 보인 후, 아내는 개가 죽지 않은 것이 기적이라고 말했습니다. 그러고는 저를 자세히 살펴보더니 이렇게 말하더군요. '클라이드는 이제 괜찮겠지만 당신 얼굴이 말이 아니에요.’ 그 말대로였습니다. 제 얼굴은 납빛이었고 초췌하기 그지없었지요. 하지만 결말은 행복했습니다. 클라이드는 사고 이후 조금 멍청해졌지만 여전히 우리와 잘 지내고, 여전히 훌륭한 사냥개랍니다. 그리고 사고 이후 한동안 비서가 제 필체가 좋아졌다고 칭찬했습니다. 금방 원래대로 돌아와버렸지만요!”

좀 더 진지한 이야기를 하자면, 그는 죽음의 문턱에 다녀온 후 가족을 위해서 지금보다 철저하게 대비를 해두어야겠다고 마음먹었다.

“필요한 만큼 보상받을 수 있도록 대비를 해두었습니다. 솔직히 필요한 정도의 5배는 더 보험에 들었을 거예요.”

노스웨스턴 뮤추얼이 추구하는 핵심 가치는 바로 정직, 건전한 재무 상태, 직원과 보험 가입자들에 대한 성실함이며, 더 나아가 고객의 삶을 바꾼다는 믿음이다. 조용한 회사의 CEO가 이 핵심 가치를 보여주는 모범 사례가 된다는 사실은 그리 놀랍지 않다.

이런 핵심 가치를 추구한 결과는 회사의 수익성에서 확연하게 드러난다. 과거 10년 동안 노스웨스턴 뮤추얼의 직원들은 온 힘을 다해 회사의 생명보험 계약을 2천 500억 달러에서 7천 500억 달러 이상으로 늘렸고, 연간 배당금도 2배 이상 증가했다. 2002년과 2003년에 보험료는 거의 오르지 않았지만 배당금은 최고치를 갱신했다. 경영 성과도 동종 업계의 기업들에 비하면 월등히 뛰어났다.

에드워드 조어는 향후의 성과는 더 좋아질 것이라고 전망한다. 디나 틸리히는 다음과 같이 설명한다.

“우리를 하나로 모으는 것은 사람들과 그들의 이야기에 담겨 있는 보이지 않는 가치예요. 우리는 어떤 제품을 생산하지는 않습니다. 하지만 우리는 진짜 사람들의 이야기를 생산합니다. 바로 우리 회사

가 우리의 직원, 보험 가입자, 현장에서 뛰는 보험설계사, 그리고 공
급자들에게 어떤 영향을 끼치는지를 보여주는 이야기들이지요. 우
리는 우리와 관련된 모든 이들의 기대에 부합하는 이야기를 생산하
려고 노력합니다."

노스웨스턴에 대해 더 알고 싶은 사람은 www.nwfm.com을 방문해보라.

FedEx

10. 페덱스 : 공격 · 이동 · 상황전달 그리고 콩을 배달하라

홀란트는 악천후의 날씨 속에서 오르막과 내리막을 걸어 고객의 집에 페덱스 익일배송 편지를 배달했다. 고객이 부탁한 콩 통조림도 빠뜨리지 않았다. 홀란트나 그의 동료들은 페덱스의 사명이 무엇인지, 그 사명을 달성하기 위해 무슨 일을 해야 할지 분명하게 알고 있으며, 그 사실에 의심을 품지 않는다. 그들은 스미스의 이야기를 듣고 의욕을 얻으며, 회사가 설립된 지 얼마 되지 않은 무렵의 이야기를 잘 알고 있다. 페덱스 직원들은 동료들이 이루어낸 영웅적인 업적에 대한 이야기를 계속해서 듣는다. "공격 · 이동 · 상황전달." 홀란트는 이 명령이 콩을 배달하라는 의미임을 이해했다.

대기업이든 직원이 5명뿐인 구멍가게든, 어떤 조직을 이끄는 모범적인 리더라면 반드시 갖추어야 할 조건이 있다. 리더는 회사의 목표를 모든 이해 관계자들에게 알려야 하고, 회사가 추구하는 사명을 이루기 위해 지도력을 발휘해야 하며, 목표를 달성하기 위해 끈기를 가지고 지속적으로 직원들에게 긍정적인 반응을 보여주며, 업무에 대한 보상을 실행해야 한다는 것이다.

페덱스사의 회장인 프레드 스미스Fred Smith는 이 모든 조건에 부합하는 리더이다. 만약에 그가 앞서 말한 조건들을 충족시키지 못하고, 직원들이 고객의 행복을 위해 노력하며 회사에서 일하게 할 수 있는 원동력이 무엇인지 몰랐다면 그는 지금과 같은 사업을 시작하지도 못했을 것이다. 프레드는 굳은 의지를 가지고 목표를 향해 전진하면서, 그의 충직한 대원들을 지휘하기 위해 베트남에 참전했을 때 해병대에서 배운 기술을 사용한다. 바로 '대화는 간단히', 즉 요점만 말하는 것이다. 여기에 스미스는 자신만의 특성을 살려 전달하려는 메시지를 이야기를 통해 전달한다. 이 방법은 페덱스의 조직문화에 온전히 흡수되어, 거의 모든 종업원이 스미스가 어떻게 사업을 시작했는지 이야기할 수 있을 정도가 되었다.

그는 예일에서 학사 학위를 취득한 후 베트남에서 13개월 동안 소총 소대를 지휘하는 중대장으로 복무했다. 그는 《하버드 비즈니스 리뷰Harvard Business Review》와의 토론 중에 인생을 살아가는 데 필요한 가장 훌륭한 조언을 들은 곳이 베트남이었다고 말한다. 그는 젊은 해병대 중위에게 위대한 군인 지도자들의 비법을 배웠다.

"딱 3가지만 기억하시면 됩니다. 공격·이동·상황 전달."

스미스는 기업 경영에서는 공격과 이동의 법칙을 '과감함'으로 해석했다. 그는 또 다른 군대 용어를 사용하여 보다 자세하게 설명한다.

"목표물을 골라서 전진하되, 적이 나를 쉽게 공격하도록 가만히 서 있으면 안 됩니다."

스미스는 상황전달을 다음과 같이 설명한다.

"리더가 종업원들을 적이 아닌 동지로 생각한다면, 자기를 따르는 사람들을 돌보는 최선의 방법이 설령 나쁜 소식일지라도 그들에게 진실을 알려주는 것임을 알게 됩니다."

스미스는 베트남에서 군 복무를 한 덕택에 일선에서 일하는 사람들의 사고 방식과 그 사람들이 무엇을 바라는지 알게 되었다. 그는 사람들이 어떤 조직에 들어갈 때, 단지 리더에게 몇 가지 간단한 질문에 대한 답을 듣기를 바란다는 사실을 깨달았다. "내게 기대하는 것이 무엇입니까? 내가 받을 보상은 어떤 것입니까? 문제가 생기면 누구에게 이야기합니까? 제가 잘하고 있습니까? 내가 하고 있는 일이 중요한 것입니까?" 그는 이런 질문에 성실하게 대답해주는 것이 경영자의 역할이라고 강조한다.

페덱스의 영웅들 이야기

1971년, '고객의 시간을 절약하기 위해 신속함을 생명으로 하는 사업을 한다면 성공할 수 있을까?' 에 골몰하던 끝에 스미스는 아칸소 주 리틀록에 페덱스를 설립했다. 그는 하버드 경영대학원 논문에서 잠시 언급했던 익일배달을 기본으로 하는 회사를 구상했다. 지도 교수는 그의 생각을 탐탁하지 않게 여겼으나 스미스는 포기하지 않았다.

스미스는 자신이 구상하는 운송 시스템을 완성하는 데에만 2년을 소요했다. 회사 초기에는 389명의 페덱스 직원들이 개인 소유의 차량과 임대한 소형 트럭 몇 대, 그리고 팔콘 제트기 14대로 미국 25개의 도시에서 화물을 수취하고 배달했다. 제록스^{Xerox}는 페덱스라는 회사가 도무지 미덥지 않아서 진짜 물건을 맡기기 전 빈 상자로 페덱스의 시스템을 시험했다고 한다. 결과는 합격이었다. 스미스는 지도 교수와 잠재고객의 의구심에도 불구하고 자신이 구상하던 사업이 허황되지 않음을 증명했다. 그는 이제 215개국에서 21만 8천 명 이상이 이용하고 하루에 거의 540만 건의 택배를 배달하는 지주회사의 회장이 되었다.

엘렌이라는 여성이 페덱스 홈페이지에 이런 글을 올렸다.

"스미스는 무수한 장애물에 부딪혔지만 절대로 포기하지 않았어요. 그가 해낸 일은 무한한 용기와 끈기 없이는 불가능하지요. 그는 가장 위대한 꿈을 가진 남자예요. 미국은 여러 선구자들 덕분에 위대한 나라가 되었고, 스미스도 그 가운데 한 명이에요."

기업 커뮤니케이션 부서 이사인 셜리 클락^{Shirlee Clark}은 기업의 리더는 같은 이야기라도 항상 새롭게 이야기한다고 지적한다.

"회사가 설립된 당시의 이야기는 여전히 구성원에게 영향을 줍니다. 우리는 같은 이야기를 가능한 한 자주, 조직 내 커뮤니케이션이나 연설 등 다양한 경로를 통해 들려줍니다. 사용할 수 있는 방법은 모두 사용합니다."

페덱스에서는 새로운 이니셔티브나 회의를 통해서 이야기를 알리고 홍보물과 운전 중에 들을 수 있는 카세트테이프도 사용한다. 뿐만 아니라 인트라넷이나 인터넷을 사용하는 TV 네트워크, 종업원들이 접속할 수 있는 홈페이지를 통해서도 이야기를 들려준다.

"우리는 각각의 실무 팀에 가장 적합한 방법을 찾아 메시지를 전달하려 노력합니다. 영업 사원들은 고위 임원들이 새로운 이니셔티브를 선언하거나 회사의 사업 진행 방향을 이야기해주기를 원합니다. 그래서 우리는 회사 홈페이지에 매일 새로운 정보를 공개하고 수요가 있는 시장에 대한 짧은 동영상을 올립니다. 왜냐하면 영업부 직원들이 이것이 가장 편리하고 효과적인 방법이라고 조언했기 때문이죠. 실제로 조사한 결과로도 그렇게 증명되었습니다."

이와 같은 행동은 페덱스를 이끄는 '공격·이동·상황전달' 이라는 마법의 주문을 실현하는 데 활용되는 일부분에 불과하다.

"일반적으로는 비디오나 인터넷 방송과 같은 방송 매체나 인쇄 매체 어디에서든 스토리텔링 기법을 사용하는 방법이 가장 효과가 좋습니다. 이야기를 활용하면 구체적으로 설명할 수 있으니까요. 우리의 조직 문화를 더욱 강조해주는 일화들이 가장 효과적입니다. 영웅적인 모습을 보여준 임직원들의 이야기는 전설로 남았지요. 이런 전설들은 마치 규범처럼 굳어졌고, 모든 사람들이 그 전설을 알고 있습니다."

클락의 호언장담에 의심이 가는 사람은, 페덱스 택배원 누군가에게 페덱스 초기 시절에 어떤 임원이 기름이 떨어진 회사 차량에 기름을 넣으려고 자신의 손목시계를 저당 잡힌 이야기에 대해 물어보고 나서야 수긍할지도 모르겠다. 그래도 의심이 풀리지 않는 사람이라면 그 직원에게 스스로 겪은 일화를 이야기해달라고 요구해보라.

실제로 어떤 여성이 자신이 사는 지역에 있는 페덱스 사무실 직원들을 대상으로 이야기를 나누는 페덱스의 조직 문화를 시험해본 적이 있다. 그 결과 모든 직원들이 각자 다른 이야기를 들려주었으며, 많은 이들이 회사에서 비디오테이프로 제작한 이야기들을 기억하고 있다는 사실을 알게 되었다.

UPS(United Parcel Service, 미국의 국제운송전문회사)가 파업을 해서 평소보다 택배물이 100만 건이나 더 들어온 날이었다. 직원들은 그 엄청난 택배를 처리하기 위해 최고 임원들이 골프 웨어를 입고, 두툼한 장갑을 끼고, 안전화를 신은 채 멤피스에 근무하는 다른 직원들과 함께 땀 흘려 일하던 일을 기억하고 있었다. 직원들은 페덱스가 일본의 시 월즈Sea Worlds에 있던 고래를 샌디에이고로 운송하여 운송업체들을 놀라게 한 일도 기억했다.

페덱스가 들려주는 이야기는 보라색 약속 상Purple Promise Award을 수상한 사람들의 이야기가 대부분이다. 보라색 약속 상은 회사와 지역 사회에 공헌하고 고객 서비스를 증진하기 위해 헌신적으로 행동한 직원들에게 수여하는 상으로, 상금도 굉장하다. 푸에르토리코에서 근무한 어떤 여자 배달원은 페덱스 배달 차량이 고장 나자 견인차 운전수에게 부탁해서 트럭을 견인한 채로 그날의 배달 분량을 모두 완수했다.

조 킨더도 보라색 약속 상을 수상했다. 킨더는 뉴욕 주 버팔로에서 배달을 가던 길에 어떤 부부가 러시아 비자가 도착하기를 기다리고 있다는 이야기를 들었다. 그 부부는 러시아에서 사내아이를 입양하려고 하는데, 며칠만 있으면 러시아에서 외국인들의 입양 일정이 마감될 예정이었다. 그런데 배달 착오로 부부에게 아직 비자가 배달

되지 않았다는 이야기를 들은 킨더는 잘못 배달된 택배를 끝까지 추적하여 자신의 배달 구역과는 한참 떨어진 곳에 사는 그 부부에게 직접 택배를 전해주었다.

　스티븐 스콧은 32도의 더위 때문에 페덱스 차량이 고장 나자 고객의 자전거를 빌려서 등에 택배물을 동여매고 15km가 넘는 콜로라도주 볼더의 언덕길을 자전거로 달려 제시간에 택배 배달을 마쳤다. 그는 자신의 일에 큰 자부심을 느끼며 상을 받았다. 몬태나에서 택배를 배달하던 타일러 퍼킨스도 마찬가지였다. 그는 고삐 없이 위험하게 길을 돌아다니던 말을 붙잡아 매어두어서 페덱스인의 자긍심을 드높였다. 드넓은 하늘의 땅(Big Sky Country, 몬태나 주의 별칭 - 옮긴이)에서는 사람들이 으레 말을 풀어놓는다. 퍼킨스는 자기가 모는 트럭에 자신의 이름과 주소를 써놓은 고삐를 싣고 다니다가 우리 밖에 있는 말을 발견하면 말에게 고삐를 씌우고 그 말을 나무나 기둥에 매어둔 다음 배달을 계속했다. 말의 주인은 항상 고삐를 우편으로 돌려주었고, 종종 감사의 편지도 함께 보냈다.

　페덱스는 인도주의자Humanitarian 수상자에 대한 이야기도 즐겨 말한다. 혼잡한 고속도로를 향해 무방비로 걸어가던 어린아이를 구한 직원이 이 상을 받았다. 뒷마당에 있는 수영장 물에 빠져 의식을 잃은 아이를 응급의료 서비스 담당자의 지시에 따라 소생시킨 영웅적인 택배원도 이 상을 받았다. 또 다른 수상자 에디 호이슬러는 페덱스에서 10년을 근무한 직원이었다. 그는 버지니아에서 98세의 할머니를 불난 집에서 구하려다 결국 실패하고 오히려 자기가 온몸의 45%에 2~3도 화상을 입었다. 힘겹고 기나긴 싸움 끝에 에디는 건강을 회복하고 다시 출근할 수 있었다. 그 지역의 경찰은 에디의 '의로

운' 행동을 칭찬하고, 그의 행동이 영원히 기억될 것이라는 내용의
편지를 회사로 보냈다.

브라보 줄루 상Bravo Zulu Award은 일반적으로 특정 프로젝트나 행사
와 연관하여 수여하는데, 진심을 다해 노력한 직원들에게 주는 상이
다. 이 상은 개인과 팀에게 수여되며, 동료들은 수상자들을 부러워
하고 수상자들은 상을 받은 것에 큰 자부심을 느낀다. 클락이 수상
자와 동료들의 심정에 대해 간단하게 설명했다.

"다들 수상자들이 느끼는 자부심을 함께 느끼는 것이지요."

페덱스가 이와 같이 정기적으로 '영웅'을 찾아서 상을 준 덕분에
페덱스의 직원 모두는 회사가 추구하는 사명이 무엇인지 확실하게
깨닫고 있다. 회장 프레드 스미스는 직원들이 해고되지 않을 정도로
만 일하기보다 회사의 사명을 달성하기 위해 최선을 다해 일하게 만
드는 것이 경영자의 또 다른 역할이라고 이야기한다.

"회사가 추구하는 목표와 가치를 지속적으로 강화하기 위해 우리
가 사용하는 가장 기본적인 제도가 직원들에 대한 보상입니다."

『초일류 서비스 기업의 조건Discovering the Soul of Service』을 쓴 레오나
드 베리는 스미스와 비슷한 의견을 내놓았는데, 대부분의 사람들은
선한 행동을 하고 싶어 하고, 그 행동에 대한 보상을 받고 싶어 한다
는 것이다.

신비의 주문을 이야기하라

페덱스는 모든 직원에게 충분한 급여를 주고 다양한 복리후생을

제공하는 것을 보상의 첫걸음으로 생각했다. 페덱스에서는 시급제 직원들도 대부분 정식 직원과 똑같은 복지 혜택을 받으며, 건강보험과 연금 혜택에서도 차별이 없다. 그리고 회사가 추구하는 가장 중요한 가치, 즉 양질의 고객 서비스를 제공하기 위해 최대 규모의 성과급을 지급한다. 하지만 금전적인 보상은 일부에 지나지 않는다.

페덱스의 또 다른 보상 방법은 구성원들에 대한 '끊임없는 존중'이다. CIO이며 총괄 부사장인 롭 카터는 페덱스의 직원들이 지금과 같은 성과를 낼 수 있는 근원은 바로 '존중'이라고 말한다.

당연한 이야기지만, 회사가 직원들을 존중하면 직원들의 애사심이 높아진다. 페덱스의 매니저 한 명이 회사 홈페이지에 이런 점을 지적하는 글을 올린 적이 있다. 그는 뛰어난 IT 기술을 보유한 덕에 언제든지 원하는 회사로 이직할 수 있지만 프레드 스미스가 몇 년간 가르쳐온 기본 원칙 때문에 페덱스에 남아 있다고 이야기했다. 그의 글은 다음과 같다.

"배달원부터 비행기 조종사, 전문 기술가에 이르기까지, 모든 임직원이 그 원칙에 따라 생활합니다. 그래서 아침마다 일어나서 회사로 출근하는 일이 무척이나 즐겁습니다. 페덱스에서 훌륭한 기술을 아주 많이 배웠지요. 그 기술은 업무에서만 쓸 수 있는 것이 아니라 개인 생활에도 큰 도움이 되었습니다. 리더십 프로그램에 참여하면서 내 안에 있던 리더로서의 능력을 자각하고 그 능력을 더욱 잘 발휘하게 되었습니다. 페덱스에서 겪은 경험 덕분에 직장생활은 물론이고 이번에 태어난 아들을 기르는 데에도 아주 큰 힘을 얻을 것 같습니다."

이직률이 낮다는 점도 회사가 잘 운영된다는 증거가 된다. 회사에 공석이 생기면 입사 지원자들이 가득 몰려온다. 페덱스는 직원을 채용할 때 고객들의 다양한 문화적 배경을 고려한다. 2003년에 전 종업원 중 40%가 소수민족 출신이었으며 이중 여성은 28%를 차지했다. 같은 해에 페덱스는 《포춘》 지의 '소수민족이 일하기 좋은 최고의 회사'로 선정되었다.

페덱스는 25년이 넘도록 정기적으로 종업원의 동기부여 수준을 측정해왔다(이론적인 측정 방법은 여러 가지가 있으나, 주로 목표를 달성하리라는 기대와 목표를 달성했을 때 얻을 것으로 예상하는 보상 등의 요소를 사용하여 측정함 - 옮긴이). 경영학에서 말하듯이, 측정할 수 있는 것은 관리할 수 있다. 스미스는 하버드 비즈니스 리뷰 토론 참석자들에게 이렇게 말했다.

"우리가 정말로 측정하는 것은 리더십입니다. 리더십이 부족해서 조직이 실패했다는 말은 보통 리더가 성공하기 위해 필요한 활동은 장려하지 못했고, 반대의 활동은 억제하지 못했다는 의미입니다. 만약 회사의 모든 종업원과 고객이 행복하다고 느낀다면, 이것이 바로 우리 회사의 리더십이 회사의 목표와 가치를 제대로 알리고 있으며, 종업원과 고객에게 적절한 보상을 주고 있다는 증거가 됩니다. 페덱스처럼 가치사슬이 회사의 외부에 있는 서비스업 회사로서는 대단한 경쟁력이지요."

모든 측정치에서 페덱스의 고객과 종업원의 행복 수준은 비슷하다. 페덱스는 세계적인 운송서비스와 전자상거래 및 공급사슬 관리 사업과 경영 서비스를 제공하는 최고의 기업이다. 2003년에는 전년 대비 9%나 상승한 225억 달러의 이익을 기록했다. 페덱스의 고객만족도는 최고 수준을 자랑한다. 인터넷으로 설문 조사를 벌이는 해리스 인터랙티브^{Harris Interactive}는 6만 명이 넘는 소비자를 대상으로 150개 회사의 제품에 대한 조사를 실시했다. 5가지 분야(감정적인 호소, 제품과 서비스, 재무적 성과, 목표와 리더십, 작업 환경, 사회 공헌)에 따라 각 제품들이 소비자들에게 얼마나 호감을 주는지를 알아보는 조사였다. 페덱스는 여기서 8위에 올랐다.

2003년에는 유나이티드 웨이^{United Way}가 선정하는 스피릿 오브 아메리카 상^{Spirit of America Award}을 수상하였고, 직전 해인 2002년에는 4개 분야 중 3개의 분야(종업원 지원, 기부금, 자원봉사 지원)에서 최고상^{Summit Award}을 수상했다(유나이티드 웨이에서는 매년 4가지 분야인 사회 공헌적 투자, 종업원 지원, 기부금, 자원봉사 지원에서 골고루 최고 수준의 역량을 발휘한 회사를 선정하여 스피릿 오브 아메리카 상을 수여하고, 각 분야에서 훌륭한 면모를 보인 회사를 선정하여 최고상을 수여함. 최고상은 한 회사가 3개까지 받을 수 있음 - 옮긴이).

많은 부문에서 수상의 영광을 누린다는 것 역시 회사가 경영을 잘하고 있다는 신호이다. 페덱스는 '최고의 기업' 과 '최고의 직원' 이라는 명칭이 들어간 전 세계의 상을 수없이 받았고, 《포브스》 지의 2003년 '미국 내 최고 기업 플래티넘 400' 에도 이름이 오른 적이 있다. 회사는 설립된 해부터 《포춘》 지의 '일하기 좋은 100대 기업' 에 연속해서 선정되었으며, '미국에서 가장 존경받는 기업' 에는 몇 년이나 계속해서 10위 안에 올랐다. 2003년에는 6개의 잡지에서 '세계 500대' 와 '세계에서 가장 존경받는' 이라는 명칭의 각종 수상 목록에 이름이 오른 덕분에 《포춘》 지의 '우량 기업' 으로 선정되기도 했다. 게다가 스미스는 2001년에 《포브스》 지에서 '최고의 CEO들' 에 선정되었다.

《포춘》의 100대 리스트에 오르는 기업들은 대부분 직원이 5만 명 미만이죠. 그러니 우리가 높은 순위를 차지했다는 사실이 더 대단하지 않겠어요?"라며 클락이 자랑스럽게 이야기한다.

잡지 《CFO》(Chief Financial Officer, 최고재무관리자)의 러스 반함은 익일배송이란 '(절대적인 관점과 긍정적인 관점에서 모두) 달성할 수 없는 공공의 목표를 바라는 꿈 같은 이야기'이며, '(사람, 서비스, 이익을 주장하는) 회사가 내부적으로 직원들을 격려하기 위해서 사용하기에는 칭찬할 만한 목표'라고 말한 적이 있다. 하지만 페덱스는 이제 실질적으로 미국 내의 모든 가정에 익일배송을 실현하고 있다. 페덱스의 익일배송에 의문을 가졌던 다른 사람들과 마찬가지로 러스 반함의 주장이 틀렸다는 사실이 입증된 것이다.

스미스는 페덱스만큼 인터넷과 실제 사업을 잘 연결한 기업이 없다고 주장한다. 페덱스는 실제 사업의 정보와 네트워크를 한데 묶고, 연간 약 15억 달러를 정교한 정보기술과 기술자들에게 투자하여 인터넷을 사업에 연계했다. 그 덕분에 페덱스의 고객은 이제 자동화된 거래를 통해서 하루에 200만 건 이상의 택배를 발송한다. 인터넷으로 주문된 택배와 그 외 수백만 건의 택배는 7만여 대의 차량과 643대의 비행선으로 운송된다.

세기말의 경기 침체가 오기 전부터 가트너 리서치는 전 세계의 B2B 거래(Business to Business, 기업 간 거래)가 2005년에 세계적으로 8조 5천 억 달러에 달할 것이라고 예상했다. 페덱스는 점점 커져가는 B2B 거래 시장에 전격적으로 뛰어들었다. 스미스는 "지시하면 지시를 따르든가 아니면 나가든가."라는 군인의 강령을 따라 사업을 이끌어왔고, 지금도 10%의 연간 매출 성장률을 달성하기 위해 고군분

투하고 있다.

그는 앞으로 훨씬 더 빠른 속도로 성장하는 페덱스의 미래를 마음 속에 그린다. 사업을 해오는 내내 스미스는 비행기에 타거나 사람을 처음 만나면 그들의 이야기를 들을 준비를 했다. 대개는 페덱스 직원이 그 사람의 시간을 절약해준 이야기를 듣고자 준비한다. 클락도 똑같은 만족감을 느낀다.

"우리는 21만 9천 명의 직원 모두에게 친근하고 혁신적이며 긍정적인 태도로 사람들을 도우라고 권장합니다. 우리는 우리가 무슨 사업을 하는지 똑똑히 알고 있으며, 고객들도 우리가 무슨 일을 하는지 정확하게 알지요."

게리 홀란트는 자신이 무슨 일을 하는지 확실히 알고 있다. 보라색 약속 상을 받은 적이 있는 그는 날씨가 험악해지자 배달을 하기 전, 테네시 주의 쿡빌에 사는 고객에게 전화를 걸었다. 그는 그 고객의 집에 가려면 꼭 지나가야 하는 절벽 옆 좁은 도로 상황에 대해 물어보았다. 고객은 가급적이면 운전은 하지 말라고 충고했다. 하지만 만약에 이곳으로 꼭 와야겠다면, 시장에서 콩 통조림 3개만 사다줄 수 있겠냐고 물었다. 홀란트는 악천후의 날씨 속에서 오르막과 내리막을 걸어 고객의 집에 페덱스 익일배송 편지를 배달했다. 고객이 부탁한 콩 통조림도 빠뜨리지 않았다.

홀란트나 그의 동료들은 페덱스의 사명이 무엇인지, 그 사명을 달성하기 위해 무슨 일을 해야 할지 분명하게 알고 있으며, 그 사실에 의심을 품지 않는다. 그들은 스미스의 이야기를 듣고 의욕을 얻으며, 회사가 설립된 지 얼마 되지 않은 무렵의 이야기를 잘 알고 있다. 페덱스 직원들은 동료들이 이루어낸 영웅적인 업적에 대한 이야기

를 계속해서 듣는다. "공격 · 이동 · 상황전달." 홀란트는 이 명령이
콩을 배달하라는 의미임을 이해했다.

페덱스 이야기를 더 알고 싶은 사람들은 www.fedex.com을 방문해보라.

WRQ

11. WRQ : 자전거를 타듯이

WRQ의 보고 방식을 통해 회사 전체에 스토리텔링은 더욱 강화된다. 주간 직원 회의에서는 최고위 임원들과 직원들이 자신들의 경험을 이야기하면, 회의록에 그 이야기들을 기록하고 회사 전체 회의록을 배부한다. 사례 연구도 보고서와 짧은 이야기 형식으로 작성해서 정기적으로 이메일로 공유한다. 예약 매출을 담당하는 엔지니어는 고객과 연락을 주고받은 내용을 모두 보고서로 작성해서 보관해야 한다. 그러면 동료들이 직접 그 이야기가 얼마나 재미있게 잘 짜였는지 점수를 매기는데, 이야기의 완성도가 높고 재미있을수록 높은 평가를 받는다.

소프트웨어를 만드는 회사의 연간보고서 표지에 자전거 타는 사람이 등장하리라 생각하는 사람은 거의 없을 것이다. 하지만 WRQ를 잘 아는 사람이라면, 그런 보고서를 보더라도 그리 놀라진 않을 것이다. 자전거를 탄 사람의 발을 클로즈업으로 찍은 사진 위에 짧은 이야기를 함께 수록한 연간보고서는 WRQ 조직 문화의 전형을 그대로 보여준다. 보고서의 표지에는 세계 정상급 자전거 선수와 회사를 비교하는 소개말을 수록했다.

"성공하는 사람들은 좋은 훈련을 받으며, 그 실력을 경기에서 입증한다. 그들에게는 승리를 향한 마르지 않는 갈망이 있다. 그 갈망은 자신감과 팀워크, 인내심 그리고 의무감에서 생겨난다. WRQ도 이와 같은 승리를 향한 갈망을 가지고 있다."

표지 안쪽에는 자유로운 옷차림을 한 회장의 사진과 인사말을 수록하여 표지에서 느껴지는 활동적인 분위기를 이어간다. 회장인 더그 워커Doug Walker는 정장을 차려입고 권위를 내세운 흔한 사진 대신, 밝은 노란색 자전거용 장비를 착용하고 활짝 웃으며 사진을 찍었다. 그의 이름과 직함 옆에는 다른 사원들과 WRQ를 설립한 해인 1981년부터 '매일 자전거를 탔음'이라는 설명도 있다. 대부분의 직원들처럼 그도 매일 자전거를 탄다.

"비율로 따지자면 REI(Recreational Equipment Inc., 미국의 아웃도어 용품을 판매하는 회사 - 옮긴이)보다 우리 회사에서 자전거를 타는 사람이 더 많지요."

워커는 WRQ의 격식에 매이지 않는 활동적인 조직 문화를 설명하면서 쾌활하게 웃는다. REI 이사회의 일원이기도 한 그는 자전거를 애용하는 이유가 WRQ는 시내에서 가깝기 때문에 교통이 편리한 반면, REI 본사는 교외 사업지구의 외곽에 있기 때문이라고 설명한다.

WRQ 본사의 직원들은 개인적인 용무가 생겨서 차를 써야 할 경우, 별도의 허락을 받지 않고도 워커의 자동차를 빌릴 수 있다. 워커는 웃으면서 이야기를 계속했다.

"제 차는 정말 싸구려예요. 라디오도 없어서 누가 자동차 계기판에다가 라디오 사진을 붙였지 뭡니까! 저는 차 열쇠에 주차 위치를 표시한 꼬리표를 달아서 제 사무실 문고리에다 걸어둡니다. 그러니 아무나 열쇠를 가져가서 몰면 그만이지요."

물론 워커의 차를 사용한 사람들은 마음껏 차를 빌려 쓰는 대가로 스스로 알아서 주유를 하고 정비를 맡겨야 한다.

이야기 속 주인공이 되라

WRQ의 수준 높은 팀워크와 주인 정신이 저절로 생겨난 것은 아니었다. 워커는 WRQ의 핵심 가치가 '팀워크'이며, 또한 개개인의 책임도 중요하다고 말한다. 이 두 가지 핵심 가치는 직원들이 오리엔테이션을 받는 순간부터 시작하여, 모든 강의마다 어떤 일을 하든지 업무나 고객 서비스를 개선하기 위해 자신이 맡은 일에 책임을 지는 것이 얼마나 중요한지를 거듭 강조한다. 미국 내 최대 규모의 비상장 소프트웨어 개발회사인 WRQ는 사람을 채용하는 과정부터 시작해 425명의 직원들에게 업무를 진행할 수 있는 최대한의 권한을 부여한다. 워커의 설명은 다음과 같다.

"사람을 대하는 방식에서도 중요한 가치를 찾을 수 있습니다. 우리는 채용 과정에 지원자들이 참여하게 합니다. 그러면 지원자들은 채용 결과에 어느 정도 책임감을 느낍니다. 우리 회사의 직원들은 이런 환경에서 상당히 강한 주인 의식을 갖게 되며 그 덕분에 헌신적으로 일합니다. 우리는 직원들에게 힘든 일도 많이 시키지만 독립적으로 일하도록 배려하며, 그들의 성과를 아낌없이 인정합니다. 우리 회사의 직원들은 직장 동료를 진심으로 아껴요. 서로 협력해서 만들어낸 결과를 자랑스러워합니다.”

WRQ 직원들의 강한 애사심은 다양한 형태로 드러나지만 열광적인 분위기 속에서 이야기를 나누는 과정에서 유독 두드러진다. 역사광인 워커는 회사가 추구하는 가치나 앞으로의 전망을 말하고자 할 때 역사적인 사건을 다룬 이야기를 들려주곤 한다. WRQ의 전 임직원이 야외 활동을 즐기기 때문에 최고의 위치에 있는 운동선수들 이야기도 많이 한다. 워커는 이렇게 주장한다.

“내가 기대하는 결과를 사람들에게 알려주려면 이야기를 해야 합니다. 일을 할 때 그냥 태도를 바꾸라고 해서는 소용이 없어요. 듣는 사람에게 딱 맞는 이야기를 들려주는 것이 그 사람의 행동을 바꾸는 요령입니다. 그러면 과연 이야기를 듣는 사람이 이야기의 주인공처럼 훌륭한 일을 해낼 수 있을까요? 그 사람들에게 그런 능력이 있을까요?”

CEO임에도 직원들과 허물없이 지내는 워커는 직원들에게 직장 동료의 이야기를 들려주는 편이 훨씬 효과적이라는 사실을 알고 있다. 직장 동료의 이야기에서 자신과의 연관성을 찾기가 훨씬 쉽기 때문이다. 그는 직원들에게 직장에서 어떤 일이 있었는지 들은 다음, 다른 직원들에게 그 이야기를 전해준다. 워커는 본사에서 열리는 주간 직원 회의나 전 세계의 직원들이 참석하는 연간 회의에서도 이런 이야기들을 들려준다.

회사의 핵심 가치를 보여주는 직원들의 이야기는 대부분 고객이 겪는 문제를 해결하기 위해 수고를 아끼지 않은 사람들의 이야기이다. 다른 직원들은 회사의 제품 덕분에 고객들의 정보기술 처리 과정이 얼마나 개선되었는지를 이야기한다. WRQ는 호스트 애플리케이션host application에 접속하거나 통합 관리하는 소프트웨어를 개발하는데,《포춘》지가 선정하는 500대 기업의 80%는 WRQ의 제품에 의존하여 일상 업무를 처리한다. 고객들이 사용하는 시스템은 무척이나 정교하기 때문에 WRQ는 고객의 문제를 처리하는 책임과 권한을 직원들에게 부여했다. 워커는 다음과 같이 말한다.

"고객 서비스는 일반적으로 서비스 대표자가 먼저 고객이 처한 문제가 어떤 것인지 설명하고 나서야 고객과 서비스 담당자를 연결해주지요. 곧 전화를 받는 사람이 매번 고객에게 문제가 무엇인지 설명해야 한다는 겁니다. 이것은 매우 힘든 일일 뿐만 아니라 시간낭비입니다. 장차 우리와 거래하려고 생각하는 고객들, 특히 규모가 큰 회사들은 이런 질문을 자주 합니다. '우리가 고객 서비스를 요청하면 몇 단계를 거쳐야 담당자와 연락이 될까요? 절차가 간단해서 시간이 많이 들지 않았으면 좋겠는데요.' 그러면 우리는 별도의 단계를 거치지 않고 전화를 받는 기술자가 곧바로 고객의 문제를 처리해준다고 이야기합니다. 사실 우리 회사는 기술지원 엔지니어들도 프로그램을 변경할 수 있는 권한이 있지만 다른 회사에서는 그런 경우가 거의 없지요. 우리는 잠재고객들에게 우리 회사의 고객지원 부서가 어떤 구조로 구성되어 있는지, 다른 대기업에 어떤 서비스를 제공하는지 설명합니다. 그리고 잠재고객들에게 확신을 심어주기 위해 관련 자료나 직원 유지 비율, 서비스 결과 등을 알려줍니다.”

WRQ에서는 작업 팀마다 생산 직원이 포함되어 있어서 각 팀에서 제작하는 제품에는 그 팀만의 이야기가 자연스럽게 만들어진다. 이와 같은 구조 덕분에 WRQ의 경영진은 별도로 스토리텔링 시스템을 관리하지 않아도 된다. 그러나 직원들의 이야기는 성과에 막대한 영향을 끼치기 때문에, 경영자는 작업 팀의 진행 방향을 수정할 때처럼 중요한 순간에만 관여한다. 워커는 직원들의 경험을 통해 다음과 같은 사실을 배웠다고 한다.

“직원들에게는 좋은 이야기가 필요합니다. 그렇지 않으면 매출이 감소하고 직원들의 열정도 사라져버리죠.”

자전거를 타듯 짜릿하게

워커가 말하는 이야기란 대부분 대단한 영향력을 행사한 직원들의 일화이다. 말하자면, 팀을 이끈 사람들이나 말없이 회사의 업무 방식을 형성한 사람들에 대한 이야기이다. 그는 직원들에게 승진에는 전혀 관심이 없었지만 끊임없이 엔지니어링 방법을 개선하는 데 몰두하던 어느 엔지니어의 이야기를 들려준 적이 있다. 그는 최근에 사용하고 있는 엔지니어링 방법을 모두 생각해냈고, 동료들의 무수한 추천을 받아 회사는 그가 제안한 수많은 아이디어를 채택했다.

고객에게 여러 종류의 제품을 설치해준 직원의 이야기도 있다. 어느 고객이 사소한 고장이 발생했다고 요청했을 때, 고장의 원인이 되는 제품이 무엇인지 분명하게 파악하기가 어려웠다. WRQ의 서비스 직원은 이내 고장의 원인이 다른 회사의 제품임을 알아냈다. 그럼에도 제조업체에 책임을 떠넘기는 대신 그는 2주 동안 문제의 프로그램을 객관적인 수준에서 만족할 수 있게끔 공들여 수정했다. 워커는 다음과 같이 말한다.

"우리는 항상 우리 회사의 베타 프로그램이 다른 회사의 정식 제품보다 더 낫다고 여겼습니다. 이 이야기는 전문가 의식을 가진 우리 직원이 높은 수준의 서비스를 제공하는 회사의 전통을 고수한 사례입니다."

고객들의 반응이 워커의 말을 증명한다. WRQ의 프로그램은 전 세계적으로 600만 명 이상이 사용하는데도 WRQ는 이 많은 고객들을 만족시키며 고객 서비스 등급 업계 1위를 차지했다. NFO 프로그노스틱스**NFO Prognostics**가 2002년에 실시한 조사 결과, WRQ의 고객 충성도 비율이 업계에서 가장 높았으며, WRQ 고객 가운데 74%가 WRQ의 제품을 그들의 회사 표준으로 삼겠다고 응답했다. 조사는 4개국에서 4천 500여 명의 응답자와 인터뷰를 거쳐 진행되었으며 그 중 500명 이상이 WRQ의 고객이었다.

WRQ의 보고 방식을 통해 회사 전체에 스토리텔링이 더욱 강화된다. 주간 직원 회의에서 최고위 임원들과 직원들이 자신들의 경험을 이야기하면, 회의록에 그 이야기들을 기록하고 회사 전체 회의록을 배부한다. 사례 연구도 보고서와 짧은 이야기 형식으로 작성해서 정기적으로 이메일로 공유한다. 예약 매출을 담당하는 엔지니어는 고객과 연락을 주고받은 내용을 모두 보고서로 작성해서 보관해야 한다. 그러면 동료들이 직접 그 이야기가 얼마나 재미있게 잘 짜였는지 점수를 매기는데, 이야기의 완성도가 높고 재미있을수록 높은 평가를 받는다.

영업 매니저는 팀원들이 훌륭하게 업무를 처리한 이야기들을 다른 회사 직원들에게 정기적으로 메일로 알려준다. 매출에 관여한 사람이 누구인지, 그 사람들이 어떤 업무를 담당했는지 자세하게 설명한다. 판매 사원들은 제품 설명회에서 WRQ의 제품의 유용성을 일일이 열거하기보다 고객과 상황이 비슷한 회사의 이야기를 들려주는 편이 훨씬 효과적이라는 사실을 안다. 자기와 비슷한 상황에 있는 직장 동료들의 이야기를 직원들이 훨씬 더 쉽게 이해하듯이, 잠재고객들도 그들과 같거나 비슷한 상황에 있는 다른 회사의 이야기를 들으면 WRQ의 제품을 더 쉽게 이해하게 된다.

WRQ의 팀워크 정신은 여가 시간에도 발휘된다. 등산을 좋아하는 30명가량의 본사 직원 모임을 예로 들어보자. 그들은 매년 1월이면, 해발 4천 390m의 레이니어 산에 오를 준비를 시작한다. 등산로를 정한 후에는, 여행을 떠나기 전에 몇 개월 동안 훈련을 한다. 등산 이외의 다른 취미를 가진 사람들도 함께 모여 여가생활을 즐긴다.

이러한 동료애는 WRQ가 1999년부터 2001년까지 3년 연속으로 《포춘》 지에서 선정한 '일하기 좋은 100대 기업'의 상위 30위 안에 선정될 수 있었던 이유 중 하나다. 더구나 이 해에는 어니스트 앤 영 Ernest&Young에서 발표한 2000년 최우수 기업가 상 위원회에서 워커가 '최고 기업가'로 선정되는 경사도 겹쳤다. 2003년에는 아메리칸 비즈니스 상 American Business Awards에서 '최고 기업' 부문의 최종 후보에 오르기도 했다.

워커는 WRQ가 소프트웨어 개발회사로서는 드물게 장수했으며,

IT 사업은 해가 바뀜에 따라 계속해서 변해왔다고 지적한다.

"예전에는 기술이 조직에서 지원적인 기능을 담당했지만 이제는 중심적인 기능을 맡고 있습니다. 그 기업의 고객들처럼 기업에 있는 모든 사람이 IT 고객인 셈이지요."

WRQ의 제품은 점점 늘어나는 소비자들의 요구에 응하기 위해 더욱 다양해졌으며 2002년의 매출액은 1억 달러에 근접했다. 물론 회사를 지탱하는 근본 철학은 설립되던 때와 다를 바가 없다. 그 근본은 바로 고객의 직위(IT 관리자), 회사의 경영 윤리(고객들에게 옳은 일을 하자) 그리고 WRQ의 제품(호스트 애플리케이션에 접속하고 통합 관리하는 프로그램)이다.

"우리 회사가 하는 일이 무엇이냐는 질문을 받으면, 저는 우리 회사의 연속성을 강조합니다. 우리는 20년 이상을 호스트 애플리케이션과 새롭게 개발되는 기술을 연관지어왔고, 고객의 요구에 부합하기 위해 우리의 제품과 서비스를 늘려왔지요. 우리 회사의 기술지원 직원들의 평균 근속 기간은 7년이 넘는데, 이는 업계 평균인 1년과 비교해보면 엄청난 기간입니다. 또 고객지원 담당자들의 이직률은 5%로, 업계 평균이 25~30%라는 점을 감안하면 자랑스러운 결과입니다. 회사 전체적으로도 이직률이 10%를 넘지 않습니다. 우리 회사는 최고급 제품을 판매하고 훌륭한 고객 서비스를 제공하기 위해 노력하는 헌신적인 직원들로 구성된 팀으로 이루어져 있습니다."

WRQ에서 일하는 것은 자전거를 타고 질주하는 것처럼 짜릿하다는 이야기도 들린다.

WRQ에 대해 더 알고 싶은 사람은 www.attachmate.com을 방문해보라.

Medtronic

12. 메드트로닉 : 아빠, 제가 오늘 한 생명을 구했어요

직원들이 가진 열정의 근원은 메드트로닉의 인공심장 박동기 덕분에 살게 된 어떤 남자가 몇 해 전 열린 연휴 행사에서 들려준 이야기에서 발견할 수 있다. 그의 아들은 메드트로닉에서 매니저로 일하지만 연구원이나 영업직원이 아니어서 환자나 의사와 만날 일이 많지 않았다. "아들이 메드트로닉에 들어간 지 얼마 되지 않은 때였죠. 하루 저녁은 집으로 전화를 했더군요. 몇 마디 잡담을 나눈 후에, 아들은 조용히 이렇게 말했습니다. '아버지, 오늘 제가 한 생명을 구했어요.'"

"제 인생은 끔찍했습니다."

게리 프라작은 이 말로 처음 말문을 열었다.

"내 나이 49세에 파킨슨병을 선고받았습니다. 얼마 안 가 저는 지팡이에 몸을 의지해야 간신히 일어설 수 있었고, 소위 '파킨슨 가면(얼굴에서 표정이 사라지는)'을 덮어쓴 노인처럼 보였습니다. 언젠가는 다리가 움직이지 않아 3시간 동안 공항에서 옴짝달싹하지 못한 적이 있었습니다. 내가 타야 할 비행기가 이륙하는 모습을 멍하니 보면서, 경련이 심한 이놈의 다리가 아무짝에도 쓸모가 없다는 사실을 새삼 깨달았습니다."

목소리가 갈라지자, 그는 잠시 말을 멈췄다.

"약을 엄청나게 투약하면 떨림 증상은 좀 진정되지만 약을 먹은 뒤 찾아오는 고통은 이루 다 말로 표현할 수 없었어요."

여러 해 동안 이 같은 모욕적인 상황을 겪은 후에야 마침내 의사가 그에게 한 줄기 희망을 제시했다. 뇌심부자극 장치를 몸에 이식하는 메드트로닉의 새로운 치료 방법을 알려준 것이다.

"수술을 받고 나니 10년 이상 저를 괴롭히던 증상이 호전되었습니다. 말 그대로 기적이었죠. 얼마 전, 그레이트데인(개의 한 품종 - 옮긴이)을 산책시키다가 마침 개를 데리고 나온 이웃과 마주쳐 이야기를 나누게 되었죠. 그는 예전에도 우리 개를 본 적이 있는데, 그때는 지팡이를 짚은 어느 노인이 개를 데리고 나왔었다고 기억하더군요. '그분은 아버님이셨나봐요.' 라고 그가 말했습니다."

이 잊을 수 없는 기억에 가슴이 먹먹해진 프라작은 잠시 이야기를 멈추고 마음을 가다듬었다. 그의 이야기를 듣는 사람 중에서 울지 않는 사람이 없었다. 프라작이 밝은 목소리로 다시 이야기를 계속했다.

"메드트로닉 덕분에 다시 웃게 되었습니다!"

매년 12월이면 메드트로닉은 연휴 행사를 개최한다. 여기에서 환자 6명과 그 환자의 주치의들이 프라작과 같이 병마와 싸워 이겨낸 이야기를 들려준다. 미니애폴리스 본사에서 근무하는 직원 1천여 명과 전 세계에서 실시간 중계로 방송을 보거나 행사를 녹화한 테이프를 시청하는 메드트로닉 직원 수천 명은 환자와 의사들의 감동적인 이야기를 들으며, 자신이 회사에서 일하는 의미를 되새긴다.

아트 콜린스**Art Collins**는 2002년에 메드트로닉의 경영진을 이끄는 회장 직으로 승진한 후, 2003년 이사회에서 다음과 같이 말했다.

"저는 월스트리트를 포함하여 회사 안팎으로 우리를 후원하는 사람들이 누구인지 잘 알고 있습니다. 우리 회사에서 가장 중요한 모임은 연간 회의나 애널리스트 회의가 아닙니다. 회사의 위대하고 근본이 되는 사명을 지키기 위해, 즉 다른 이들을 돕기 위해 모인 가족의 일원으로서 개최하는 연휴 모임이 가장 중요합니다."

영화 '프랑켄슈타인' 으로 시작되다

다른 이들을 돕는 일은 항상 메드트로닉의 기본이 되어왔다. 콜린스의 선배이기도 한 윌리엄 W. 조지**William W. George**는 미국경영학회에서 의료업뿐 아니라 모든 업종에 종사하는 구성원들이 가치 있는 일을 달성하기 위해서는 자신보다 더 큰 무엇에 속해야 한다고 청중들에게 말했다. 2001년 학회에서 '올해의 경영인' 으로 선정된 조지는 다음과 같이 말했다.

"회사가 흔들림이나 망설임 없이 지속적인 목적 의식을 심어준다면, 직원들은 회사의 사명을 온전히 자신의 것으로 받아들이고 고객을 위해서라면 어떤 노력도 마다하지 않을 것입니다. 하지만 이렇듯 의욕이 충만한 사람들로 가득한 조직을 형성하기란 무척 힘든 일이죠. 동기를 부여할 때는 반드시 업무 고유의 목적에 뿌리를 두어야 하며, 경영자나 컨설턴트들이 인위적으로 제안한 목적을 무분별하게 사용해서는 안 됩니다."

조지는 지난 25년 동안 회사가 전통적으로 옳다고 여겨지던 생각에 도전해왔다는 사실을 강조한다.

"이익만을 고려해서 나온 전략을 실행하는 회사들은 결국 실패하지요. 눈앞의 이익만을 좇아 회사가 오랫동안 지켜오던 가치나 사명을 저버리는, 마치 영혼을 팔아넘기는 일이나 다름없는 행동은 종업원들에게 쌓아온 신뢰를 단숨에 무너뜨리는 것이나 마찬가지입니다."

진정으로 위대한 조직은 전 세계 대부분의 기업들이 추구하는 가치(고객 서비스나 품질 관리, 그리고 사업을 정직하게 영위하고 종업원을 존중하며 사회에 공헌하는 일 등)를 조직 내의 모든 구성원들이 받아들이고 실천하며 그 가치를 보다 굳건하게 만듦으로써 장기적인 성공을 달성한다. 조지는 종업원들이 이런 원칙을 지키는 회사를 믿고 그 목적을 신뢰한다고 이야기한다.

얼 E. 바켄**Earl E. Bakken**은 메드트로닉의 공동설립자이자 명예회장으로, 2000년 연휴 행사에서 사회를 맡아 프라작과 그의 담당 의사를 소개했다. 그는 앞서 말한 위대한 조직을 만들기 위한 신념을 평생 실천해왔다. 1995년에 퇴직한 이후로 하와이에서 지내는 바켄은 유구한 전통을 자랑하는 이 행사의 사회를 맡기 위해 기꺼이 미니애폴리스로 날아온다.

"울음을 참기 힘든 탓에 행사를 완벽하게 진행하기가 어려워요."

프라작의 이야기가 끝나자 그가 솔직하게 말했다. 몇몇 종업원들은 행사 내내 눈물을 닦는 데 휴지를 얼마나 많이 썼는지를 살핀 후 행사가 얼마나 좋았는지를 평가하기도 한다.

프라작의 삶을 풍요롭게 만들기 위한 메드트로닉의 여정은 그가 태어나기 한참 전인 1920년대에, 당시 학생이었던 바켄이 '프랑켄슈타인'이라는 영화를 보면서 시작되었다. 생명이 없는 괴물의 몸에 전기를 흘려보내 움직이게 만드는 장면은 소년의 호기심을 자극했고, 덕분에 소년은 지하실에서 로봇을 조립하는 데 몰두하며 취미 생활을 즐겼다. 그는 커서 TV와 가전제품을 수리하는 직업을 택했다.

어느 날엔가 한 의사가 동네 병원의 수술실에 있는 의료 장비를 수리해달라고 부탁했다. 그러고 나서 그는 오래지 않아 이제는 고인이 된 처제의 남편인 파머 허먼슬리와 함께 밤낮으로 의료 장비를 개발하는 데 매달리게 된다. 두 사람은 1949년에 메드트로닉을 설립하고, 뒷마당에 있는 55㎡ 넓이의 차고에 터를 잡고 구식 난로와 여러 가지 장비를 들여왔다. 빌 게이츠가 마이크로소프트를 만든 전설이나 빌 휴렛과 데이브 패커드가 휴렛팩커드를 탄생시킨 전설과 비슷한 이야기이다.

1957년, 바켄은 세계 최초로 배터리로 전원을 공급하는 트랜지스터식 착용형 인공심장 박동기를 발명했다. 그 덕분에 바켄은 1984년 훌륭한 공학기술상Engineering for Gold Award을 수상했다. 미국전문공학사협회에서는 이 장치를 최근 50년 동안 제작된 10대 공학 발명품 중 하나로 꼽았다. 이후 바켄과 허먼슬리가 최초의 체내이식형 인공심장 박동기 설계자로부터 허가를 얻었다. 메드트로닉 기술자들은 심박기를 제조하여 판매하고 그 기술을 다른 의료 장비에도 적용하기 위해 밤낮으로 일했다. 하지만 보유 자금은 턱없이 모자랐고, 1960년에는 모든 돈이 바닥나고 말았다.

장차 근대 의료과학의 아버지가 될 바켄은 은행에 융자를 신청했지만 매몰차게 거절당했다. 가까운 조언자이자 친구인 톰 홀로란은 은행에서는 메드트로닉이 어떤 회사인지 전혀 모른다는 사실을 지적했다. 그 말을 들은 바켄은 곧장 집으로 가서 '메드트로닉의 사명'을 정리해 보여준 후 다시 융자를 신청하여 돈을 빌리는 데 성공했다. 바켄이 인공심장 박동기를 발명한 이후 무척이나 정교해진 전기 장치가 개발되기에 이르렀고, 그 덕분에 지구상의 환자 수백만 명이 새 삶을 얻었다.

메드트로닉은 전 세계에 3만 명의 직원을 두고 있으며, 2003년에는 76억 6천만 달러의 매출을 달성하며, 명실공히 재무 구조가 건실한 미국 40대 기업의 자리에 올랐다. 하지만 바켄이 메드트로닉의 사명을 쓴 이후 회사의 사명은 한 글자도 바뀌지 않았다. 콜린은 다음과 같이 이야기한다.

"우리는 고통을 줄이고 건강을 회복하며 인간의 생명을 연장하는 제품을 연구 · 설계 · 제조해서 판매하는 생명공학 기업입니다. 우리는 이 사실을 지속적으로 이야기합니다. 메드트로닉이 계속해서 사업을 번영시켜나갈 수 있게 하는 중요 핵심이죠."

사명은 숨 쉬는 곳 어디에나 있다

경영진은 메드트로닉이 생명공학을 선도하는 기업이라는 사명 외에, 매년 120개국 이상 수백만 명의 환자들이 메드트로닉의 의료 기술을 통해 치료받는다는 사실을 잊지 않는다. 환자들 가운데에는 미국 부통령 딕 체니와 연예인 제리 루이스도 있다. 7초마다, 세계 어딘가의 환자는 메드트로닉의 제품이나 치료 방법을 사용한다.

콜린스는 바켄이 회사의 업무와 사명 그리고 가치에 대한 직원들의 열정을 끌어내기 위해 이야기의 힘을 빌렸다는 사실을 전혀 의심하지 않았다. 이것이 바로 메드트로닉의 성공 비결이었다.

리더십 개발부서의 부대표 폴 에르달은 이렇게 지적한다.

"이야기는 조직 여기저기 퍼져서 직원들의 마음에 회사의 사명을 새겨넣지요."

21년간 장기 근속하고 있는 인사부 부대표 노장 딕 플레츠는 이야기로 메시지를 전달하는 메드트로닉의 문화를 가장 여실히 드러내는 모습이 바로 연휴 행사와 메달 수여식이라고 말한다.

새로 입사한 직원은 모두 이 수여식에 초대되며, 여기에서 CEO가 회사의 설립과 성장, 그리고 회사의 사명을 설명하고 메드트로닉이 설립 초기에 달성한 위업을 들려준다. 1년에 한 번, 얼 바켄은 메달 수여식에 참석하여 콜린스와 함께 자신의 이야기를 들려준다.

바켄이 인공심장 박동기를 개발하는 데 일조한 이야기가 하나 있다. 초기에 개발된 장치들은 콘센트에 플러그를 꽂아서 사용했고, 환자들은 이동할 때마다 커다란 인공심장 박동기 상자를 카트에 실어서 끌고 다니는 불편을 감수해야 했다. 어느 날 밤, 폭풍우 때문에 미네소타 대학병원에 정전이 되어 아기에게 달려 있던 인공심장 박동기가 그만 꺼져버렸다. 그 일로 화가 난 외과의사 한 명이 바켄에게 메드트로닉에서 보다 나은 제품을 개발할 수는 없느냐고 물었다. 바켄은 이 일을 계기로 휴대가 가능하면서도, 보다 신뢰할 만한 전기 인공심장 박동기를 개발하였다. 그 뒷이야기는 바켄이 쓴 책 『한 사람의 생애 One Man's Full Life』에서 읽을 수 있다.

메드트로닉 창립자는 1975년 미니애폴리스에 바켄 전시관을 설립하는 업적을 이루기도 했다. 이 전시관의 주제는 '생명에 사용되는 전기'로, 1만 1천 권의 희귀도서와 2천 500여 가지의 과학 기계가 전시되어 있다. 그중에는 '별종, 미치광이 과학자가 보여주는 상상과 현실!'이라는 제목의 전시물도 있다.

바켄과 콜린스처럼 총명한 리더는 회사가 성공하기 위해서는 직원들로 하여금 회사의 핵심 가치를 받아들이게 하고, 직원 개인의 힘으로 이룰 수 있는 것보다 더 원대한 목표를 제시해야 한다는 사실을 안다. 콜린스는 메달 수여식에서 이야기를 다 들려준 다음 각각의 직원들에게 동메달과 조그마한 트로피를 건네준다. 메달의 앞면에는 나사로(성경에 등장하는 인물로, 병으로 죽었다가 예수가 "나사로야 일어나라"라고 말하자 되살아난 남자 - 옮긴이)처럼 생긴 사람이 누워 있다가 일어나는 형상의 메드트로닉 로고가 새겨져 있고, 주변에 이런 글자가 쓰여 있다. "생명 연장을 위한 의학기술."

바켄은 신입사원들에게 종종 다음과 같이 말한다.

"일하면서 좌절할 때가 많을 거예요. 그럴 때는 받은 메달을 보고 '일어나는 사람'이 무엇을 상징하는지 생각해보세요. 우리는 개인적인 부를 쌓거나 회사의 이익을 높인다는 목적만으로 일하는 것이 아닙니다. 사람들이 더 나은 삶을 살 수 있도록 돕기 위해 일하는 것입니다."

그의 후계자 역시 그의 가치관과 경영 방식을 그대로 물려받았다. 메드트로닉은 1998년과 1999년에 5건의 대규모 합병을 완료하였고, 그 결과 일본, 인도, 남아프리카와 사실상 모든 유럽 국가 그리고 미국 여러 지역에서 9천여 명이 새로운 메드트로닉의 일원이 되었다. 바켄과 조지 그리고 콜린스는 이들을 위해 개인적으로 메달 수여식을 열었다. 어떤 지역에서는 수상자가 너무 많아 한밤중까지 2~3번에 걸쳐 수여식을 진행해야 했다. 콜린스는 말한다.

"저는 직원이 많든 적든 간에 그들에게 개인적인 경험을 들려줌으로써 우리가 사람들의 삶을 되찾아준다는 사실을 설명합니다. 우리 회사의 장치를 이식받으려는 환자들을 수술하기 위해 떨리는 심정으로 수술 전 손을 깨끗하게 소독하던 때가 잊혀지지 않습니다. 나중에 우리 장치가 그들에게 얼마나 큰 도움이 되었는지에 대해 들을 수 있었지요. 모르는 사람이 찾아와서 우리 제품에 대한 감사의 표시를 한 적도 있습니다. 어떤 CEO는 회의에서 자기 소개를 할 때 우리 회사의 인슐린 펌프를 사용한다고 이야기하더군요. 그 덕분에 인생이 바뀌었다면서요. 나는 이런 이야기를 직원들에게 들려줍니다. 메드트로닉의 진정한 힘은 경영을 하는 몇몇 임원들에게 있는 것이 아니라, 사명을 지키겠다는 신념으로 가득 찬 3만 명의 직원들에게 있습니다. 궁극적으로는 의사와 환자를 돕는 이야기가 메드트로닉을 지탱하는 힘이 되겠죠."

연휴 행사와 메달 수여식 외에도, 스토리텔링 기법은 여러 면에서 중요한 의사소통 기능을 담당한다. 회사가 소장하고 있는 미술 작품과 연간보고서는 환자와 그들의 이야기를 담아낸다. 직원들은 새로운 삶을 얻은 사람들의 사진과 이야기를 보고 들으며 메드트로닉에서 일한다는 사실에 자부심을 느낀다. 에르달이 다음과 같이 말한다. "사명은 우리가 숨 쉬는 곳 어디에나 있습니다."

고객의 이야기를 들어라

메드트로닉에서는 임원들이 직원들과 사업을 위해 내린 결정의 의미를 명확하게 알리기 위해 부사장과 상급 매니저 중에서 일부를 선정하여 일주일 동안 강의를 진행한다. 메드트로닉 고위 경영진들을 위해 마련된 이 강의에서는 회사의 가치와 윤리, 사명을 중점적으로 가르침으로써 회사에 위기가 닥치더라도 지탱할 수 있는 메드트로닉의 원칙을 지켜나간다.

강의가 시작된 지 얼마 되지 않았을 때의 일화는 아직까지 전설처럼 전해진다. 바켄이 정책 규정을 족쇄처럼 발에 매단 채 강의실로 들어온 일이다. 그는 그 두껍고 무거운 책을 난로 앞으로 겨우 끌고 가서는 하나씩 난로 속에 집어넣어 버렸다! 바켄은 이 사건을 통해 관료적인 형식주의는 일처리를 더디게 할 수 있다는 교훈을 가르쳤다. 직원들은 그 이야기를 몇 년 동안이나 되풀이하곤 했다.

임원 및 매니저 승진 대상자 20~25명은 일주일 동안 윤리와 사례 연구, 기타 리더십에 관한 쟁점을 토론하는 메드트로닉 리더 프로그램에 참여하여 성 토마스 대학의 윤리 전문가가 들려주는 이야기를 듣는다. 개개인의 삶의 목적을 기반으로 한 리더십은 회사에서 가장 최고로 여기는 가치이다. 참여자는 수업 기간 중 이틀을 할애해 자신의 정체성이 무엇인지, 그것이 회사의 사명과 잘 부합하고 있는지 고찰하는 시간을 갖는다. 프로그램에 참여한 사람들은 각자 자신의 이야기를 바탕으로 결과문을 작성한 다음, 그 글을 서로 돌려가며 읽는다. 자신이 쓴 이야기를 가족에게 보여주거나, 세미나에 참석하지 않은 다른 직원들에게 보여주는 사람도 있다.

인사부 사원인 재키 다미는 회사 내에 퍼져 있는 많은 이야기가 영업 부서원들의 남다른 직업 정신을 보여준다고 말한다. 예를 들면, 메드트로닉 판매 사원들은 한밤중에라도 의사가 도움을 요청하면 몇 백 킬로미터를 운전해 인공심장 박동기를 배달해준다. 회사에서 일어나는 이런 극적인 이야기들이 아무 계획 없이 직원들에게 알려지는 것은 아니다. 경영자들은 이 이야기들이 전 세계의 지사에 분명하게 전달되었다는 사실을 확인한다. 콜린은 다음과 같이 말한다.

"'내가 은퇴할 때쯤 세상이 얼마나 많이 바뀌었을까?' 라는 생각을 자주 하는데, 그럴 때마다 직원들에게 해줄 이야기가 조금씩 떠오르지요. 제 사무실에 흔들의자를 하나 들여놓았는데, 은퇴한 다음에는 저 흔들의자에 앉아서 손자들에게 어떤 이야기를 들려주게 될지를 종종 생각해보곤 합니다. 손자들이 저에게 어떤 일을 했었느냐고 물어보면, 주당 이익이 높은 회사를 경영했다는 식으로 재미없게 말하지는 않을 거예요."

바켄은 겉으로 드러나지 않더라도 회사의 모든 임직원, 특히 경영자들의 머릿속에는 고객이 최우선이라는 생각이 각인되어 있어야 한다고 주장했다. 그는 아직까지 메드트로닉 경영자 교육 교재로 사용되는 그의 저서 『리더십에 대한 고찰Reflections on Leadership』에서 다음과 같이 말한다.

"더군다나 (리더가) 하루 종일 회의에 참석하고, 전략을 구상하고 실행하며, 머릿속에 그리는 이상을 실현하기 위해 바쁘게 일한다면 고객이 우선이라는 생각은 금방 잊어버리기 쉽습니다. 그러나 그 생각이 가장 중요합니다. 직책에 관계없이 우리의 업무는 모두 궁극적으로 매출을 올리기 위한 것입니다. 회사 임직원들의 말투, 전화를 받는 태도, 고객들을 친근하게 대하는 자세, 심지어는 회사 건물의 생김새까지도 모두 매출과 직결됩니다. 신입사원들은 반드시 이러한 감각을 몸에 익혀야 하고, 오랫동안 일한 노련한 직원들은 정기적으로 이 감각을 일깨워야 합니다."

바켄은 이와 관련해 실제 사례를 보여준다. 그는 명함 크기의 카드를 들고 다니면서 의사들의 소망과 가족사항, 관심거리, 취미와 같은 개인 신상정보를 적은 다음 카드 내용을 컴퓨터에 입력해둔다. 그리고 그 의사에게 연락할 경우가 생기면 입력해둔 정보를 미리 살펴본다. 바켄은 책에서 다음과 같이 설명했다.

"모든 회사의 모든 고객이 다 중요하겠지만 메드트로닉의 고객(의사)은 특별히 더 중요합니다. 그들은(의사들은) 뛰어난 지성을 지니고 매우 어려운 교육을 받은 사람들로서, 그들의 기술적 전문성과 경험에 따라 환자의 생명이 좌우됩니다. 의사들은 일분일초를 소중하게 여기며, 영업 사원에 대한 인내심도 그리 강하지 않습니다. 의사들은 독립적이며 자부심이 강하기 때문에, 자기에게 신경을 써주지 않거나 무시당하거나 하릴없이 기다리게 하는 일을 결코 좋아하지 않습니다."

바켄은 메드트로닉의 경영진에게 의사가 전화를 걸어오면 이렇게 하라고 충고한다.

"비서들에게 여러분이 어떤 일을 하는 중이더라도 전화가 왔다는 말을 반드시 전해달라고 해두는 편이 좋아요. 여러분을 위해서가 아니라 의사를 위해서 말입니다."

바켄은 최근에 개발한 프로젝트 이야기를 하고 싶어서 안달이 난 엔지니어의 사례를 들어 직원이 고객의 이야기를 듣지 않았을 때 회사가 입는 피해를 설명한다. 그 엔지니어는 샐러드가 나올 때부터 시작해 커피와 디저트를 먹을 때까지 줄곧 의사의 귀에 대고 자기 이야기만 계속했다. 그날 저녁식사를 마칠 때까지 엔지니어는 의사를 만나기 전 자신에게 필요한 소양이 무엇인지 깨닫지 못했다. 말할 필요도 없이, 그는 제품을 판매하지 못했다.

고객의 이야기를 듣는 것이 가장 중요하다. 터무니없는 공상에 사로잡힌 사람이 세상을 떠들썩하게 만들 혁신적인 아이디어를 내놓을 수 있게 이끄는 일도 마찬가지이다. 어떤 사람을 설명할 때 그에 대해 냉소적이다, 논쟁을 좋아한다, 시끄럽다, 비협조적이다, 비사교적이다, 골칫덩어리라고 하면 듣는 이는 그가 상당히 문제가 있다고 생각할 것이다. 하지만 창의력이 뛰어난 사람이나 독창적인 엔지니어, 혹은 유능한 과학자나 원대한 꿈을 가진 사람들에게도 이런 수식어가 붙을 수 있다. 이런 사람들이 후세에 길이 남을 무엇인가를 창조해낸다.

대단한 능력을 가진 별종들은 동료들의 사기나 업무의 효율을 떨어뜨리기도 하므로, 대부분의 경영자들은 상황을 자세하게 파악하지 않고 그들을 회사에서 내쫓아버린다. 하지만 바켄은 이것이 아주 큰 실수라고 지적하며, 그의 저서에서 그 이유를 다음과 같이 설명했다.

"그런 사람들이 바로 경쟁사보다 앞서기 위해 필요한 인재들일 수 있기 때문입니다."

유능한 리더는 규범을 따르지 않는 사람들을 무조건 통제하려 들지도 않지만 그들이 지나치게 제멋대로 굴도록 내버려두지도 않는다고 그는 덧붙였다.

"경영자라면 그것이 극단적이거나 급진적이더라도 반드시 새로운 아이디어를 이야기하고 검토할 수 있는 분위기를 형성하고 유지해야 합니다. 고집 센 사람들을 다루려면 상상력과 인내심을 발휘해야 합니다. 유능한 경영자들은 좀처럼 이야기를 듣기 힘들거나 불쾌한 상황이더라도 그의 이야기에 귀를 기울입니다."

딕 플레츠 역시 직원들을 믿고 그들에게 자유를 주어야 한다는 의견에 적극적으로 찬성한다.

"한 소규모 작업 팀에서 어떤 아이디어를 냈는데, 승인을 받지 못했어요. 하지만 그 팀은 그 아이디어를 포기하지 않았고, 지금은 그 아이디어가 우리 회사의 주력 사업 중 일부가 되었지요. 어떤 직원은 회사가 개발을 중단한 제품에 매달려 혼자서 개발을 계속 진행했습니다. 지금 그 제품은 회사에서 제일 잘나간답니다. 이런 일을 용인해주는 회사가 얼마나 많을지는 저도 잘 모르겠군요."

아빠, 제가 사람을 살렸어요

메드트로닉은 이제 만성적인 질병을 앓는 환자의 삶을 개선하려는 의사들을 돕는 회사로 성장했다. 생명을 위협하는 어려운 문제를 해결하고, 건강을 증진시키고, 생명을 연장하며, 고통을 줄이는 데 도움이 되는 제품과 치료법을 제공하게 된 것이다. 처음에는 심장병 치료제만을 개발했지만 이제는 심장혈관이나 신경과 문제, 당뇨병, 척추 수술, 이비인후과, 안과 등에서 필요한 치료제도 개발한다. 메드트로닉이 앞으로 살리게 될 생명의 숫자는 상상조차 할 수 없을 정도이다.

회사가 발빠르게 시장의 변화에 대응하고 진보된 기술을 지속적으로 받아들인다는 사실은, 5년마다 조직을 재편해야 한다는 의미도 함축하고 있다. 그러나 이야기를 통해 정기적으로 회사의 사명과 핵심 가치를 강화하고 있어, 직원들이 잘못된 길로 빠져든 적은 단 한 번도 없다. 세상에 도움이 되겠다는 열망을 바탕으로 끊임없이 배우고 발견하려는 자세, 지속적인 혁신을 이루려는 열정, 업계 최고 품질의 제품을 생산하고 최상의 서비스를 제공하겠다는 직원들의 다짐은 변한 적이 없다. 이야기를 사용한 결과는 고객과 메드트로닉과 관계가 있는 회사들 그리고 직원들의 반응으로 충분히 알 수 있다.

1998년과 2000년 사이에 기업을 인수하고 사업을 확장한 결과 메드트로닉의 직원 수는 2배가 되었다. 직원 설문조사는 2년마다 실시되며, 가장 최근의 결과를 보면 전 직원의 약 80%가 변함없이 회사의 사명을 긍정적으로 생각한다고 응답했다. "나의 업무는 메드트로닉의 사명과 관계가 있다."라는 말에 92%가 긍정적으로 응답했고, "나는 회사의 사명을 잘 이해하고 있다."는 데 동의한 사람은 93%에 달한다. "메드트로닉의 사명은 나의 가치관에 부합한다."라는 말에 "그렇다."라고 대답한 사람은 87%였으며, 86%는 사람들에게 자신이 메드트로닉의 직원임이 몹시 자랑스럽다고 응답했다. 콜린은 여기에 대해 다음과 같이 말한다.

"직원들의 이러한 이해와 지지를 당연하게 받아들여서는 안 됩니다. 사명에 대해 계속 이야기를 하고, 질문을 받고, 우리의 사명이 정당한 것인지 항상 의심해야 합니다. 엔론 사태(Enron Enviroment, 미국 7대 기업에 속하던 에너지 회사인 엔론이 수백 억 달러의 빚을 안고 파산한 사건 - 옮긴이)가 벌어진 이후 회사의 스캔들이 계속 불거지는 요즘 같은 시기에는 더욱 이런 노력이 필요하지요."

콜린은 앞서 말한 노력을 계속하면 회사는 장기적인 이익을 내는 것으로 보상을 받고 경제 침체기에도 피해가 적어진다고 말한다. 2003년까지 18년 연속으로 메드트로닉의 이익과 매출이 증가하였으며, 그러한 공로의 20%는 신제품에 의한 것이었다. 회사가 혁신을 추구한 결과 현재 매출의 거의 3분의 2가 최근 2년 사이에 출시된 제품에서 발생했다.

회사가 장기간에 걸쳐 우수한 성과를 낸 덕분에, 진 왈덴Gene Walden 은 『미국에서 사야 할 6대 주식Best Stocks to Won in America』의 여섯 번째 개정판에서 메드트로닉의 주식을 1위로 선정했다. 《포브스》 지는 매출액과 이익 모두에서 눈에 띄는 성장을 보인 메드트로닉을 '플래티넘 400대 기업' 의 하나로 선정하였다. 《포춘》 지의 편집자들이 메드트로닉을 7년 연속으로 '미국의 가장 존경받는 기업' 으로 선정하고, 6년 연속 업계 최고 기업으로 순위를 매겼다는 사실은 잘 드러나지는 않지만 상당히 중요한 부분이다. 《포춘》 지는 2004년 초에 메드트로닉을 '일하기 좋은 100대 기업' 중 여섯 번째로 이름을 올렸으며, 이 순위는 이후 7년간 지속되었다.

메드트로닉은 《세일즈 앤 마케팅 매니지먼트Sales & Marketing Management》에서 미국에서 '최고의 조직 문화를 가진 기업'으로 선정되었고, 《비즈니스 에틱스Business Ethics》지의 편집자들은 매년 미국 내에서 '사회적 공헌을 많이 하는 100대 기업'에 메드트로닉을 포함시킨다. 메드트로닉은 《포브스》지가 매출, 이익, 자본수익률, 주가 수익률, 이익 예측치를 근거로 하여 세계의 400대 대기업을 선정하는 에이 리스트A-List에도 올랐다. 해마다 매출, 이익성장률, 자본수익률, 배당률에 근거하여 경영 성과가 좋은 50대 기업을 선정하는 《비즈니스 위크Business Week》의 2003년 리스트에서는 21위를 차지했다.

이 같은 수상 경력들이 메드트로닉의 경영자들과 주주들을 감동시킨 것은 말할 것도 없지만 이것이 직원들이 사명을 갖고 일하는 진짜 이유는 아니다. 직원들이 가진 열정의 근원은 메드트로닉의 인공심장 박동기 덕분에 살게 된 어떤 남자가 몇 해 전 열린 연휴 행사에서 들려준 이야기에서 발견할 수 있다. 그의 아들은 메드트로닉에서 매니저로 일하지만 연구원이나 영업 직원이 아니어서 환자나 의사와 만날 일이 많지 않았다.

"아들이 메드트로닉에 들어간 지 얼마 되지 않은 때였죠. 하루 저녁은 집으로 전화를 했더군요. 몇 마디 잡담을 나눈 후에, 아들은 조용히 이렇게 말했습니다. '아버지, 오늘 제가 한 생명을 구했어요.'"

메드트로닉에 대해 더 알고 싶은 사람은 www.medtronic.com을 방문해보라.

Southwest Airlines

13. 사우스웨스트 항공 :
즐거움과 이익으로 향하는 직항노선

한번은 비행기가 공항 활주로에서 게이트까지 지상에서 이동하는 동안, 승무원은 승객들에게 좌석에 앉아 있으라면서 이렇게 주의를 주었다. "저희 기장님이 비행기 조종은 잘하시지만 운전하는 건 좀 서투시거든요." 또 운전 중에 기체가 조금 흔들리자 어떤 승무원은 승객들에게 '깡충깡충 뛰기 좋아하는 기장님이 우리를 게이트까지 튕겨서 데려다주실 때까지' 자리에 앉아 있으라고 주의를 주었다. 나중에는 다른 회사의 승무원들도 이 방법을 따라할 정도였다.

SOUTHWEST AIRLINES
A SYMBOL OF FREEDOM

"담배는 비행기 날개 위에서 피우신 후 저희의 신작 영화 '바람과 함께 사라지다'의 주인공이 되어주시길 바랍니다."

여객기 승무원이 장난스럽게 말한다. 이 승무원은 비행기 이륙 전 실시하는 간단한 안전 교육 때 재치 있는 말솜씨로 승객들의 주의를 끌었는데, 바로 이런 모습에서 사우스웨스트 항공이 추구하는 경영 철학이 드러난다. 사우스웨스트는 승객들 대부분이 흘려 듣기 일쑤인 기내 안내 방송을 재미있는 방식으로 들려주는 일을 처음으로 시도했고, 이런 유머들은 회사가 설립되던 때부터 넘쳐났다.

처음에 허브 켈러허 Herb Kelleher가 저렴한 가격으로 지방 공항 간의 단거리 노선을 운항하는 유머 넘치는 항공 사업을 시작하겠다고 발표했을 당시 사람들은 그가 농담을 하고 있다고 생각했다. 1971년 6월, 사우스웨스트 항공의 비행기가 처음으로 이륙할 때까지도 경쟁사나 업계 관계자, 경제 분석가들은 저 괴짜 사업가가 설립한 회사가 얼마나 가겠냐는 식으로 지켜보았다. 게다가 21세기에 접어들 때쯤 켈러허가 세운 회사가 미국 국내선을 운항하는 4대 미국 항공사 중 하나가 되리라고 예상한 사람은 거의 없었다. 더구나 몇 년간 이어진 경제 침체기에도 불구하고 꾸준히 고수익을 내는 유일한 항공사가 사우스웨스트일 것이라고 그 누가 예측할 수 있었을까?

켈러허는 사우스웨스트를 설립하기 몇 해 전, 공동 설립자인 롤린 킹과 함께 냅킨에 사업 구상을 적으면서 가족적인 분위기와 친근함, 개개인이 만족하고 즐겁게 일하는 회사 분위기를 통해 뛰어난 고객 서비스를 제공하겠다고 다짐했다. 그 목표를 이루기 위해 팀워크가 형성되기 쉬운 수평화된 조직구조를 기반으로 자유롭고 즐거운 조직 문화를 형성하고자 했다. 그 결과 노사는 처음부터 회사와 함께 움직였다. 켈러허는 사업의 진행 방향을 직접 이끌었을 뿐 아니라 보통 직원들처럼 화물을 싣는 일도 마다하지 않았다.

자부심을 느끼면 즐겁게 일한다

스토리텔링을 경영 기법에 적용하는 다른 회사들처럼, 사우스웨스트 역시 누가 어떤 일을 어떻게 했는지 분명하고 논리정연하게 이야기한 덕분에 성공을 거머쥘 수 있었다. 다른 회사들과는 구별되는 특징도 있었다. 사우스웨스트는 어떤 직원이 업무를 성공적으로 해낸 이야기보다는(물론 이런 이야기도 의사소통의 도구로 사용되긴 하지만) 노사가 협력한 회사의 이야기를 들려주고, 그 이야기를 실제 업무에 적용하는 일을 가장 중요시했다. 고위 경영진은 실제 행동과 다양한 내부 의사소통 수단을 이용하여 종업원들에게 "우리는 한 배를 탔으며, 각각의 구성원들은 모두 중요한 역할을 맡고 있다."는 말을 반복했다. 다 함께 협력한 결과는, 바로 회사의 직원들이 사우스웨스트 이야기의 주인공이 되는 것이다.

저가 항공인 사우스웨스트는 출발 직전에 티켓을 싸게 판매하는 여행 상품 못지않게 저렴한 가격으로 티켓을 판매한다. 직원들은 회사의 핵심 가치를 추구하기 위해 대단한 협동심을 발휘한다. 사우스웨스트의 운영 비용은 매우 경제적이다. 기내를 정리하는 데 25분밖에 걸리지 않아 시설 유지비가 적게 들며, 중심 공항hub을 거치지 않고 지방 공항 간 단거리 노선을 운행하는 구조 덕분에 복잡한 항공 노선을 배치하는 추가 비용이 발생하지 않는다.

원가 절감을 달성하기 위한 직원들의 노력도 빼놓을 수 없다. 사우스웨스트의 승무원들은 비행 중간에 시간을 내 기내 객실 청소를 돕고, 조종사들은 타 항공사에 비해 결코 적지 않은 비행 시간임에도 틈틈이 수하물 처리를 돕는다. 지상 근무원들은 경영진의 권유에 따라 서류 작업을 하면서 생긴 클립이나 못 쓰는 서류 등의 모든 비품을 재활용하고, 직원들은 직책에 관계없이 경영진이 비용을 절감하고자 실시하는 조사에 응답한다. 승무원 론다 홀리는 항공사들이 주로 쓰고 있는 회사 로고가 새겨진 자루 대신에 평범한 기내 휴지통을 사용하자는 아이디어를 내서 연간 30만 달러의 비용을 절감하였다.

직원들이 회사의 운영 방식에 적극적으로 협조해준 결과, 사우스웨스트의 단위노동 비용은 동종 경쟁사에 비해 22%나 낮았다. 1990년과 1994년 사이 시장 전체 손실이 120억 달러 규모에 달할 때에도 유일하게 영업이익과 순이익에서 흑자를 달성한 기업이 사우스웨스트이다. 회사 설립 30주년이 되던 해에는 전에 없이 경영 압박이 심해졌지만 사우스웨스트만의 독특한 경영 방식으로 위기를 잘 넘길 수 있었다. 미국 경제가 침체기에 들어서고, CEO와 사장이 교체되고, 2001년에는 테러리스트의 공격까지 일어나는 등 한꺼번에 악재가 겹쳤지만 사우스웨스트는 흔들리지 않고 지침대로 나아갔다. 그 결과 다른 주요 항공사들의 부채가 늘어나는 상황에서도 사우스웨스트는 꾸준히 이익을 냈다. 사장인 콜린 배릿Colleen Barrett은 다음과 같이 설명했다.

"중요한 것은 우리가 회사를 위해 몸을 아끼지 않고 일하는 업무 환경을 조성했다는 점입니다."

이 같은 힘든 일을 기꺼이 감수하는 직원들의 노고를 보상해주는 또 다른 중요한 요소가 바로 유머이다. 켈러허는 초창기부터 의도적으로 우스꽝스러운 분위기를 조성했다. 그는 할로윈 가상 파티 등 직원들과 함께 어울리는 파티를 자주 열었고, 광고에 엘비스 프레슬리 복장을 하고 출연하여 업계의 전설이 되기도 했다. 경영진은 직원들에게 기회만 있다면 언제 어디서든지 재치 있는 농담을 하라고 권장하며, 누군가가 농담을 던지면 동료들은 기꺼이 응해준다.

사우스웨스트의 훌륭한 협동 정신은 켈러허가 핵심 가치에서 언급한 '사우스웨스트 정신'을 구체적으로 보여준다. 사우스웨스트 정신이란 문구는 광고 카피로 사용된 적도 있지만 단순히 광고를 위해 만든 말이 아니라 조직 문화를 반영해준다. 마케팅 부서 부사장 조이스 C. 로게의 설명을 들어보자.

"동료애를 갖고 다 함께 힘을 모아 일할 때 즐거움이 생겨납니다. 나라는 개인보다는 '우리'를 먼저 생각하는 것이지요. 물론 비행기를 유지·보수하는 일이나 조종사들의 책임을 가볍게 여겨서는 안 되겠지요. 켈러허 회장이 자주 하는 말처럼 '우리는 사업과 경쟁은 심각하게 생각해도, 우리 자신을 심각하게 만들지는 않을 뿐입니다.' 우리가 하는 일에 자부심이 없었다면 업계 최고의 안전 기록과 최고의 고객 만족 등급 중 어느 하나도 얻지 못했겠지요. 자부심을 느끼는 사람들이라고 해서 즐겁게 일하지 않는다는 건 결코 아니에요."

당신이 바로 이야기의 주인공

사우스웨스트 정신을 보여주는 이야기는 언제 어디서나 강조된다. 인사부 부대표 베벌리 카마이클**Beverly Carmichael**은 사우스웨스트 정신을 기르기 위해 다양한 방법을 사용한다고 말한다. 그중 첫 번째 방법은 회사의 핵심 가치를 받아들이는 인재를 채용하여 조직 문화에 빠르게 적응시키는 것이다. "우리는 한 팀이다."라는 메시지를 신입사원 오리엔테이션 및 회사의 여러 교육 과정에서 강조하기도 한다. 메시지는 다양한 방법으로 직원들에게 지속적으로 전달된다. 아침에 출근해서 컴퓨터를 켜면 화면에 메시지가 나타나고, 직원들의 집으로 배달되는 비디오테이프와 뉴스레터에도 그런 내용의 메시지가 담겨 있다. 회사의 우편함과 항공 직원들의 휴게실에서도 이 메시지를 찾을 수 있다.

배릿이 고객 서비스 부서의 부대표였을 때 시작한 업무 습관이 조직 문화의 일부로 발전한 사례가 있다. 바로 고객들이 보낸 편지를 매달마다 모아서 팀장들의 집으로 배달하는 일이다. 팀장은 그중에서 사우스웨스트가 성공하기 위해 무엇이 필요한지를 보여주기에 적당한 이야기를 몇 개 고른 후 직원 회의 시간에 비행 중인 직원들에게 들려준다. 회의실에 모여서 진행하는 직원 회의일 경우에는 경영진들이 서로 최신 소식을 알려준다. 카마이클이 설명한다.

"우리는 사실 이야기를 지나치게 많이 하는 편이에요. 직원의 3분의 1은 항상 하늘 위에 있기 때문이죠."

모범이 될 만큼 훌륭한 서비스를 제공한 직원에게 상을 주는 정책은 사우스웨스트 정신을 그대로 반영하는 이야기이다. 사우스웨스

트의 이야기가 잔뜩 나오는 스콧 그로스의 책『정말 대단한 서비스
Positively Outra-geous Service』에서 아이디어를 얻어 매달 승리 정신 상
Winning Spirit Award을 수여하기도 한다. 훌륭한 서비스를 칭찬하는 고객
의 편지를 근거로 상을 받을 직원을 선정한다.

그로스의 표현처럼, 대단한 서비스란 고객이 바라는 그 이상의 서
비스를 제공하고, 잊지 못할 추억을 남겨주며, 한번 고객을 영원한
고객으로 만드는 것이다. 사우스웨스트는 승리 정신 상을 제정한
후, 대단한 서비스에 대한 이야기를 담은 책을 자체 발행했다. 카마
이클이 이야기한다.

"우리는 항상 새로운 이야기를 찾아다닙니다. 이야기 자체가 역
동적이거든요."

사우스웨스트의 직원들은 3만 4천 명의 모든 고객을 똑같이 대해
야 한다는 사실을 분명히 알고 있다. 사우스웨스트 정신은 모든 직
원과 고객의 마음에 감동을 안겨준다. 여행객이 매표소에 도착하는
순간부터 그 정신은 분명하게 드러난다.

직원들의 유니폼은 군복처럼 딱딱한 제복이 아니라 평상복처럼
자유로워보이는 디자인이다. 승무원뿐 아니라 탑승 안내를 맡은 직
원도 늘 즐거워 보인다. 여행객이 기내에 탑승하면 승무원들은 밝은
미소로 승객을 맞이하고 이륙 준비부터 즐겁게 시작한다.

사우스웨스트는 항공업계 사상 처음으로 코믹한 기내 안전 안내
를 시작한 것으로 유명하다. 그 효과는 더없이 좋았다. 장시간 비행
기를 타는 여행객들은 기내 안전 안내에 식상해 있어 대다수가 설명
을 제대로 듣지 않기 일쑤다. 하지만 사우스웨스트의 기내에서는 재
미난 농담을 놓치지 않으려고 귀를 쫑긋 세운다.

한번은 비행기가 공항 활주로에서 게이트까지 지상에서 이동하는 동안, 승무원은 승객들에게 좌석에 앉아 있으라면서 이렇게 주의를 주었다.

"저희 기장님이 비행기 조종은 잘하시지만 운전하는 건 좀 서투시거든요."

또 운전 중에 기체가 조금 흔들리자 어떤 승무원은 승객들에게 '깡충깡충 뛰기 좋아하는 기장님이 우리를 게이트까지 튕겨서 데려다주실 때까지' 자리에 앉아 있으라고 주의를 주었다. 나중에는 다른 회사의 승무원들도 이 방법을 따라할 정도였다.

일부 트집 잡기 좋아하는 사람들은 재미있는 말이 승객들의 흥미는 유발할지 몰라도 용어가 전문적이지 않아 사람들을 안심시키지 못한다고 투덜거린다. 하지만 재미가 없으면 사람들이 안전 안내를 제대로 듣지 않기 때문에 사우스웨스트의 방식이 좋지 않다는 주장은 설득력이 없다. 재미있는 기내 안전 안내는 효과적인 의사소통 방법의 기본이 무엇인지 보여주기도 한다. 이야기를 듣는 것과 마찬가지로 재미있는 안내를 들으면 승객들은 관심을 갖고 그 내용의 핵심을 파악하고 기억하려 한다.

사우스웨스트에서는 비용 통제 정책에 따라 기내식을 제공하지 않는데, 여기에서도 즐거움을 느끼게 된다. 사우스웨스트에서는 음료와 과자만 제공하기 때문에 장거리 비행객들은 음식을 직접 준비해야 한다. 이런 상황이 소풍을 가는 듯한 즐거운 분위기를 형성해주는 것이다.

자고로 이야기는 즐거워야 하는 법

직원들이 즐겁게 일할 수 있게 신바람을 불어넣는 방법은 대단한 서비스를 제공한 직원들의 이야기를 들려주거나 그들에게 상을 주는 일만이 아니다. 직원들이 열정적이고 즐겁게 일하는 가장 큰 이유는 회사가 오랫동안 유지해온 보상 정책 덕분이며, 이 정책은 공동체 정신을 잘 나타낸다. 회사가 설립된 지 몇 년 지나지 않아 사우스웨스트는 업계 최고 수준의 이익 분배 계획을 세웠다. 1984년에는 직원 복리후생을 위한 주식 매입 계획을 추가했다. 몇 년 후에는 스톡옵션이 실시되었고 그 후 주가가 치솟으면서 많은 직원들이 백만장자가 되었다. 그러나 대다수의 직원들이 은퇴하지 않고 회사에 남아 일을 계속했다. 직원들은 사우스웨스트 정신에 따라 헌신적이고 성실한 태도를 갖게 되었고 이러한 태도를 다양한 방식으로 아낌없이 발휘했다.

정리해고를 단행해야 할 만큼 힘들었던 미국의 경제 침체기에도 직원들은 동료를 소중하게 여기고 보호했다. 회사를 그만두고 사우스웨스트 '가족' 의 자격을 잃는 대신에, 많은 직원들은 자발적으로 근무 시간을 줄이고 급여를 덜 받아 궁극적으로 모든 직원이 계속 월급을 받고 일할 수 있게 도왔다. 사우스웨스트만의 '대단한 서비스' 를 꾸준히 제공하기 위해 더욱 열심히 일했다. 수당을 받지 않고 초과 근무를 하는 사람도 있었고, 조종사들은 급여를 올리는 대신에 스톡옵션을 받기로 했다. 배럿은 성공하기 위한 핵심 요소로 항공사의 직업 윤리를 꼽았고, CEO인 제임스 파커**James Parker**는 여기에 이런 말을 덧붙였다.

"우리가 급여를 적게 주기 때문에 원가우위가 생기는 것이 아닙니다. 우리 회사의 급여 수준은 높습니다. 우리의 경쟁우위는 직원들이 열심히 일하는 데서 나옵니다."

성실하고 즐겁게 일하는 직원들도 현실 앞에서는 지치기 마련인지, 사우스웨스트도 노동문제를 피해가지는 못했다. 21세기로 접어들면서 불경기가 장기화되자 노사 관계가 악화되었고 사우스웨스트 정신도 영향을 받아 다소 위축되었다. 언젠가 한 직원이 좀체 하지 않던 불평을 기자에게 털어놓았다. 직원들은 온 힘을 다해 일하고 있으며 여기서 더 이상 열심히 일하기란 무리라고 투덜댔다. 파업이 일어났을 때 노조와의 협상이 한참이나 결론 없이 이어지자 일부 분석가들은 회사의 업무 방식에 대해 의문을 제기하기도 했다. 지금껏 조직 문화를 형성하고 지켜온 사우스웨스트의 독특한 스타일을 그대로 유지하기엔 덩치가 너무 커진 것이 아니냐는 것이 이유였다. 그러나 여러 우여곡절 끝에 사우스웨스트는 항상 그래왔듯, 낮은 원가와 즐거움이 가득한 이야기를 활용하여 다시 일어섰다.

켈러허는 직원들의 업무상 기대를 충족시켜줄 때 그들 사이에서 강력한 동료 의식이 생겨난다고 믿는다. 그는 AOL(American On Line, 미국 최대의 인터넷 서비스를 전문업체, 2001년에 타임워너사와 합병하여 세계 최대의 미디어 그룹 'AOL-타임워너'가 되었음 - 옮긴이)과의 인터뷰에서, 회사에서 종업원들에게 동기를 부여하는 유일한 대안이 '종업원 지분 참여제'라고 말했다.

"특히 요즘 들어서는 사람들이 더욱 정신적인 만족감을 추구하길 원하는 것 같아요. 저는 그 사실을 잊지 않으려고 노력합니다."

카마이클은 여기에 이런 말을 덧붙인다.

"우리는 끊임없이 직원들이 가족 정신을 느끼고 받아들이는 환경을 조성했고, 서로 돌보는 가족적인 분위기를 여러 해 동안 만들어 왔습니다. 우리 회사의 이직률이 낮은 이유 역시 회사에서 오래 일한 직원들 마음 깊은 곳에 가족 같은 조직 문화가 스며들었기 때문입니다."

사우스웨스트의 이 별난 창립자는 수익성 높은 항공사를 운영하는 그만의 독특한 방식이 모든 면에서 옳다는 사실을 입증했다. 이야기를 쉬지 않고 들려주는 즐거운 분위기와 낮은 원가와 저렴한 가격을 앞세워 지방 공항 간의 단거리 노선을 운항하는 사우스웨스트 방식을 모방하는 회사도 부지기수로 늘어났다. 처음에는 켈러허의 경영 방식을 의심하던 사람들도 이제는 그를 신뢰하고 있다. 지속적으로 사우스웨스트 정신을 기른 덕분에 기내에서 일하는 사람들은 헌신적인 태도를 유지한다. 또한 세상의 통념을 깨는 아이디어에서 훌륭한 결과를 이끌어내기 위해서는 명확하고 지속적으로 이야기하는 것이 가장 중요하다는 믿음 역시 변함없다.

사우스웨스트 항공에 대해 더 알고 싶은 사람은 www.southwest.com을 방문해보라.

The Container Store

14. 컨테이너 스토어 : 이익을 높이는 이야기를 들은 적이 있습니까?

경영자들은 영업사원들이 사물을 다양한 관점에서 보기를 원한다. 그래서 같은 상품을 옷장, 부엌용품, 사무용품, 세탁용품과 같은 여러 코너에 전시하여 다양한 용도를 생각해보도록 유도한다. 덕분에 영업사원들은 선입관에 사로잡혀 한 가지 생각만 고집하지 않는다. 회사의 카탈로그에서도 상품과 그 상품의 다양한 용도를 소개한다. 예를 들어 은으로 만든 손잡이가 달린 목욕용품 수납장을 소개하면서 강아지 캐리어백, 샴페인 통, 전등을 비롯해 총 14가지의 다양한 용도를 제안했다.

사막에서 길을 잃은 남자가 간신히 몸을 끌며 끝없이 펼쳐진 모래 언덕을 걸어가고 있다. 그에게 지금 가장 절실한 것은 물 한 모금이다. 마침내 오아시스를 발견한 그는 마지막 기력을 짜내어 그곳에 다다른다. 그리고 어느 평범한 가게를 발견한다. 가게 점원이 물 한 잔을 건네주자 그는 이렇게 외친다. "이제 살았어!"

이번에는 상황은 똑같지만 길을 잃은 남자가 평범한 가게 대신 컨테이너 스토어를 발견했다고 상상해보자. 앞의 이야기와는 전혀 다른 장면이 펼쳐진다. 컨테이너 스토어의 점원이라면 그 상황에서 다음과 같이 말할 것이다.

"여기 물 있습니다. 어서 드세요. 음식도 좀 드시겠습니까? 결혼반지를 끼고 계시네요. 가족 분들께 여기 있다고 연락해 드릴까요? 이쪽 그늘에서 좀 쉬지 않으시겠습니까?"

사막에서 길 잃은 남자의 우화를 들으면 컨테이너 스토어 직원들은 창립주가 주장하던 6가지 지침 중 하나를 떠올린다. "손님에게 단 한 번뿐인 쇼핑 경험을 제공하라."

이 이야기를 깊이 새긴 종업원들은 상품 보관 같은 사소한 것부터 조직 전반에 대한 아주 어려운 문제까지 고객을 위해서라면 어떤 문제라도 최선을 다해 해결하겠다고 다짐한다. 이 이야기는 고객을 대접하라는 창립주의 경영 목표를 아주 명료하게 보여준다. 미국 내 최고의 소매점으로서, 손님에게 최고의 상품을 판매하고, 저렴한 가격으로 나무랄 데 없는 서비스를 제공하며, 존경심을 갖고 성실한 태도로 손님과 직원을 대하겠다는 것이다.

컨테이너 스토어가 황금률에 따라 매장을 운영하는 이유가 있다. 그렇게 하면 가게를 찾는 손님들은 자신이 특별한 대접을 받았다고 느끼게 되고, 점원들은 오직 물건만 파는 판매원이기보다 사람들에게 봉사한다는 마음가짐으로 업무에 임할 수 있기 때문이다. 컨테이너 스토어의 판매원은 손님에게 "방금 제가 고객님께 좋은 일을 해드렸답니다."라는 식으로 생색내지 않는다. 그냥 행동할 뿐이다.

회사는 앤드류 카네기의 말을 빌려 '남의 주머니를 가득 채우는' 일을 또 하나의 원칙으로 세웠다. 조직 문화를 유지·관리하는 책임을 맡은 바바라 앤더슨은 황당하지만 이 개념이 너무 독특해서 손님들이 잘 몰라준다고 말한다.

"매장에 처음 온 손님들은 직원들이 단지 돕고 싶어서 친절하게 대한다는 사실을 아는 데 대략 1년이 걸려요. 손님들은 점원에게서 친절한 태도를 전혀 기대하지 않거든요!"

남의 주머니를 이야기로 가득 채워라

컨테이너 스토어의 나머지 '창립 원칙'은 다음과 같다.

- 훌륭한 사람 1명은 생산성이 있는 적당한 사람 3명과 같으니, 훌륭한 사람만을 채용하라.
- 우리의 사업에는 직감이 가장 중요하지만 준비하지 않으면 직감은 떠오르지 않는다. 교육을 통해 직원을 준비시켜라.
- 어디에 내놓더라도 최고인 상품과 최고 수준의 서비스를 제공하며, 시장에서 최저나 최저 수준의 가격을 제시하라.
- 모든 매장을 즐겁고 활기찬 분위기로 만들고 그것을 유지하라.

컨테이너 스토어의 CEO인 킵 틴델 **Kip Tindell**은 ‘남의 주머니를 가득 채우라.’는 말은 회사의 창립 원칙을 직원들에게 상기시키기 위해 수년간 사용하던 비유 중 하나라고 말한다. 이 원칙들은 틴델과 회장인 가렛 분 **Garret Boone**이 미국 내 최고의 소매 유통점을 세우는 데 큰 힘이 되었다.

사실 컨테이너 스토어의 제품은 비싼 편이라 일반적인 소매업자들이 정의하는 ‘가치’ 개념에는 역행하는 듯 보이기도 하다. 컨테이너 스토어는 다른 기업들 이상으로 제품의 가치를 중요하게 여긴다. 컨테이너 스토어의 상품은 다른 업체에 비해 20% 정도 비싸다. 창업주는 컨테이너 스토어의 상품은 가격은 비싸더라도 다른 상품에 비해 기능이 2배나 뛰어나며, 미관상으로도 2.5배는 더 보기 좋고, 제품의 수명은 1.5배나 더 길다고 확신한다. 이 믿음이 바로 틴델과 분이 나이먼 마커스(Neiman Marcus, 뉴욕에 있는 고급 백화점 - 옮긴이)의 명예 회장 스탠리 마커스에게 배운 값진 교훈이다. 틴델은 이렇게 이야기한다.

“전문 소매업자들이 고객에게 즐거움을 주고 단골 손님을 늘리려면 고객의 문제를 완벽하게 해결해줘야만 합니다.”

컨테이너 스토어는 고객의 수고를 덜어주고 시간을 절약해주는 경영을 궁극의 목표로 삼고 있다. 즉, 비용보다 가치를 우선으로 삼는 경영 방식이다. 이런 방식을 모방하려는 기업은 많지만 완벽하게 재현해내는 기업은 극히 드물다.

바바라 앤더슨은 회사 창립주들이 설립 때부터 이야기를 활용하여 가치를 최우선으로 여기는 풍토를 사내에 퍼뜨렸다고 말한다. 이야기에 대한 직원들의 반응은 달라스에 첫 매장을 열었던 1978년보다 훨씬 뜨겁다고 말한다. 특히 비극적인 9.11 참사 이후 그런 경향은 더욱 강해졌다고 한다.

"훌륭한 사람들의 이야기를 들으며 안정감을 얻으려 하고, 마음의 지주를 찾으려 합니다."

틴델은 텍사스 에이앤엠 대학Texas A&M University에서 펴낸 『소매점에서 온 편지The Retail Issues Letter』에 독자에게 의욕을 주는 이야기들을 그림 그리듯 생생한 글로 보여준다. 원고의 일부는 이런 내용이다.

"소중하게 쓰던 포수용 야구 장갑처럼 자신이 아끼는 물건을 떠올려보라. 그 야구 장갑을 보거나 손에 껴볼 때마다 제일 중요한 시합에서 포수의 역할을 다했던 기억이 생생하게 되살아날 것이다. 내 어머니만의 비법이 있는 요리는 어떨까? 나는 우리 할머니가 해주셨던 요리를 다시 먹을 수만 있다면 얼마가 들더라도 기꺼이 그 대가를 지불할 것이다. 집안 대대로 전해지던 그 음식을 먹을 때 느껴지던 푸근함이란…. 비오는 밤에만 아껴 입는 잠옷은 편안하고 푸근한 느낌을 준다. 잠옷을 입으면 행복해지는 것이다. 우리는 컨테이너 스토어에서 판매하는 제품 역시 이 같은 느낌과 기억 그리고 유대감을 불러일으키도록 노력한다."

틴델은 고객들이 매장에 들어와서 미처 세 걸음을 떼기도 전에 '즐거운 분위기'를 느낄 것이라고 장담한다. 창립주가 세운 즐겁게 일하자는 원칙은 활기찬 매장 분위기를 형성하는 데 도움이 된다.

소매업이라는 특성상 때에 따라 사업이 좋아지기도 하고 나빠지기도 하지만 틴델과 분이 25년 넘게 경영하는 동안 회사를 운영하는 핵심 전략을 바꾼 적은 단 한 번도 없었다. 틴델과 분이 기본으로 삼았던 가치의 가장 주목할 만한 힘은 '지금 당장은 자신의 소유가 아니지만 그 물건을 본 순간 무엇인가를 하고 싶은(그냥 물건을 갖기만 하는 게 아니라 필요한 곳에 그 물건을 사용하고자 하는) 영속적이고 근본적인 인간의 욕구'를 파악했기 때문이다. 틴델의 철학은 선구적인 책『초일류 서비스 기업의 조건Discovering the Soul of Service』을 쓴 레너드 베리에게 큰 영향을 주었다. 이 책은 성공가도를 달리는 서비스 기업들의 사례 연구를 담고 있다.

가치에 따라 산다

컨테이너 스토어에서는 도대체 어떤 물건을 판매할까? 틴델의 대답은 간단하다.

"판매하기 어려운 물건이죠."

컨테이너 스토어의 판매 상품들이 얼마나 다양하게 쓰이는지 알려주려면 자세한 설명이 필요하다. 틴델은 예전에 있었던 일화를 하나 들려주었다. 그는 이 생각만 하면 웃음을 참지 못한다.

어느 날 아침, 상품을 가득 실어 달라스 물류센터 앞에 주차해둔 트럭이 밤 사이에 사라진 것을 발견했다. 트럭은 다행히 몇 킬로미터 떨어진 곳에서 발견되었지만 자물쇠는 부서지고 뒷문은 누군가가 억지로 비틀어서 연 흔적이 있었다. 도둑은 가위로 잘라 사용하면 어떤 크기의 서랍에든지 사용할 수 있는 폼 박스 7~8개를 훔쳐갔으나, 나머지는 억지로 뜯은 흔적만 남은 채 그대로 두고 갔다. 틴델의 설명처럼, 컨테이너 스토어에서는 팔기도 힘들지만 도둑이 훔치기도 어려운 물건을 판매한다.

도둑이 철사형 옷장이나 수납장으로 사용하는 엘파elfa®에 대해 잘 몰라서 훔치지 못한 것 아니냐는 이야기가 나왔다. 실제로 철사형 낙엽 소각기는 장난감 통에 들어가 있었다. 예상했을지 모르지만 컨테이너 스토어에서는 우유 박스도 판매한다. 하지만 컨테이너 스토어의 판매 사원이나 손님들이 상상력을 마음껏 발휘하면 그것은 더 이상 흔해 빠진 우유 박스가 아니다. 우유 박스는 서류 보관함이 되고, 침대 옆에 두는 협탁이나 수납 박스가 되며, SUV 차량의 윗부분을 청소할 때는 발 받침대가 되기도 한다.

물건의 용도는 그 물건을 사는 사람의 상상력에 따라 달라지며, 평균 2,300㎡나 되는 넓은 매장 구석구석에 전시된 상품들은 소비자의 상상력을 자극한다.

경영자들은 영업 사원들이 사물을 다양한 관점에서 보기를 원한다. 그래서 같은 상품을 옷장, 부엌용품, 사무용품, 세탁용품과 같은 여러 코너에 전시하여 다양한 용도를 생각해보도록 유도한다. 덕분에 영업 사원들은 선입관에 사로잡혀 1가지 생각만 고집하지 않는다. 회사의 카탈로그에서도 상품과 그 상품의 다양한 용도를 소개한다. 예를 들어 은으로 만든 손잡이가 달린 목욕용품 수납장을 소개하면서 강아지 캐리어백, 샴페인 통, 전등을 비롯해 총 14가지의 다양한 용도를 제안했다.

컨테이너 스토어에서 가장 잘 팔리는 물건은 흰색 철사를 사용하는 엘파 컴포넌트 수납장이다. 그러나 대부분의 고객들은 혼자 자신의 집에 딱 맞게 설치하기 힘들기 때문에 누군가의 도움을 받아야 한다. 이 상품은 컨테이너 스토어의 직원들이 고객에게 '대단한 서비스'를 제공하기 딱 안성맞춤인 셈이다. 수납장을 판매하는 데는 시간이 걸리는데, 고객이 고를 수 있는 부분을 설명해주며 신뢰를 얻어야 하기 때문이다. 그러나 CEO인 틴델은 그 결과로 손님의 인생을 완전히 바꾸어놓을 수도 있다고 말한다. 특히 회사가 '옷장 문을 열 때마다 잠깐 동안 춤을 추게 만드는 옷장'을 개발해낸다면 정말로 고객의 인생이 바뀔 것이라고 장담한다.

컨테이너 스토어에서는 1만여 종 이상의 제품을 취급하지만 제품들은 하나같이 판매하기가 워낙 힘들어서 대부분의 소매업자들은 취급조차 하지 않으려 한다. 틴델의 말은 이렇다.

"이야기를 들려주고 조금이라도 고객의 반응을 얻어낸다면, 이 물건들 모두 굉장히 유용하답니다."

회사의 '창립 원칙'을 가르치기 위해 이야기를 직접 들려주기도 한다. 컨테이너 스토어에는 정책 규정이 마련되어 있지 않다. 바바라 앤더슨이 웃으며 그 이유를 들려준다.

"우리 회사에선 정책 규정이나 읽고 있을 시간이 없거든요."

대신 각각의 직원은 창립 원칙을 기억하고 실천해야 하며, 기본적으로 이야기를 하면서 다른 사람들에게 그 원칙을 가르쳐준다. 매니저의 기본 의무는 아주 우수한 판매 사례를 직원들에게 들려주며 회사의 원칙을 굳게 다지는 일이다. 매니저는 멘토이자 역할 모델인 셈이다. 이 회사는 창립주라도 매장에서 선반을 닦고 고객을 응대한다. 앤더슨이 설명을 덧붙인다.

"매니저와 교육 담당자들에게 '이 부분을 맡아주세요.'라고 이야기하지만 명확하게 글로 써서 남기지는 않아요. 그렇게 하면 지시자의 방식이 아니라 자기 나름의 방식대로 일을 처리하게 된답니다."

최근 회사에서 직원들을 대상으로 한 설문조사 결과, 85%의 직원들이 자기만의 표현 방식으로 '창립 원칙'을 암기하고 있다는 사실이 밝혀졌다.

"우리는 직원들이 이 가치를 외우기보다 이 가치에 따라 살기를 원합니다. 우리 회사가 추구하는 진정한 가치의 의미를 직원들에게 알리는 데에는 이야기가 가장 유용하다는 사실을 깨달았습니다. 회사가 아니라 직원들이 규칙을 만듭니다. 처음에 몇몇 신입사원들은 스스로 결정을 내려야 한다는 데 두려움을 느낍니다. 우리 회사는 다른 기업과 달라도 너무 달라 직원들은 다른 회사를 '다른 세계'라고 부른답니다. 우리 회사 같은 분위기는 만들어내기도 쉽지 않고 이런 분위기를 유지하는 것도 힘들지만 이것이 바로 우리가 성공한 비결이죠."

리더십은 커뮤니케이션의 다른 말

조직 문화를 이끄는 사람은 앤더슨이지만 그 조직 문화를 생생하게 살아 있는 문화로 유지해야 할 의무는 모두에게 있다.

"우리는 직원들이 자신이 일하는 매장에서 자신과 함께 일하는 직원들에 대해 이야기해주기를 바라지요."

이런 이야기가 가장 풍부하게 오가는 때는 언제일까? 날마다 여는 '격려 시간'이다. 매일 아침 매장을 열기 전, 그리고 매장을 닫은 후에 판매 직원들이 모여 각자 어떤 일이 좋았고 좋지 않았는지를 이야기한다. 매니저가 가장 좋았던 이야기를 모아 본사로 보내면, 본사에서는 다음과 같은 곳에서 그 이야기를 퍼뜨린다.

✓ 일일 '축하' 음성편지함 메시지

✓ 사내 뉴스레터

✓ 컨테이너 스토어의 성공 비결을 가르치는 신입사원 첫 주차 교육

✓ 회사 전체 직원 회의

✓ 부서장이 여는 전 직원의 입사 1주년 기념 파티

물론 이런 회의를 갖는 가장 큰 목적은 매출을 올리기 위해서이다. 직원은 주요 상품의 매출 수량을 언급하면서 이야기의 초점을 이 상품에서 또 다른 상품으로 옮겨간다. 그리고 다른 직원들이 말을 받아 이야기하면서 분위기는 점점 고조된다. 매니저는 이와 같은 현상을 '진자 운동'이라고 부르는데, 회의의 최종적인 목표를 달성하기 위해서 이 힘을 활용한다. 예를 들어, 매니저가 복합 수납장을 판매한 이야기만을 모은다고 할 때 그러한 이야기만을 모은 힘에 반동을 받아 복합 수납장의 매출과 이익이 올라가게 된다는 식이다.

컨테이너 스토어의 성과에서도 드러나듯이, 스토리텔링 경영 기법은 지속적으로 효과를 내고 있다. 15개 분야의 시장에서 30개의 매장을 개설했고 현재도 매장 수는 계속해서 증가하고 있다. 전국적으로 영업을 하는 비상장 기업인 컨테이너 스토어는 고객들이 점점 늘고 있는 전국 우편주문 서비스를 제공하며 온라인 쇼핑몰도 운영한다.

회사가 홈페이지에서 밝힌 결과로 볼 때, 소매업 매출은 매년 적정한 비율로 성장하고 있다. 컨테이너 스토어는 재무제표를 공시하지 않지만 2004년의 총매출액은 약 3억 7천만 달러를 넘어선 것으로 추정된다. 5년 연속 《포춘》지의 '일하기 좋은 100대 기업'에서 최

상위권을 차지했다. 모두 틴델과 분이 2천 500명이 넘는 종업원들을 위해서 사람을 중시하는 조직 문화를 형성한 덕분이다. 2000년과 2001년에는 1위를, 2002년과 2003년에는 2위를, 2004년에는 3위를 차지했다. 《포춘》지에 따르면 회사의 종업원들은 "급여가 높고 복리후생 제도가 뛰어나며 직원을 존중하는 회사에 열성을 다한다."

회사가 성공했다는 사실을 보여주는 또 다른 사실은 1999년에 미국소매연맹의 소매 혁신가 상Retail Innovator's Award 수상 경력에서 찾을 수 있다.

회사의 10년 서비스 만찬10-year-service dinners의 중심은 단연 짧은 이야기들이다. 만찬에서 발표자로 선정된 직원은 회사가 자신에게 어떤 의미인지 이야기하고, 그들의 매니저는 직원이 성공적으로 수행한 업무 이야기를 하며 그의 노고를 칭찬한다. 매니저는 매장 직원들이 열심히 노력해준 데에 대한 감사 편지도 쓴다. 편지를 받은 직원은 그 편지를 액자에 넣어 사무실에 걸어두기도 한다. 창립주들은 고객이 보낸 칭찬 편지에 언급된 직원들에게 칭찬하는 내용의 쪽지를 보내준다.

틴델은 '리더십과 커뮤니케이션은 같은 것' 이라고 생각한다. 그와 그의 동업자는 일별 매출 현황이나 사업 확장 계획 등 사업의 거의 모든 구체적인 사안을 종업원들에게 공개한다.

"직원들은 한 명도 빠짐없이 전날의 매출 결과를 듣고, 하루를 시작하기 전에 그날의 매출 목표를 분명하게 세우지요. 미식 축구 시합을 생각해보세요. 경기를 뛰는 모든 선수는 팀을 승리로 이끌기 위해 점수 상황이 어떤지, 팀의 목표가 무엇인지를 정확하게 알아야 합니다. 경기 종료 2분 전 신호음이 들린다고 생각해보세요. 경기장을 가로지르며 마지막 순간에 역전승을 끌어내기 위해 달리고 있어요. 오로지 팀의 승리를 위해서 말입니다. 그런데 벤치에 있는 선수 2명은 점수조차도 모른다면, 그 사람들이 무슨 도움이 되겠어요?"

회사의 재무 정보가 외부에 유출되는 경우가 종종 있다 해도, 틴델과 분은 '내부' 정보를 사람들에게 알리겠다는 결심을 바꾸지 않았다. 정보를 공유하는 태도가 종업원들의 권한을 넓히고 성장을 도와주며, 그들이 회사에 공헌할 수 있는 영역을 확장할 뿐 아니라 충성도도 높여준다고 믿는다. 창립주들은 이처럼 정보를 공유함으로써 얻는 이득이 잠재적인 위험보다 훨씬 크다고 생각하는 것이다.

컨테이너 스토어의 매니저들은 개인의 이상과 윤리관이 회사의 조직 문화에 어울리는 인재를 찾기 위해서라면 자칭 '눈을 번득이는 미치광이'가 되기를 마다하지 않는다. 그들은 그 일에 얼마든지 시간을 들일 준비가 되어 있다. 하지만 훌륭한 직원을 채용하기가 어렵지는 않다. 회사는 구인광고를 내보내는 대신, 새로운 인재를 데려오는 직원들에게 포상하는 방식을 선호한다. 신입사원의 약 40%는 원래 근무하던 사람이 데려온 사람들이다. 90%라는 의견도 있다. 이런 모습에서 '훌륭한 사람 1명은 괜찮은 사람 3명과 같다.'는 창립 원칙을 확인할 수 있다. 훌륭한 사람을 채용한 뒤에는 그들에게 또 다른 원칙에 따라 선물을 준다. 배움을 향한 열정을 일깨워주는 것이다. 신입사원은 누구든지 입사한 첫 해에 241시간 동안 연수를 받는다. 그렇다면 다른 소매업계의 평균 연수 시간은 얼마일까? 겨우 7시간에 불과하다.

입사한 첫 주에는 50시간 동안 전반적인 소개를 한다(이 교육은 강의실과 실제 매장에서 실시된다). 그 후로는 매년 신입사원과 기존 직원이 함께 세일즈 강사에게 수십 시간의 교육을 받는다. 이 연수는 공식적인 승인을 얻은 후에 소규모 집단을 대상으로 진행되기도 하고, '즉석에서' 마련되기도 한다. 사내 교육 강사는 매장에서 핵심적인 역할을 하는 영업 사원이 담당한다. 그들은 영업 기술과 같은 전반적인 지식부터 제품의 원재료나 자신이 판매하는 상품에 숨겨진 완전히 새로운 용도와 같은 세부적인 지식까지 가르친다. 강사들은 강의를 원활하게 진행하기 위해서 스토리텔링 기법을 자주 사용한다.

쓰레기통을 다른 용도로?

지속적인 교육이 중요하다는 회사의 강력한 믿음은 알베르트 아인슈타인이 상대성 이론을 떠올린 일화에서 비롯되었다. 아인슈타인이 열차 좌석에 앉아 기차가 출발하기를 기다릴 때 옆에 서 있던 기차가 먼저 출발했다. 물론 실제로는 그렇지 않았지만 아인슈타인은 자기가 탄 기차가 움직인다고 생각했다. 그 순간 평생을 바쳐 연구해온 물리학과 수학적 지식을 기반으로 하여, 아인슈타인의 머릿속에 상대성 이론이 번쩍 떠올랐다. 한 과학자가 끊임없이 연구를 거듭한 결과 인류가 세계를 바라보는 방식을 바꾼 것이다.

'어느 곳에 있든지 최상의 물건과 최고의 서비스, 그리고 최저 혹은 최저 수준의 가격을 제공하는 것'은 컨테이너 스토어를 성공으로 이끈 또 다른 창립 원칙이다. 이 신념은 제조업체와 제휴하여 신상품을 끊임없이 개발해낸 전력과 결합되어 주목할 만한 매출을 달성했다. 식료품점의 손님이 끊이지 않듯이, 컨테이너 스토어의 모든 매장에는 날마다 1천 명이 넘는 고객이 방문하며, 제곱미터당 매출은 업계 평균치의 몇 배를 상회했다.

"검비 같다"라는 말은 컨테이너 스토어 직원에게는 최고의 칭찬이다. 융통성 있게 행동해 문제를 척척 해결하는 이 만화 주인공은 회사가 바라는 인물상이다. 달라스 본사에 있는 회의실은 회의 규모에 따라 방의 크기를 조절할 수 있는데, 회의실 이름도 '검비'이다.

직원들에게 실질적인 동기를 부여하려면 칭찬과 보상이 필요하다. 그래서 직원이 회사의 자산이라고 주장하는 기업이 많다. 그러나 실제로 그 주장을 실천하기 위해 임금에 상한선을 두지 않고, 소매업계 평균 급여의 1.5배에서 2배를 지급하는 회사는 많지 않다. 컨테이너 스토어는 25년이 넘도록 총수입의 18%를 노무비와 급여로 지급하고 있다.

커미션은 보상 정책에 포함되어 있지 않다. 커미션을 지급하게 되면 직원들 간의 협력보다 경쟁을 부추긴다는 것이 창립주의 생각이다. 앤더슨은 종종 일어나는 일을 웃으면서 이야기한다.

"가끔은 누가 매니저인지 모르겠어요. 손님이 오셔서 매니저를 찾으면 판매 사원은 누구나 '예, 말씀하세요. 무엇을 도와드릴까요?' 라고 말하거든요. 연공 서열도 정치적인 행동도 없지요. 다른 매장에서는 최고 매니저가 결정해야 할 문제를 우리는 직원 각자가 스스로 결정하니까요."

훌륭한 직원을 채용해서 그들에게 충분한 급여를 주려면 결단력과 목표, 그리고 더 많은 용기가 필요하다. 특히 2001년 기업 경제가 침체기에 빠져 소비자 수요가 감소하던 시기에는 더욱 그랬다. 그러나 그때도 컨테이너 스토어는 평균보다 높은 급여를 지급하며 직원들이 성장할 수 있는 환경을 유지하려 노력했다. 그런 노력은 곧 보상을 받았다. 회사는 침체된 경제 상황에서도 높은 수준의 매출을 달성했고, 현상 유지에 급급하던 경쟁사들을 압도적으로 앞서나갔다.

회사의 정보를 숨김없이 공개하고 경제적으로 보상한 덕분에 종업원의 애사심은 높아지고 장기 근속자가 많아졌다. 컨테이너 스토어의 이직률은 평균 20%가 되지 않는데, 정규 직원만을 놓고 보면 8%로, 150%라는 업계 평균에 비하면 아주 미미한 숫자이다. 틴델은 이 상황을 이렇게 설명한다.

"직원 교육 시간을 마련하고, 충분한 급여를 지급하고, 직원들을 동등하게 대하면 흥미로운 상황들이 일어납니다. 열정적이고 의욕적으로 일하는 사람들이 생겨나거든요. 그러고 보니, '차 두 대가 들어갈 수 있는 여러분 댁 차고에 적어도 차 한 대는 마련해드릴 수 있습니다.' 라는 광고판을 어떻게 제작하게 되었는지 들어보셨어요?" (컨테이너 스토어에서는 들려줄 이야기가 많다는 틴델 CEO의 의도 - 옮긴이)

컨테이너 스토어에는 다양한 상품만큼이나 다양한 이야기가 숨어 있다. 회사의 창립 원칙과 종업원들의 성공적인 업무, 고객의 반응, 독특한 판매 경험, 물건 보관 등에 관한 거의 모든 문제를 해결하는 이야기가 존재한다. 옷장이 꽉 차서 옷장 문이 열리지 않았던 이야기나 찬장이 가득 차 있어서 필요한 물건을 찾지 못한 이야기, 쓰레기통을 다른 용도로 쓰는 이야기를 들어본 적이 있는가?

컨테이너 스토어에 대해 더 알고 싶은 사람은 www.thecontainer-store.com을 방문해보라.

15. REI : 신뢰라는 산의 정상을 향해

말을 행동으로 옮기는 모범을 보여준 매드슨과 경영진들은 핵심 가치 특히 종업원을 존중하는 를 실제 행동에 옮기기 위해 사람들을 직접 만나 REI의 이야기를 전하기 시작했다. 2001년 11월과 12월에는 전 매장을 한 군데도 빠짐없이 방문해 이야기를 전하고, 모든 직원들에게 조그만 감사카드를 건넸다. 경영진이 지난해의 문제를 해결하는 동안 종업원들이 회사에 대해 신뢰를 잃지 않고 고객에게 꾸준히 헌신적인 태도를 보여준 데에 감사를 표시하는 내용이 담긴 카드였다.

REI
www.rei.com

산악인들은 산 정상에 올라 등반의 성공을 알리기 위해 자랑스럽게 자국의 국기를 꽂는다. 로이드^{Lloyd}와 메리 앤더슨^{Mary Anderson}은 자국의 국기를 꽂기 위해 피켈(등산용구의 하나로 머리부분에 도끼 모양의 쇠붙이가 붙어 있는 지팡이)을 구하러 곧장 다른 나라인 오스트리아의 최고 등산용품 제조업자를 찾아갔다. 그 덕분에 두 사람은 의도하지는 않았지만 전국에서 알아주는 소매업자가 되었다.

최근 가장 명성을 얻고 있는 레크리에이셔널 이퀴프먼트사^{Recreational Equipment, Inc. REI}의 COO(Chief Operating Officer, 일반적으로 사장이 겸무하는 업무최고책임자)이자 부사장인 샐리 주웰^{Sally Jewell}은 협동조합의 직원답게 바로 본론으로 들어간다.

"모든 이야기의 시작은 피켈이었어요. 우리는 홈페이지에 이야기를 올리지요. 데니스^{Dennis Madsen}(REI의 CEO임)와 나는 종업원들에게 연설을 할 때 우리 회사가 설립되던 당시의 이야기를 자주 합니다. 덕분에 우리 조합원들은 최초의 조합원인 로이드와 메리 앤더슨이 1938년에 협동조합을 결성하기 위해 친구들을 모은 이야기를 알고 있어요. 두 사람은 공급자들이 상품을 소량으로 팔지 않으려고 해서 유럽의 등산용품으로 눈을 돌렸지요."

REI는 양질의 제품을 판매하고, 고객들의 신뢰를 얻고자 노력한 덕분에 가장 빠르게 최고의 장비를 판매하는 등산용품 업체로 이름을 알렸다. 또 회원이 많지 않다는 점은 산악인과 야외 활동을 즐기는 사람들의 자존심을 높여주었다. 1963년에 조합이 결성된 지 얼마 지나지 않았을 때 REI는 미국인으로 최초로 에베레스트 정상에 오른 등산가이자 후일 REI의 COO를 맡은 짐 휘테이커와 친분을 쌓아 회사의 명성을 크게 높였다.

REI는 고객의 수요에 발맞추어 제품의 종류를 점점 늘렸고, 여러 해에 걸쳐 배낭여행이나 스키 등 인기 있는 야외 활동에 필요한 장비를 제공하기 시작했다. 또한 카약, 스노보드, 여행용품에 이르기까지 모든 종류의 '몸을 움직이는 활동' 에 필요한 장비를 다루고 있다. 지금은 40개국 이상에서 200만 명이 넘는 조합원이 활동하는 미국 내 최대 규모의 소비자 협동조합이며, 세계적으로도 최대 규모를 자랑하기에 이르렀다. 제품을 구입할 수 있는 방법도 다양해졌다. 거의 70개에 달하는 소매점이 24개 주에서 운영되는데 앞으로도 소매점의 수를 계속 늘릴 계획이다. 이외에도 전화, 우편판매, 카탈로그, 전자상거래 등의 다양한 유통 채널도 확보하고 있다. 고객은 지점 내에 설치된 가판대에서 인터넷으로 주문을 넣을 수도 있다.

우리의 가치는 언제나 변함없다

산악용품과 장비의 종류는 1938년에 비하여 엄청나게 증가했지만 소비자 협동조합을 이끄는 회사의 원칙에는 언제나 변함이 없다. REI는 여전히 야외 활동을 사랑하는 회사이며, 신뢰를 중요한 핵심 가치로 삼고 있다. 시애틀 본점과 최근에 생긴 매장 건물은 산막처럼 자연 소재로 지어졌다. 매장 내에는 암벽 등반을 연습할 수 있는 벽과 다양한 지면에서 신발의 감촉을 시험해볼 수 있도록 여러 종류의 바닥이 설치되어 있다. 주웰은 다음과 같이 말한다.

"신뢰, 이 말은 진정한 야외 활동을 추구한다는 의미입니다. 이것이 REI가 추구하는 전부죠. 회사의 규모가 작던 시절에는 대부분의 사람이 조합에 가입하면 법적으로 조합의 지분을 취득하고, 연말이 되면 자신이 상품을 구입한 양에 따라 연말 배당을 받는다는 사실을 알고 있었습니다. 우리 회사와 관련이 있는 모든 사람들은 이 사실을 정확히 알았어요. 문제는 REI의 규모가 커지면서 시작됐어요. 우리는 고객의 수요를 따라가기 위해 변화를 시도 중이지만 여전히 진정한 야외 활동을 추구하며 회사의 근본을 벗어나지 않으려 노력하고 있습니다. '이런 사실을 예전부터 우리의 상품을 구입하던 고객과 종업원들만큼 잘 이해하게 하려면 어떻게 해야 하는가?' 하는 문제가 생긴 거지요."

2000년에 처음으로 적자가 발생하자 임원진과 경영상의 우선순위에 큰 변화가 있었다. 매드슨과 주웰이 현재의 직책에 임명되었고, 경영진은 18개월 동안 철저하게 자기반성을 했다. 그들은 REI의 이야기를 재검토하고 적절하게 개선했다. 주웰은 그 당시 상황에 대해 다음과 같이 이야기한다.

"역경이 닥칠 때 기회가 생기지요. 우리는 하나의 회사로서 우리 조합의 변함없는 가치를 확실하게 표현해야 한다는 사실을 깨달았습니다. 가치는 우리가 주변 환경의 변화에 현명하게 대처하는 데 힘이 되어주는 오랜 친구입니다. 또한 1938년에 우리 회사가 하던 이야기의 핵심이 오늘날은 물론, 2038년에도 변하지 않으려면 회사가 추구하는 진정한 가치를 알려야 하지요."

경영진은 회사의 진정한 가치를 찾기 위해 이사회와 174명의 매니저들로부터 자료를 모았다. 작업의 목표는 협동조합의 핵심적인 목표를 분명하게 밝히는 일이었다.

REI의 전 공무(公務) 부서 부대표인 캐슬린 비머는 제임스 콜린스와 제리 포라스가 쓴 『성공하는 기업들의 8가지 습관Built to Last』에서 자극을 받아, 설문 참여자들의 생각을 최대한 반영할 수 있는 설문지를 제작했다. 각각의 설문지는 다음과 같은 일련의 질문에 응답하도록 지시했다. "REI는 어떤 일을 합니까?", "REI가 사업을 중단한다면 어떤 손실이 발생한다고 생각합니까?" 모든 설문 다음에는 REI의 핵심 가치를 얻기 위해서, "이것이 중요한 이유는 무엇입니까?" 라는 질문이 이어졌다.

작성이 완료된 질문지는 이런 내용이었다. REI는 어떤 일을 합니까? "야외 레저 활동을 즐기는 데 필요한 양질의 신뢰성 있는 장비를 판매하고 많은 사람들에게 좋은 직장을 제공합니다." 이것이 중요한 이유는 무엇입니까? "사람들은 야외 활동을 경험하고 즐기고 중요하게 생각해야 하며, 요즘처럼 빠른 업무와 스트레스 받는 환경에서 균형을 유지해야 하기 때문입니다." 이것이 중요한 이유는 무엇입니까? "좋은 사람 혹은 좋은 부모가 되는 일은 지역 사회에도 도움이 됩니다. 우리는 함께 살아가고 일해야 하며, 우리의 후손을 위해 우리가 사는 곳을 더 좋은 곳으로 만들어야 할 책임이 있습니다."

경영진은 174명이 참여한 설문지를 꼼꼼하게 검토한 후, 회사의 목적을 단순하게 표현하는 선언문을 만들어냈다. 작성된 문서에서는 협동조합의 사명은 고객이 평생 동안 야외 활동을 즐기도록 그들을 교육하고 장비를 제공하는 것임을 밝혔다. 이 목적 선언문은 REI의 핵심 가치를 강조하기 위해 회사 전체에 알려졌다.

● **신뢰** 진정한 야외 활동을 추구함

- ● **품질** 믿을 수 있는 제품과 서비스
- ● **서비스** 우리의 고객과 지역 사회, 동료들을 도울 때 느끼는 자긍심
- ● **존중** 사람들을 소중하게 여기고 그들의 업적을 인정함(종업원과 모든 관계자)
- ● **정직함** 모든 행동에서 신뢰를 주는 청렴함
- ● **균형** 일처리는 훌륭하게, 그리고 즐겁게

주웰의 설명을 들어보자.

"『성공하는 기업들의 8가지 습관』에서 간략하게 소개된 프로세스는 우리 회사가 신뢰를 쌓으려고 노력한다는 사실을 사람들에게 알릴 수 있는 방법을 가르쳐주었어요. 협동조합으로서 우리는 그저 제품만을 판매해 이익을 내고, 현상 유지나 성장에만 매달려서는 안 됩니다. 우리는 환경을 보존한다는 더욱 고결한 사명을 가지고 있습니다."

회사는 이 사명을 달성하고자 매년 환경 보호와 환경 재건을 위해 이익 중 약 200만 달러를 별도로 비축하고 있다.

데니스에게 물어보세요

액면 그대로 받아들이든 비유적으로 받아들이든, 말을 행동으로 옮기는 모범을 보여준 매드슨과 경영진들은 특히 종업원을 존중하는 핵심 가치를 실제 행동에 옮기기 위해 사람들을 직접 만나 REI의 이야기를 전하기 시작했다. 2001년 11월과 12월에는 전 매장을 한

군데도 빠짐없이 방문해 이야기를 전하고, 모든 직원들에게 조그만 감사카드를 건넸다. 경영진이 지난해의 문제를 해결하는 동안 종업원들이 회사에 대해 신뢰를 잃지 않고 고객에게 꾸준히 헌신적인 태도를 보여준 데에 감사를 표시하는 내용이 담긴 카드였다.

그 이후 경영진들은 모든 매장을 방문하는 일을 연례 행사로 삼았다. 그들은 종업원들에게 REI가 사명을 달성하는 데 전념한다는 믿음을 심어주고, 앞으로 다가올 해에는 어떻게 할지 종업원들과 함께 의논했다. 경영진은 종업원들에게 꾸준히 보완해나갈 앞으로의 장기적 계획을 알려주고, 그들이 어떻게 하면 조합원들을 최고로 대접할 수 있을지 일깨워준다. 그리고 각 직원들이 보여준 노력에 보답하는 특별한 감사의 선물을 전달하고, 6천 명이 넘는 협동조합의 종업원들에게 피드백도 받는다.

비록 경영진들이 1년에 한 번만 전국의 모든 매장을 방문하지만 REI의 노사 간의 대화는 부족하지 않다. 매드슨과 주웰은 분기마다 회사 본사 및 물류센터에서 근무하는 모든 종업원이 참여하는 회의를 열어 얼굴을 맞대고 이야기를 나눌 수 있는 공개 토론 자리를 마련한다. 매니저는 모두 연간 경영자 회의에 참석하여 전략 수립에 일조할 기회를 얻는다. 이 회의가 진행되는 기간 중에는 다같이 야외 활동을 즐기기도 한다.

회사에서는 전 종업원들이 대화를 주고받을 기회를 늘리기 위해, 지역 매니저가 관리하는 매장 수를 20곳에서 10곳으로 줄였다. 덕분에 매니저가 보다 많은 시간을 할애하여 직원을 지도하고, 가장 좋은 업무 방식을 알려줄 기회가 많아졌다. REI의 매니저라면 누구나 자신의 담당 매장에서 근무하는 직원들에게 들려줄 그 지역의 훌륭한 직원들 이야기를 잔뜩 알고 있다. 이야기 속 주인공들은 '재능 증명서'를 상으로 받는다. 직원들은 조합 내의 인트라넷을 통해서 CEO와 일대일로 면담할 기회도 가진다. 직원은 '데니스에게 물어보세요.'라는 포럼을 통해 누구든지 매드슨에게 업무와 관련된 질문을 할 수 있다. 2001년 7월에 포럼이 개설된 이후로 3천 200건 이상의 접속이 있었다.

고위 관리 직원은 모두 분기에 한 번씩은 영업 매장에서 근무해야 하며, 이렇게 함으로써 모든 임직원이 REI의 핵심 사업과 고객의 수요를 정확하게 파악할 수 있다. 매드슨을 포함한 일부 경영진들은 영업 매장에 친숙하다. 매드슨은 1966년 17세가 되었을 때 시급제 사원으로 REI에서 처음 일을 시작했는데 당시 REI의 조합 매장은 시애틀에 단 한 곳뿐이었고 종업원은 겨우 33명에 불과했다. 그가 처음 맡은 업무는 물건을 진열하는 일이었다. 그 후 그는 대학을 졸업하고 정규 사원으로 취직하여 수많은 굵직굵직한 사건을 직접 겪으며 승진을 거듭했다.

그는 REI가 처음으로 사업을 확장하던 1975년 캘리포니아 주 버클리에 두 번째 매장을 연 순간을 기억한다. 1만 명의 조합원들은 매장 건물을 새로 짓기를 고대했지만 경영진은 아직은 성급하다고 판단해 신중을 기했다. 몇 년 후, 부사장 겸 COO인 매드슨이 소비자가 지속적으로 물건을 구매하기 쉽도록 다양한 유통 채널을 확보해야 한다는 주장을 펼치고 그 계획을 실천했다. 그 결과 인터넷 쇼핑몰 'REI.com'은 야외활동용품을 판매하는 최대 규모의 쇼핑몰로 성장했다.

2002년 포레스터 리서치 보고서에서는 REI의 강점 중 하나를 '고객 경험'으로 꼽았으며, REI를 미국에서 가장 다양한 유통 채널을 가진 소매업체로 지목했다.

REI는 최근 고객 서비스라는 개념의 정의를 넓히면서 여행 사업에도 뛰어들었다. 'REI 어드벤처'는 탐험을 떠날 때 필요한 모든 서비스를 제공하며, 17년 전부터 전화와 카탈로그로 상품을 판매해왔다. 또한 북극에서 갈라파고스 제도에 이르기까지 모든 종류의 원정 여행을 이끌고 있다. 여행지에서 즐길 만한 등산, 탐험, 유람선 여행, 카약 등의 여러 활동을 기획하고 있으며, 여행의 강도도 가벼운 것부터 격렬한 것까지 다양하다.

여행 의류 사업도 함께 시작했다. 주웰은 일부 직원들이 최근 REI가 브랜드를 확장한 일에 대해 핵심 사업을 벗어나는 행동이 아닌가 우려하고 있다는 것을 알고 있다.

"그런 직원들은 우리가 의류 사업에서 발생하는 높은 수익에 현혹되어, 진정한 야외활동용품 판매업이라는 우리의 핵심 가치를 잊어버리지 않을까 걱정합니다. 요즘 고객들은 여행 중 적당히 멋을 내면서 관리하기도 쉬운 겉옷을 선호합니다. 우리 세대, 그러니까 베이비붐 세대들은 부모님들처럼 등산을 좋아하지 않습니다. 대신 전세계로 여행을 다니지요. 그들에게는 이탈리아의 교회나 아프가니스탄을 방문하더라도 격식에 어긋나지 않는 옷이 필요합니다. 물론 그 옷들은 세탁하기 쉽고 빨리 말라야겠죠. REI는 그런 문화적 차이를 잘 파악하고 있어요. 예를 들면, 샌들 착용을 금지하는 나라가 많기 때문에 나라마다 적합한 의류를 판매하는 것도 야외 활동을 하는 데 필요한 양질의 신뢰성 있는 제품을 제공하려는 우리의 핵심 가치에서 벗어나지 않는다고 생각합니다."

세대를 넘어 감동을 주는 이야기

REI의 다른 직원들처럼 주웰과 매드슨 역시 야외 활동을 무척 좋아한다. 두 사람 모두 등산을 가장 좋아한다. 이들은 사보를 좀 더 쉽게 읽을 수 있도록 직장생활과 개인 시간을 활동적으로 보내는 직원들의 이야기를 기사로 다루도록 했다. 한번은 제품 개발자인 빌 하르트립이 개발 중인 장비를 시험해보자는 취지로 다른 REI 직원들과 워싱턴 주에 있는 블랙 피크를 등반한 이야기가 사보에 실렸다. 기사에서는 직원들이 힘겹게 등반한 이야기와 그들이 장비를 얼마나 험하게 사용했는지를 다루었다. 그리고 직원이 REI의 장비를 직접 사용해보고 피드백을 주는 것이 얼마나 중요한 일인지도 덧붙여 이야기했다.

REI는 직원들에게 가까운 지역 야외 행사에 참여하도록 권유하고 이를 적극적으로 지원해주며 지역 문화 발전에 공헌하려 애쓴다. 매드슨의 이야기는 이렇다.

"우리는 자연을 보호하고 우리처럼 쉽게 '몸을 움직이는 활동'을 즐기지 못하는 사람들을 돕고 싶어요. 이런 힘은 일종의 특권이지요."

직원들은 자전거 경주나 마라톤 같은 행사에서 자원봉사를 하며, 고객이 적합한 장비를 고를 수 있게 돕는 일도 지역 사회에 공헌하는 일이라고 생각한다. 특히 스포츠를 처음 시작하는 고객의 장비를 골라주거나 자녀들에게 장비를 사주는 부모들을 상대할 때면 뿌듯한 마음이 든다.

"커미션은 받지 않아요. 우리 직원들은 바른 마음으로 옳은 일을 하는 거니까요."

REI는 자신이 선언했던 가치에서 벗어나는 일은 하지 않으려고 노력한다. 그들은 신뢰할 수 있는 조직 문화를 유지하고 REI의 이야기를 사람들에게 알리기 위해 온 힘을 다 쏟아붓는다. 결과는 믿을 수 없을 만큼 대단했다. REI는 7년 연속으로 《포춘》지의 '일하기 좋은 100대 기업'에 선정되었다. 잡지에 수록된 모든 기업 리스트와 책에 실린 리스트에 동시에 이름이 오른 불과 9개의 기업 중에 REI가 포함된다.

데니스 매드슨은 조합을 설립한 로이드와 앤더슨부터 지금까지 회사를 경영한 4명의 CEO와 모두 일해본 경력이 있다. 그는 조합이 물려받은 유산을 소중하게 여기고 조직 문화를 유지하는 일이 자신의 임무라고 생각한다. 그는 미래를 위해 REI의 이야기를 즐겁게 만들어간다. 회사가 처음이자 마지막으로 적자를 기록했던 2000년에 경영권을 넘겨받아, 2003년에 8억 500만 달러가 넘는 매출액과 흑자를 기록한 매드슨은 사업을 계속 확장하고 고객 서비스를 증진하는 미래만을 생각한다.

"아직까지 이 나라 사람들은 야외 활동과 야외 활동을 즐기며 사는 삶이 가깝고 친근하지요."

REI는 새로운 매장을 건설하고, 기존의 매장을 리모델링해 REI 자체 브랜드 장비와 의류를 제작하고 판매할 계획을 세우고 있다. 매드슨은 이렇게 이야기한다.

"우리는 조합 설립자가 그랬듯이, 조합원들의 욕구를 충족시키기 위해 계속 새로운 시도를 해볼 생각입니다. 물론 로이드와 메리 앤더슨의 이야기도 계속되어야지요. 그 이야기는 60년이 흐른 지금도 우리 직원들의 심금을 울립니다. 왜냐하면 두 분은 우리 회사를 받쳐주는 두 요소인 품질과 신뢰를 구축하기 위해 몸바쳐 일한 주인공이기 때문입니다."

REI에 대해 더 알고 싶은 사람은 www.rei.com을 방문해보라.

The Other Corporations
16. 이야기를 사용하는 기타 조직들

스토리텔링 기법은 사회복지기관, 의료기관, 교회, 교육기관, 국제 사회, 정부기관 등 다른 형태의 조직에서도 응용되어 최고의 효과를 발휘한다. 사회복지기관은 오래 전부터 스토리텔링의 중요성을 알고 있었으며, 실제로 기관에서 수집한 개개인의 이야기가 사회 운동이나 캠페인을 일으키는 데 효과적임을 입증했다. 곤경에 처한 가족이나 도움이 필요한 아이들의 사연과 사진은 우리의 마음을 움직이고, 지갑을 열어 그들을 돕게 한다. 도움이 간절하게 필요한 사람이 있다는 이야기를 듣고도 그것을 무시할 사람이 얼마나 되겠는가? 고통받는 이들의 안타까운 이야기를 보며 자기가 처한 어려움은 별일이 아니라는 생각도 들 것이다.

이 책에 수록된 기업의 이야기들에서 보았듯이 스토리텔링 기법의 목적은 다음과 같이 다양하다.

① 정보를 전달하고 지식을 공유한다(소개된 모든 기업).

② 회사의 사명을 명확하게 설명하고 강화한다(3M).

③ 회사의 사명을 구체화한다(메드트로닉).

④ 회사가 추구하는 가치를 강화한다(코스트코 홀세일).

⑤ 상품이나 서비스를 판매하고, 다른 사람의 태도에 변화를 불러 일으킨다(폭스 보석상).

⑥ 직원들이 사명을 달성하는 데 전념하도록 만든다(나이키, 사우스웨스트 항공).

⑦ 팀을 구축하고 결속력을 다진다(컨테이너 스토어, WRQ).

⑧ 합의를 이끌어낸다(REI).

⑨ 위기 상황에서 느끼는 감정에 대처한다(노스웨스턴 뮤추얼).

⑩ 조직 문화를 기르고 배양한다(암스트롱 인터내셔널).

⑪ 전통을 존중한다(이스트먼 코닥).

⑫ 성공을 축하한다(메리케이).

⑬ 개인의 업적을 칭찬한다(페덱스).

⑭ 노사 간에 인간적인 유대 관계를 형성한다(케이피 코퍼레이션).

이러한 스토리텔링 기법은 사회복지기관, 의료기관, 교회, 교육기관, 국제 사회, 정부기관 등 다른 형태의 조직에서도 응용되어 최고의 효과를 발휘한다.

사회복지기관은 오래전부터 스토리텔링의 중요성을 알고 있었으며, 실제로 기관에서 수집한 개개인의 이야기가 사회운동이나 캠페인을 일으키는 데 효과적임을 입증했다. 곤경에 처한 가족이나 도움이 필요한 아이들의 사연과 사진은 우리의 마음을 움직이고, 지갑을 열어 그들을 돕게 한다. 도움이 간절하게 필요한 사람이 있다는 이야기를 듣고도 그것을 무시할 사람이 얼마나 되겠는가? 고통받는 이들의 안타까운 이야기를 보며 자기가 처한 어려움은 별일이 아니라는 생각도 들 것이다.

일부 기업, 특히 메드트로닉처럼 의료업계에 종사하는 기업들은 연간 보고서나 사내 발행지에 회사에서 개발한 장치가 사람들을 구했다는 이야기를 실어 직원들과 소비자들의 마음을 움직였다. 마이크로소프트사는 지역 사회 공헌**Microsoft Community Affairs** 이라는 프로그램을 통해 사회 공헌 활동을 펼치고 있다. 회사와 직원들은 어려운 이들에게 모금을 전달하거나 소프트웨어를 기부하고, 이 같은 자원봉사를 통해 수백 명의 미래가 밝아졌다는 이야기를 사내에 알린다. 이야기를 통해 이런 선행을 전달하면 기업의 사회 공헌 활동이 매우 실감나게 드러난다.

스토리텔링의 효과는 분야를 뛰어넘는다

다양한 조직이 스토리텔링 기법을 효과적으로 활용하고 있다. 스토리텔링에 치유 능력이 있다는 사실을 인정하는 의료기관과 건강 관리 전문가들이 늘고 있다. 4년간 3권이나 되는 건강 서적을 집필한 상담사 제임스 D. 헨리와 린다 G. 헨리는 관계 중심의 치료 방법이 빠르게 증가하는 추세라고 설명한다. 제임스 헨리의 설명은 다음과 같다.

"관계 중심의 치료 방법이란 다른 사람의 이야기를 무시하지 않고, 서로가 들려주는 이야기에 귀 기울이는 것입니다. 이런 맥락에서 보았을 때, 훌륭한 의사는 상담을 시작할 때 환자에게 그동안 어떤 일이 있었는지를 묻거나 '당신 얘기를 좀 해주세요.' 라는 말로 분위기를 이끌지요. 환자의 이야기를 경청하는 일 자체가 치료의 과정이에요. 이 방법은 환자의 심신의 균형을 잡는 데 큰 도움이 됩니다. 환자들이 자신의 이야기를 많이 하면 할수록 치료도 더 잘되지요."

두 사람의 첫 저서인 『치료 정신: 생기를 불어넣는 치료사들을 위한 실제적인 전략Reclaiming Soul in Health Care』에서는 남을 돕는 직업을 가진 사람이라면 무엇보다 곤경에 처한 사람을 치료해주고 그의 상태를 개선하려는 '열정' 이 있어야 한다고 주장한다. 그들은 직장에서의 '열정' 이란 다른 사람의 이야기를 주의 깊게 들으며 친밀한 관계를 형성하는 것이라고 정의하며, 수익성이 좋은 조직과 '정신' 의 관계를 설명한다. 『의사의 영혼: 열정, 회복, 희망을 말하는 의사들The Soul of the Physician』에는 의사 33명을 초빙하여 개인적인 고뇌와 기쁨 그리고 고립감에 대해 토론한 이야기가 수록되어 있다. 이 책은 2004년 미국간호사협회에서 출판된 『간호사의 영혼: 직업에 대한 열정을 불어넣기 위한 이야기The Soul of the Caring Nurse』에 뒤이어 미국의학협회에서 의사들의 이야기를 모아 발간한 것이다.

성직자들은 오래전부터 이야기가 메시지를 전달하는 힘이 있다는 사실을 잘 알고 있었다. 목사는 예수의 가르침에 따라 교구원들을 하나로 묶기 위해 설교를 할 때 자기나 다른 사람의 경험담을 들려주면서 메시지를 전한다. 교회 경영자들도 이 책에 소개된 기업들처럼 행정적인 문제를 나눌 때 이야기를 사용한다. 캘리포니아 주 멘로파크 장로교회의 경영자들은 교회를 경영하고 예배를 드릴 때 항상 이야기를 활용하여 멘로파크의 교구원 6천 명을 이끌어왔다.

멘로파크에서 이야기를 처음 사용한 사람은 28년간 성실하게 목사로 봉사하다 2002년에 은퇴한 월트 게르버였다. 멘로파크에서 예배목사 직을 담당하는 더그 로런스는 이렇게 말한다.

"월트 목사님은 단순히 아는 이야기가 아니라, 자신이 인생을 살며 배운 진실한 이야기를 들려주셨어요. 우리는 보통 누군가가 자신이 알고 있는 걸 이야기하면 그를 의심하지만 체험을 통해 배운 경험들을 이야기하면 '저 사람이 그걸 아는구나.' 하고 인정하게 되죠. 다른 사람의 경험은 비판의 여지가 없으니 말하는 사람이 전달하려는 바를 열린 마음으로 듣게 되지요."

로런스는 월트 목사가 크리스마스 이브 설교에서 새에 대한 이야기를 몇 번씩 들려주곤 했었는데, 몇 년이 지나도 신자들이 그 이야기를 기억하고 있었다고 말했다.

"사람들은 그 이야기를 굉장히 좋아했어요. 어떤 사람들은 그 새 이야기를 다시 들으려고 크리스마스 이브에 교회에 나오기도 했을 정도였지요."

멘로파크에서 스토리텔링의 효과가 가장 크게 발휘되는 시간은 매주 진행되는 간증 시간이다. 간증을 하는 교구원들은 하나님에게 헌신하는 삶을 선택한 이후로 자신의 삶이 얼마나 놀랍도록 변했는지를 이야기한다. 못 견디게 힘들었던 개인적인 문제를 교회 프로그램 덕분에 해결했다는 사람이나, 교회에 고액의 헌금을 한 후 삶이 극적으로 바뀌었다는 사람도 있다. 로런스는 다음과 같이 이야기 한다.

"우리는 이것을 '감사의 표현'이라고 부릅니다. 누군가의 인생이 바뀌었다는 이야기를 들으면 자신의 인생도 바뀔 수 있겠다는 용기가 생기지요. 사람의 의지란 연약해서 유혹에 빠지기 쉽지만 한편으로는 대단한 힘을 가졌다는 사실도 깨닫게 됩니다. 이런 이야기들이 우리 교회의 프로그램을 홍보하는 셈이지요. 교회 직원들뿐 아니라 어린아이와 10대 청소년들에게도 이야기가 효과적입니다. 주간 직원 회의에서 이런 질문이 나왔어요. '이번 주에 선행하는 사람을 본 적이 있습니까?' 우리는 교구원들이 언제나 타인에게 친절하게 대할 것이라고 생각합니다. 하지만 실제로 자신의 행동을 지켜보는 사람이 있든 없든, 항상 열심히 남을 돕는 사람이야말로 기독교 사회가 바라는 인물상이지요. 우리는 항상 이런 이야기를 나누어요."

로런스는 이야기가 동시대의 커뮤니케이션에서 아주 중요한 위치를 차지한다고 강조했다.

"우리는 예전과는 매우 달라진 세계에 살고 있습니다. 단순한 지식을 알려주는 것만으로는 충분하지도 않고 무엇도 이루어낼 수 없어요. 교회를 이끄는 사람들은 신자들이 사실을 받아들이기 위해서는 감정적으로 큰 감명을 받아야 한다는 걸 알아야 합니다. 예배를 주관하는 사람으로서 제가 할 일은 사람들을 가르치는 것이 아닙니다. 복음이 전하는 바를 깨닫게 도와주고, 이를 통해서 삶에 변화를 불러일으키는 게 바로 제 의무지요."

교육기관의 경우를 보면, 하버드 경영대학원에서 사례 연구에 스토리텔링 기법을 사용한다. 이외에도 마케팅과 지역 사회 홍보 분야에서 관계 형성을 위해 스토리텔링을 활용하며, 리더십 훈련 분야에서도 이야기의 효과를 깨닫고 있다. 시애틀 퍼시픽 대학은 다양한 분야에서 공부하는 학생들의 이야기를 들려줌으로써 입학생과 후원인 그리고 경제계 회원들에게 미국의 유명 프로그램을 소개한다.

이 밖에도 경영자들을 대상으로 한 교육 과정에서 스토리텔링 기법을 활용하는 경우가 늘어나고 있다. 드폴 대학의 신교육대학에서는 정기적으로 사업에 스토리텔링을 사용하는 기법에 대한 강의를 하고 있다. 노틀담 대학의 멘도자 경영대학원 '최고 경영자 필수 리더십 교육과정' 에서는 2003년 8월에 처음으로 스토리텔링 활용법을 가르치는 강의를 선보였다. 비학위 과정을 관리하는 폴 슬리거트는 수강생들의 전체 교육과정 중 발표 능력에 초점을 맞춘 이 수업에 굉장히 높은 점수를 매긴다고 말한다.

의도한 대로 결과가 나오는가?

국제 사회를 형성할 때 다른 문화적 배경을 가진 사람들이 서로 이해하고 결속력을 다지기 위해 이야기를 사용하는 경우가 종종 있다. 그중 조직 발전 전문가들과 스토리텔러를 직업으로 삼는 사람들 사이에서는 세계은행의 사례가 가장 유명하다. 세계은행 사례를 사람들이 많이 기억하는 이유는 스티브 데닝이 세계은행 프로젝트에 참여했기 때문이다. 그는 유엔에 처음 스토리텔링 기법을 활용하도록 추천했고, 스스로도 이 기법을 훌륭하게 활용한 주인공이다. 저서 『기업 혁신을 위한 설득의 방법 스토리텔링The Springboard: How Story-telling Ignites Action in Knowledge-Era Organizations』에서 데닝은 변화를 이끌어내는 것이 스토리텔링의 가장 중요한 기능이라고 여긴다. 그는 지금이야말로 이런 주제를 말하기에 적절한 시기라고 강조한다.

"전 세계적으로 쉽게 적응하기 힘든 변화가 일어나는 시기가 바로 현대입니다. 컴퓨터를 사용하는 사회는 모든 것을 완전히 바꾸어놓았어요. 인류가 복잡한 문제와 변화를 해결하던 방식은 모두 이야기에 담겨 있습니다. 이야기의 효과를 측정하려면 이렇게 자문해보십시오. '당신은 의도한 대로 행동하고 있습니까? 만약 변화를 하고자 노력했다면, 실제로 그 변화가 당신 주변에서 일어나고 있습니까?'"

세계은행에서는 "그렇다!" 라는 대답이 이어진다. 대표인 제임스 울펀슨James D. Wolfensohn은 1996년 연간 회의에서 세계은행이 이제는 세계적인 지식 경영 시스템에 투자해야 한다고 발표했다. 그는 이 시스템을 도입하면 전 세계에서 근무하는 세계은행 직원 1만 명이 동시에 부동산 개발 정보를 비롯해 이와 관련된 전문지식을 수집할 수 있고, 이 시스템을 통해 은행 직원이 고객에게 수집한 정보를 제공할 수도 있게 된다고 말했다. '스프링보드 이야기'는 그의 이러한 지식을 공유하는 연결고리가 되었다.

지식 경영 시스템을 설치해야 한다는 제임스의 제안이 인기를 얻으며 빠르게 퍼지자 평소 변화가 더디던 184개의 회원국 은행에서도 새로운 움직임이 일기 시작했다. 2000년이 되자 지식 경영은 경영 활동의 일부로 완전히 자리 잡았으며, 은행이 선언한 사명에 완전히 녹아들었다. 뿐만 아니라 전략계획의 일부로도 채택되어 세계은행이 지원하는 전 세계의 100여 개 지역에서 지식 경영을 도입했다. 데닝이 프로그램 디렉터를 맡은 지 겨우 4년 만에 세계은행은 지식 경영을 실천하는 최고의 조직이 되었다.

데닝은 이제 컨설턴트이자 기업 스토리텔링 분야를 이끄는 리더로 명성을 떨치고 있다. 그는 스토리텔링이란 설득력 있고 생각의 여운을 강하게 남겨주는 흥미로운 화법이며, CEO라면 반드시 갖추어야 할 능력이라고 힘주어 말한다.

"이것이 바로 제가 《월스트리트 저널The Wall Street Journal》, 《하버드 비즈니스 리뷰》, 《아메리칸 이코노믹 리뷰American Economic Review》, 《CIO》와 같은 경영지에서 스토리텔링에 대한 기사를 쓰는 이유입니다. 《아메리칸 이코노믹 리뷰》지의 기사에 따르면 사업 활동 비용의 28%가 설득을 하는 데 사용된다고 합니다. 만약 설득 과정의 절반 정도가 스토리텔링을 통해서 이루어진다고 가정하면, 스토리텔링의 가치는 미국 GNP에서 1조 4천억 달러에 해당하는 셈이지요."

업무를 추진 중인 조직이나 전통적인 업무 방식을 바꾸려는 조직은 스토리텔링의 힘에 눈을 돌려야 한다. 다시 한 번 말하지만 이야기의 결과를 측정하는 질문은 이것이다.

"의도한 대로 결과가 나오는가?"

가치를 이어주는 끈, 이야기

정부기관 가운데 스토리텔링의 가치를 알고 있는 곳은 미항공우

주국NASA으로, 나사에서도 직원 교육 훈련과 지식 경영에 스토리텔링 기법을 활용한다. 나사는 에듀테크라는 기술 컨설팅 교육 기업과 몇 년간 계약을 체결한 후 이야기를 활용하기 시작했다. 에듀테크 사장인 마일드레드 록하트보이드Mildred Lockhart-Boyd 박사는 이전부터 나사의 교육 프로그램에서 이야기를 어느 정도 사용하기는 했지만 에듀테크가 나사에 서비스를 제공하면서부터 이야기를 중심적으로 활용하게 되었다고 말한다. 또한 나사의 매니저 몇 명이 스토리텔링 기법에 관심을 보이고 사내 커뮤니케이션에 이야기를 활용하면 어떻겠냐고 제안한 것이 계기가 되었다고 설명했다.

에듀테크는 여러 가지 대안을 궁리한 뒤 먼저 나사에서 전자 사보를 발행하고, 성공한 프로젝트 팀의 이야기를 사보에 싣기로 했다. 얼마 지나지 않아 나사의 직원들은 사보가 인쇄물로도 발행되어서 여행할 때 들고 다녔으면 좋겠다고 건의했다. 보이드 박사는 이렇게 말한다.

"사보의 발행 부수가 엄청나게 증가한 것만 보아도, 누구나 이야깃거리를 가지고 있고 이야기를 사랑한다는 사실을 알 수 있습니다. 처음에 200부 정도 발행하던 사보를 지금은 8천 부 발행하고 있으니까요! 이야기의 진짜 효과를 확인하려면 결과를 측정해야 하지요. 우리는 다양한 방법을 동원해 이야기의 효과를 측정합니다. 전자 사보를 구독하겠다는 사람도 많고 사보를 재발행하라는 요청도 쇄도합니다. 원가 절감에 도움이 될 만한 정보를 알려주는 사람들도 많아요. 이런 결과가 바로 이야기의 효과죠. 물론 이것이 전부는 아닙니다."

한번은 어떤 프로젝트 매니저가 다른 팀에서 사용했던 문제 해결

기술을 빌려서 사용하면, 1시간당 50만 달러가 절약된다는 계산을 해냈다. 그 덕분에 원가를 크게 절감할 수 있었다고 한다.

"우리는 언제나 인적 자본 측면에서 이야기의 효과를 측정하기 위해 고민합니다. 이야기를 하면 확실히 시간과 비용이 절약되고 새로운 아이디어를 떠올리기도 좋습니다. 나사에서 지식을 공유할 때 이야기를 사용해서 큰 성공을 거두었기 때문에 우리 회사의 프로젝트 팀에서도 비슷한 방식을 사용하기 시작했습니다. 신입사원들에게 회사의 역사를 이야기로 들려주면 조직 문화를 빨리 파악하고 쉽게 적응할 수 있었어요. 회사만의 역사를 보면 신입사원들도 회사가 현재 어디에 있는지, 어디로 가야 할지를 이해하기 쉽지요. 자기 이야기가 사보에 실리는 것을 좋아하는 사람도 많습니다. 스토리텔링은 말로 표현할 수 없을 만큼 우리에게 큰 도움이 되었습니다."

Without Stories?

17. 이야기를 빼면 무엇이 남는가?

조직은 그 회사만의 이야기를 찾아내 정교하게 다듬은 후 반복해서 그 이야기를 들려줌으로써 조직의 가치를 명확하게 밝히고, 이해 관계자들과 원활하게 의사소통하며, 조직의 모든 구성원들이 조직의 비전을 향해 흔들림 없이 나아가도록 했다. 조직은 이야기를 반복해서 들려주면서 다시금 원동력을 얻었으며, 지금의 이해 관계자들과 더욱 긴밀한 관계를 형성하는 동시에 조직의 가치를 이해하는 새로운 사람들의 관심도 얻을 수 있었다.

스토리텔링은 지역 사회와 인류 역사에서 사람들 사이의 관계를 형성하는 역할을 해왔다. 고대 문명이나 제법 근대적 형태를 갖춘 부족 사회에서도 전통은 사람들의 입에서 입으로 구전되어왔다. 어떤 부족에서 이야기꾼으로 임명된 사람은 부족민들에게 전통을 지켜야 한다는 책임감을 심어줄 사명이 주어졌다. 전통은 부족의 생존을 유지하는 데 필수불가결한 요소이기 때문이다.

이야기꾼들은 사람들을 즐겁게 하는 역할도 담당했는데, 부족민들이 모두 불가에 둘러앉으면 익숙한 이야기를 들려주고 모두의 상상력을 자극하곤 했다.

앞장의 사례들에서 보았듯이, 기업의 이야기가 효과를 발휘하려면 반드시 실제로 일어난 일을 이야기해야 한다. 실제 사례들은 회사의 본질이나 영혼과 다름없는 '특성'을 드러내며, 그 이야기는 매일의 의사 결정을 내릴 때 반영되는 회사의 가치와 원칙에서 나온다. 사업가들이 경영을 할 때 사용하는 명확한 스토리텔링 기법은 경영 기법으로서는 지나치게 단순하다고 생각하기 쉽다. 그러나 치밀한 계획을 세운 뒤에 적절하게 운영하는 '기업 스토리텔링 시스템'은 상당히 정교하고 복잡하다. 혹은 스토리텔링 시스템의 영향력을 과소평가하는 사람도 많다. 스토리텔링의 효과를 제대로 끌어내려면 반드시 목적이 분명한 이야기를 해야 한다. 그 목적을 달성하려면 신중하게 이야기를 선택하고, 효과적으로 구성해서 들려주어야 한다.

성공을 가져오는 실제 이야기

이야기를 강력하게 만드는 힘은 무엇인가? 우리는 왜 누군가에게 이야기를 반복해서 하게 되는가? 심지어는 자기 자신에게까지 말이다. 무엇이 특정한 이야기를 재미있으면서도 기억에 남게 하는 것일까? 만약 자신이 좋아하는 이야기를 분석하는 사람이 있다 하더라도, 그 수는 그리 많지 않을 것이다. 대다수의 사람들은 이야기는 무조건 즐겁게 듣고, 기억하고 또다시 이야기하면 그것으로 충분하다고 생각한다.

어린 시절에 즐겨 듣던 이야기였든, 지난주에 들은 이야기였든 상관없이, 우리의 기억에 남는 이야기에는 몇 가지 공통점이 있다. 이야기의 주제나 세부적인 내용이 무엇이든 간에, 좋은 이야기는 주인공이 고난을 극복하는 과정을 들려줌으로써 듣는 독자나 청중들에게 깊은 감동을 준다. 그의 고난은 가족의 결혼식 계획을 완벽하게 짜는 일처럼 간단한 것일 수도 있고, 시장 점유율이 크게 하락한 이유를 찾아내는 일처럼 복잡한 내용일 수도 있다.

이야기와 완전히 똑같은 경험을 한 청중이 있느냐 없느냐와 상관없이 우리는 누구나 살다 보면 간단하거나 복잡한 문제에 직면한다. 이야기를 효과적으로 들려주면 청중들은 주인공의 고민을 자신의 문제에 대입하여 주인공과 자신을 동일시하고 그 문제를 해결하기 위해 이야기에 몰입한다. 이야기가 우리에게 희망을 주는 이유는 청중인 우리가 직면한 문제를 해결할 능력을 길러주기 때문이다. 직접적이든 간접적이든, 이야기는 인생에서 소중한 교훈을 가르쳐준다. 최고의 이야기에는 까맣게 잊고 있던 기억을 마술처럼 다시 불러내고 마음 깊은 곳의 감정을 이끌어내는 강력한 위력이 있다.

모든 임직원과 회사의 관계자들이 회사의 비전을 명확하게 알게 하려면 경영자는 반드시 회사의 핵심 가치가 담긴 이야기를 꾸준히, 자주 들려주어야 한다. 이야기는 한 번 했다고 해서 결코 끝이 아니다. 종업원들과 계속해서, 규칙적으로 대화를 나누어야 하는 것이다. 특히 요즘처럼 변화가 빠른 시대에서는 말할 것도 없다. "무소식이 희소식이다."라는 속담이 있기는 하지만 기업에서 무소식은 매우 부정적이다. 특히 루머가 떠돌 때는 최악이 될 수 있다. 곧 변화가 일어나리라는 사실을 알아차린 사람이나 그 루머가 진짜일까 걱정하는 사람들은 금방이라도 일어날 것만 같은 악성 루머가 자신의 부서와 업무에 어떤 영향을 미칠지 불안해한다. 그들은 일상적인 테두리 안에 머물고 싶어 한다.

종업원들이 회사의 사명을 따르게 하고 싶다면, 그들이 회사의 비전을 어떻게 생각하는지를 자유롭게 말할 수 있는 환경을 조성해야 한다. 이를 위해서는 종업원들이 조직의 가치나 팀워크, 성공적인 업무 경험에 대해 이야기할 수 있는 공간이 필요하다. 종업원들이 자신의 이야기를 다른 직원들과 함께 나누는 과정에서 노사 모두에 이익이 되는 회사의 가치 역시 받아들이게 되는 것이다. 이야기를 나누는 팀은 협력도 잘하고 서로를 진심으로 도와주며, 고객 응대도 더 잘한다. 컨테이너 스토어의 경험에서 증명되었듯, 지속적으로 회자되는 진짜 이야기가 있는 회사는 경쟁이 극심한 시장에서도 흔들림 없이 회사를 열광적으로 지지할 직원과 고객을 모을 수 있다.

이야기로 좋은 소식만 전하지는 않는다

조직의 합병이나 경영진 교체, 정리해고, 매출 감소와 같은 큰 변화가 있을 경우 CEO는 구성원들을 안심시키기 위해서 매일 메시지를 전달해야 한다. 비록 그 메시지가 나쁜 소식이라 할지라도 효과적인 이야기는 나쁜 소식을 좀 더 쉽게 받아들일 수 있도록 해준다. 임원들이 회사의 현재 상황을 자세하게 설명하고 그들이 왜 이런 결정을 내리게 되었는지를 이야기하면, 종업원들은 임원들의 입장에서 생각하고 임원들의 행동을 이해하게 된다. 또한 직원 대부분은 조직의 결정에 대해 긍정적인 태도를 가지고 계속 열심히 일할 것이며, 회사를 옹호하기까지 할 것이다.

회사의 사정을 잘 알고 이해할 줄 아는 종업원은 믿을 만하다. 나는 동료와 함께 조직 개편을 추진하던 시립 회사의 PR 상담을 진행할 때, 이 사실을 아주 절실하게 깨달았다. 새로운 구조는 임원의 직무와 일부 부서의 업무 재분배, 업무 재할당, 인력 감축 등의 큰 변화를 가져왔다. 조직 개편 작업을 시작한 지 거의 2년이 지났기 때문에 결과 발표가 임박했다는 사실은 직원들 누구나 예상하고 있었다. 발표 계획의 첫 번째 단계는 조직 개편의 영향을 가장 많이 받게 될 종업원들에게 그 사실을 알리는 것이었다. 회사 내 핵심 멤버로 활동하는 그들은 어느 누구보다도 임원들에게 가장 먼저 소식을 들을 자격이 있었다.

발표를 하기로 예정된 날 각 지역에서 직원 회의 일정이 잡혔다. 직원 회의가 모두 끝나고 나면 기자회견을 하기로 되어 있었다. 임원진들은 조직 개편에 대해 설명하고, 종업원들에게 바뀐 점을 상세하게 보여주는 새로운 조직도와 사보를 나누어주었고, 기자회견이 있기 전까지는 그 사항을 비밀로 해달라고 부탁했다. 각 지역의 직원 회의가 끝날 때까지 밖에서 기다리던 기자가 사람들에게 무슨 내용이든 이야기해달라고 졸랐지만 단 한 명도 입을 열지 않았다. 모든 정보를 종업원들에게 먼저 솔직히 털어놓은 덕분에 종업원들은 임원진의 결정을 지지했고, 노사 관계는 더욱 굳건해졌다.

이와 반대로, 종업원들이 소외되었다고 느끼면 경영진에 대한 신뢰가 무너지고 업무의 사기와 생산성이 급격히 떨어진다. 내가 개최한 워크숍에 참여했던 어떤 영업 매니저가 말했듯이, 우리는 흔히 자신이 변화를 두려워한다고 믿지만 사실 변화 그 자체를 두려워하지는 않는다. 오히려 곧 닥칠 변화에 대처하지 못할까봐 두려운 것이다. 그렇기 때문에 리더는 조직의 가치를 강화하는 이야기를 지속적으로 들려주고 먼저 모범을 보여야 한다. 그러면 모든 직원들이 그 이야기에 익숙해지고, 그 이야기를 유지해나가기 위해서 필요한 자신의 역할을 받아들이며, 조직의 가치를 신뢰하게 될 것이다.

핵심 가치를 파악하기

『팝콘 리포트The Popcorn Report』의 원저자인 페이스 팝콘은 다음과 같은 말을 하여 '가치 기반의 투자 및 마케팅의 부활'을 이끌어냈다.

"예전에는 상당히 괜찮은 제품을 만들어서 시장에 판매하는 것으로 충분했다. 하지만 이제 그 방식은 더 이상 통하지 않는다. 우리는 소비자에게 '회사의 영혼'을 팔아야 한다. 소비자는 우리의 상품을 구입하기에 앞서 먼저 우리가 누구인지 알고 싶어 할 것이다.”

만약 자사의 핵심 가치가 무엇인지 정확하게 파악하지 못했다면 다음과 같은 질문을 통해 ‘영혼’을 찾는 작업을 시작해야 한다.

“우리 회사를 이끄는 원칙은 무엇인가?”, “페덱스처럼 우리 회사가 내건 약속을 지키기 위해서라면 종업원들이 어떤 일이든 할 수 있도록 권한을 주었는가?”, “3M처럼 종업원들이 모험을 할 수 있도록 격려하고 혁신적인 태도를 가질 수 있게 하는가?”, “나이키처럼 회사 창립 당시의 비전을 모든 직원이 파악하고 또 추구하는가?”

회사를 이끄는 원칙이 무엇이든, 회사와 관계가 있는 모든 사람은 회사의 핵심 가치를 알아야 하고, 그것을 제대로 이야기할 수 있어야 한다. 또한 그 핵심 가치를 추구했을 때 자기 자신이 어떤 이득을 얻는지도 분명히 알아야 한다. 여기에 대한 대답이 분명하지 않다면 명확한 대답을 찾기 위해 부록에 있는 질문에서 도움을 얻는 것도 괜찮을 것이다. 전문가의 도움이 필요한 사람들을 위해서 자사의 ‘기업 스토리텔링 시스템’을 어떻게 마련해야 할지에 대한 설명도 수록했다. 기업 스토리텔링 시스템을 구성하면, 자사의 가치를 발견하고 이야기를 찾아내는 데 도움이 될 것이다.

비전 있는 회사가 앞서 간다

시장에서 경쟁하는 개인 기업들을 보면, ‘기업 스토리텔링’이 제시하는 질문에 대한 답을 내놓는 회사들이(회사의 강점이 무엇인지, 다른 회사와의 차이점이 무엇인지를 분명하게 설명할 수 있는 회사들) 질문에 제대로 된 대답을 하지 못하고 분명한 비전도 없이 운영되는 회사에 비하여 거의 15배 정도 성과가 우수하다는 걸 알 수 있다. 또한 경쟁사에 비해서 일반적으로 6배 이상 뛰어나다. 제임스 콜린스와 제리 포라스는 스탠퍼드 대학 경영대학원에서 강의를 하는 동안 『성공하는 기업들의 8가지 습관』을 공동저술했는데, 이 책으로 아주 좋은 평판을 얻었다. 두 사람은 평균 100년 이상 경영해온 '진정으로 뛰어나고 오랫동안 성공하는' 기업 18곳을 6년 동안 연구하면서 각각의 회사를 그 회사의 가장 강력한 경쟁사와 비교해보았다. 또 연구 대상 회사들이 설립되던 해부터 오늘에 이르기까지 모든 성장과정을 조사하였다. 그 과정에서 가장 우선시되었던 의문은 이것이었다.

"진정으로 뛰어난 회사들과 다른 회사들의 차이점은 과연 무엇인가?"

그들은 선두를 달리는 '비전 있는' 회사들의 2가지 공통점을 찾아냈다.

✓ **핵심 가치를 분명하게 설명한다**(개인의 삶의 철학과 비슷한 아주 깊은 믿음이다).
✓ **사명이 있다**(존재의 이유).

조직은 그 회사만의 이야기를 찾아내 정교하게 다듬은 후 반복해서 그 이야기를 들려줌으로써 조직의 가치를 명확하게 밝히고, 이해관계자들과 원활하게 의사소통하며, 조직의 모든 구성원들이 조직의 비전을 향해 흔들림 없이 나아가도록 했다. 조직은 이야기를 반복해서 들려주면서 다시금 원동력을 얻었으며, 지금의 이해 관계자들과 더욱 긴밀한 관계를 형성하는 동시에 조직의 가치를 이해하는 새로운 사람들의 관심도 얻을 수 있었다.

시드 리베르만은 2003년 국제 스토리텔링 네트워크 회의의 기조 강연에서 요양소에서 지내는 할머니에게 들은 이야기를 인용했다. 그 할머니는 리베르만에게 자신의 아름다웠던 추억을 들려주곤 했다. 그는 할머니에게 성공적인 삶을 살기 위해서 가장 중요한 것이 무엇이냐고 물었다. 그녀는 대답 대신 이렇게 되물었다.

"죽을 날이 가까운 사람들에게 자신의 인생에서 어떤 일이 있었는지 들려줄 만한 이야깃거리 말고 도대체 뭐가 남겠어요?"

스토리텔링의 가치에 대해 매니저들과 토론했던 코스트코 CEO, 짐 시네갈이 지적했듯이, 조직의 생애에도 똑같은 질문을 적용할 수 있다.

"우리 회사와 관계된 모든 이들을 우리 편으로 만들 이야기가 없다면, 무엇이 남겠습니까?"

부 록

A: 우리 회사의 핵심 이야기를 찾기 위한 도움말
B: 우리 회사의 이야기를 평가하기 위한 체크리스트
C: 기업 스토리 양식
D: 필수적인 사내 교육에 대한 연구

A

우리 회사의 핵심 이야기를 찾기란 쉽지 않다. 바쁜 일정 가운데 잠시 자리에 앉아 마음을 가라앉히고 느긋하게 쉴 짬을 내기도 힘들거니와, 우리 회사의 특별한 점이나 가치, 비전을 곰곰이 생각해보기도 어려운 일이다. 하지만 회사의 커뮤니케이션과 사업이 성공하기 위해서는 반드시 핵심 이야기를 찾아야 한다.

오늘날의 시장처럼 넘쳐나는 정보 때문에 사람들이 무엇을 믿어야 할지 종잡을 수 없는 상황에서는 필요한 정보만을 효과적으로 전달하는 능력을 갖춘 기업이 성공한다. 효율적 목표를 수립한 커뮤니케이션 캠페인(적절한 사람들에게 적절한 메시지를 적절한 시기에 보내는)은 매출을 높이고 성장률을 끌어올리는 촉매 역할을 한다.

컨테이너 스토어가 들려준 사막에서 길 잃은 남자의 우화나 3M의 로고, 나이키의 "일단 해보라(저스트 두 잇)"와 같이 기억에 남는 이야기나 상징적인 기호, 또는 카피를 통해 우리 회사가 어떤 회사인지, 경쟁사와 차별화되는 우리 회사만의 특징이 무엇인지 알릴 수 있다. 핵심 메시지가 분명하다면, 커뮤니케이션 캠페인에 투자한 금액이 아깝지 않을 만큼 좋은 결과를 얻을 수 있다.

커뮤니케이션 캠페인의 효과를 높이려면 적절한 대상을 설정하고, 그 대상에게 맞는 메시지를 작성하여 가장 효율적인 매체를 통해 알려야 한다. 즉, 자원을 가장 효율적으로 사용해야 원하는 결과를 얻게 되는 것이다.

우리 회사의 핵심 이야기를 찾거나 좀 더 세련되게 다듬고자 할 때 도움이 될 만한 질문은 다음과 같다.

❶ 지금의 우리는 누구인가?

❷ 우리가 의사 결정을 내릴 때 의지하는 핵심 가치는 무엇인가?

❸ 5년 전의 우리는 어떠했는가?

❹ 5년 후 우리는 어떤 모습이기를 바라는가?

❺ 우리는 누구에게 이야기를 들려주려고 하는가?(종업원, 주주 등)

❻ 이야기를 들어야 할 사람들이 우리에 대해 알려고 하거나 알아야 하는 사실은 무엇인가?

❼ 이야기를 들어야 할 사람들이 우리의 이야기를 어떤 방법으로 듣기를 좋아하는가?

앞의 질문에 쉽게 대답할 수 없다면 한 가지 질문을 더 고려해야한다. 모든 이들(종업원, 고객, 계열사, 공급자, 주주 등)이 우리 회사를 동일한 시각에서 보게끔 만들려면 어떤 방식으로 우리 회사의 핵심 메시지를 명확하게 전달할 것인가?

다음에 제시된 체크리스트는 경영상의 목표와 목적을 달성하기 위해 스토리텔링을 얼마나 잘 활용하고 있는지 검토하는 데 도움이 될 것이다. 아래에 열거된 체크리스트의 항목은 모두 커뮤니케이션 계획을 수립하는 과정에서 반드시 염두에 두어야 할 요소이다. 혹시라도 누락된 요소나 부족한 부분이 있다면 개선할 수 있도록 목표일을 설정할 공간을 남겨두었다.

사내 커뮤니케이션	네	아니오	목표일
직원들은 회사의 사명을 정확하게 알고 있고, 회사에서는 그 사명을 정기적으로 알린다.			
회사가 직원들에게 가장 먼저 새로운 정책이나 계획, 뉴스를 알리고 있다.			
상급자와 매니저들은 정해진 일정에 따라 정기적으로 직원들과 만나며, 직원들은 계획된 일정이 아니더라도 상담을 위해서라면 언제나 상급자나 매니저들과 만날 수 있다.			
경영자는 직원들에게 솔직한 피드백을 부탁하고, 그 피드백에 따라 필요한 조치를 취한다.			
직원들은 각 직급에 따라 의사 결정을 내리기 위해서 가능한 한 최대한의 권한을 부여받는다.			
직원들에게 보상을 할 때, 직원들이 바라는 것으로 보상한다.			

사업 커뮤니케이션	네	아니오	목표일
관계사와 제휴업체는 회사의 사명을 잘 알고 있다.			
우리의 사명과 충돌하는 협회 등에는 가입하지 않는다.			
산업 내의 협회 등에 가입하는 것을 모든 임직원이 찬성한다.			
회사가 가입한 협회의 회원 자격은 규칙적으로 시간과 노력을 들여야 유지할 수 있다.			
사업상 위기가 찾아오거나 비판적인 여론이 거셀 경우를 대비하여 세부적인 위기 대처 방안을 세워두었다.			

고객 커뮤니케이션	네	아니오	목표일
메시지를 전달할 주요 대상을 분명하게 파악했고, 핵심 메시지는 대상에 따라 개별적으로 설정되었다.			
각각의 대상에 따라 적절한 홍보 방안을 사용한다.			
광고, 영업, 마케팅 자료는 쉽게 파악되는 이미지와 일관성 있는 내용을 담고 있다.			
회사의 홈페이지는 정기적으로 업데이트하며, 둘러보기 쉽게 구성되어 있고 하루 24시간, 1년 내내 운영된다.			
회사의 이야기를 들은 사람들에게, 그들이 어떻게 대우받고 싶은지 솔직한 피드백을 부탁한다.			
경영진은 피드백에 귀를 기울이고 그에 따라 적절한 조치를 취한다.			

지역 사회 커뮤니케이션	네	아니오	목표일
우리 회사는 '좋은 이웃'이다. 즉 회사와 구성원들이 지역 사회를 위해서 시간과 경제적인 지원을 아끼지 않는다.			
지진, 화재, 인명사고 등의 재해에 대비한 구체적인 계획이 있다.			
숙련된 대변인은 업계 매체나 언론과 정기적으로 연락을 취하여 언론 관계를 꾸준히 유지한다.			
임원들은 이웃과 지역 사회의 상호 이익을 도모하기 위해 열린 자세를 취한다.			

ⓒ 클락 앤 컴퍼니(Clark & Company)

누구나 지금보다 뛰어난 화술을 익힐 수 있다. 그리고 좋은 이야기를 들려주는 방법을 배움으로써 리더십 기술을 연마할 수 있다. 다음에 나올 양식은 이야기를 활용하기 위한 기초를 익히는 데 도움이 된다. 일단 스토리텔링 기법을 배운다면 이야기가 얼마나 재미있는지 금방 알게 될 것이다. 이 방법은 동료와 함께할 때 즐거움이 배가된다. 스토리텔링을 통해 동료들과 아이디어를 떠올리는 데 자극을 받을 수 있고, 브레인스토밍에도 많은 도움을 얻게 될 것이다.

우리 회사의 이야기를 개발하고 그 이야기를 정기적으로 업데이트하며, 항상 들려주던 이야기 외에 새로운 이야기를 가미해보라. 이것이 습관이 되면 갑자기 사람들 앞에서 이야기해야 할 일이 생기더라도 언제나 그 상황에 딱 맞는 이야기를 골라 들려줄 수 있다.

이야기 제목

제목은 뉴스의 헤드라인과 같다. 사람들의 '관심을 끌어모으는 무엇'이 필요하다. 이야기의 세부 내용을 강조하거나 예기치 못한 반전을 제목에 담아라. 아니면 사실을 과장해도 좋다. 데이비드 암스트롱이 '24만 8천 달러를 들여 골프를 친 날'이라고 표현했듯 있었던 일을 솔직하게 말해도 좋고, '아빠, 제가 오늘 한 생명을 구했어요.' 처럼 극적인 요소를 불어넣어도 좋다.

몇 가지 예를 들면 다음과 같다.

❶ ~를 배운 날
❷ ~할 때 심장이 멎는 줄 알았어.
❸ ~를 믿을 사람이 있을까?

장애물

좋은 이야기에는 항상 평범하지 않은 상황, 즉 목표 앞에 놓인 장애물을 넘거나 해결하기 어려운 문제를 극복하는 상황이 나온다. 여기서 장애물은 회사를 설립하는 일처럼 중대한 일도 좋고, 열쇠를 찾는 일처럼 간단한 일도 괜찮다. 항상 일상의 이야기를 들려주는 사람들이라고 해서 신기하고 모험으로 가득한 삶을 살지 말란 법은 없다. 일상의 평범한 고민을 적어보고 그 고민을 적절하게 재구성해서 사람들의 관심을 끌 만한 이야깃거리로 만들어보라.

다음 여백에 나에게 일어났던 기뻤던 혹은 좌절했던 일을 써보라. 그런 다음 그 사건에 등장하는 사람들의 시각에서 경험을 돌이켜보고, 사람들 사이에 갈등을 일으키는 상황을 찾아보라. 갈등 대신 재미있었거나 교훈적인 상황을 적어도 좋다.

위의 경험을 토대로 이야기를 만든 후에는, 각각의 이야기에 담긴 주제와 여기에서 얻게 될 교훈을 기록하라.

문제를 해결하기 위한 접근방식

나 자신이나 우리 팀 혹은 부서에서 어떻게 해결책을 찾았는지 설명해보라. 언제 어디서 일어난 일인지 재미있게 이야기해보라. 재미있는 이야기는 쉽게 기억된다. 또 심각한 이야기 사이사이에 재미있는 요소를 곁들이면 긴장감이 감도는 이야기를 들으면서도 여유를 가질 수 있다. 어떤 세미나에서는 진행자가 세미나의 첫머리에 자신이 예전에 임원들의 만찬 자리에서 기조 강연자로 소개되기 직전에 무릎에다 물컵을 엎질렀던 이야기를 들려주었다.

정말 모욕적이거나 당황스러웠던 순간에 어떻게 대처했는가?

새로운 기술을 발표하던 중에 노트북이 고장 났을때 나는 어떻게 대처했는가?

누군가가 나의 말문을 막아버린 말이나 행동을 했을 때 나는 어떻게 대처했는가?

해결책

나 자신이나 우리 팀 혹은 부서에서 문제를 어떻게 해결했는지 짧고 명확하게 설명해보라.

결과(혹은 성과)

회사의 사명을 다하거나 중요한 성과를 냈던(효율성 증가, 매출 증가, 고객 유지 등) 나의 행동이 고객 서비스에 미친 영향을 설명하라. 내가 강조하려는 핵심 가치에 초점을 맞추어라.

이야기를 구성하라

이제 모든 사항을 합쳐서 개요를 짜보자.

제목 :

내용 : (고민거리)가 생겼다. 우리 팀/부서는 브레인스토밍을 통해서 (문제를 해결하기 위한 접근방식)을 적용하여 해결책을 찾았다. 우리는 (해결책)을 사용하기로 결정했다. 이 이야기는 (핵심 가치)를 설명하는 데 아주 좋은 사례이다.

ⓒ 클락 앤 컴퍼니(Clark & Company)

1998년 인력개발센터에서는 "직장에서 가장 중요한 교육을 받는 곳은 어디인가?"라는 의문을 해결하기 위해 6년에 걸쳐 수준 높고 포괄적인 연구를 진행했다. 이 연구에는 보잉, 데이터 인스트루먼트, 모토롤라, 지멘스 등의 기업과 워싱턴, 코네티컷, 노스캐롤라이나, 매사추세츠와 같은 주 정부기관이 제휴를 맺어 함께 참여하였다.

연구의 결과는 『직장 내 교육에 관한 연구The Teaching Firm Where Producuive Work and Learning Converge』라는 책을 통해 발표되었는데, 이 결과를 통해 새로운 기술과 정보, 직장에서 필요한 능력의 70%가 비공식적인 교육으로 습득된다는 사실이 밝혀졌다. 여기서 말하는 비공식적인 교육이란 조직에서 결정하거나 계획하지 않은 교육과정으로 정의된다.

즉, 전문·기술적이고 조직·문화적인 지식, 개인이 체화해야 하는 동시에 다른 사람과 나누어야 하는 필수적인 업무 능력과 기술을 비공식적으로 배운다는 것이다.

그렇다면 비공식적인 교육은 어디에서 이루어지는가? 이러한 비공식적인 교육은 팀을 구성하거나 멘토링을 진행할 때 이루어진다. 또한 동료 간에 대화를 나누거나 업무 교대를 하던 중에 짧게 이야기를 전할 때에도 이루어진다. 이 모든 활동이 스토리텔링을 활용하여 핵심 업무 지식과 능력을 전달하는 기반인 것이다. 어떤 연구원들은 스토리텔링을 '모두가 만들어가는 이야기' 나 '배움의 역사' 라고 설명한다. 이 연구를 통해 스토리텔링이 비공식적인 교육의 기본이 된다는 사실을 발견했다.

존 실리 브라운은 인류학적인 관점에서 연구를 진행했다("기업 혁신 연구 Research That Reinvents the Corporation1 1991").

그 연구에서는 서비스 기업에서 가장 중요한 업무 지식과 능력은 교육 훈련을 받을 때보다 동료와 짬을 내서 커피를 마시거나 점심을 함께 먹으면서 주고받는 이야기를 통해 비공식적으로 습득된다는 사실이 밝혀졌다. 그는 다음과 같이 말한다.

"어떤 의미에서 이런 이야기들은 전문 기술자들이 업무에서 사용하는 '전문가 시스템' 이나 마찬가지라고 볼 수 있습니다. 이야기는 과거에 발생했던 문제를 분석한 내용을 담고 있는 동시에 지금 발생한 문제를 해결하기 위해 필요한 가설을 세우는 데 도움이 됩니다. 또한 경험에 근거한 해결책을 제시하는 기반이 되기도 하지요. 전문 스토리텔링을 생각해내고 대화를 나누며 이야기를 꾸준히 다듬는 과정을 통해 전문 기술자들은 기업에 강력한 '유기적인 기억' 을 축적해가는 것입니다. 이는 기업에 무한한 가치를 가져올 것입니다."

마지막으로, 아트 클라이너와 조지 로스는 스토리텔링이 조직에서 효과적인 4가지 이유를 언급한다("경험을 회사 최고의 스승으로 만드는 법 How to Make Experience Your Company' s Best Teacher, 1999").

❶ 이야기는 믿음을 준다. 자신의 의견이 무시당한 경험을 가진 사람들도 이야기를 통해 다시 자신의 생각을 분명히 전달한 결

과, 듣는 이들이 그 의견을 받아들였다고 확신한다.

❷ 이야기는 말하고 싶지만 공개적으로 언급하기 힘든 문제를 말하는 데 효과적이다.

❸ 이야기는 조직의 한 부서에서 다른 부서로 지식을 전달하는 데 효과적이라는 사실이 입증되었다.

❹ 이야기는 기업의 효과적인 경영 방법이나 리더십에 대한 일반적인 지식을 형성하는 데 도움이 된다.

기업을 변화시키는 스토리텔링의 힘

이야기 경영

초판 1쇄 발행	2008년 6월 20일
초판 3쇄 발행	2010년 6월 25일
지은이	에벌린 클락
옮긴이	서정아
발행인	권윤삼
발행처	도서출판 연암사
등록번호	제10-2339호
주소	서울시 마포구 망원동 472-19호
우편번호	121-826
전화	02-3142-7594
팩스	02-3142-9784
값	12,000원

ISBN 978-89-86938-65-4   13320